JN182149

イノベーション・ドライバーズ

IoT時代をリードする競争力構築の方法

氏家　豊【著】
SBF Consulting

Innovation Drivers

Core Strategies To Lead IoT Trends

Yutaka Ujiie

東京　白桃書房　神田

はじめに　―2つのエコシステム―

ハードウェアとＩＴ、サービスの融合が進んでいます。ＩｏＴという概念がそれを加速させています。

イノベーションの源泉はワクワク感です。人を心底揺り動かすのもこれです。「面白そうだ」「そういう仕事がしたい」という共感です。そして、その根底をなすのは問題意識です。つまり、イノベーションの源泉は、問題意識に根差した一種の高揚感です。また、イノベーション・エコシステムという言葉があります。一般的には、個々企業の域を超えた、イノベーションによって産業社会の新陳代謝が促されて、活力を絶やさない自律的経済システムです。地域クラスター的なアプローチが典型的です。そして本書の最終的なテーマは、企業が、活力と競争力を維持強化して社会をリードしていくために、いかなる装備をしなければならないかの解明です。つまり、企業自身にとっての戦略的なエコシステム形成策です。

一方企業は、このイノベーション自体を、まずは差別化のために推し進めるわけですが、中々スムーズにいきません。どうすれば良いか。一つに、あえて異質なものと交わるという方法があります。自分たちとは全く違った状況、環境で生まれた発想・アイディアに接する。どの程度受け入れ可能かはさておき、それによって、少なくとも、ものの見方も含めていろいろ考えさせられるのは確かです。自分たちを客観視する機会にもなり、映す鏡にもなります。

考えてみれば、この〝未知との遭遇〟もワクワク感をもたらします。そこでのポイントは、お互いに共感し共有し合える、やりがいのある大きなテーマです。それがあると、眼前の細かなことを乗り越えて、相互のベクトルが一致し距離感も近付きます。参加者も増え、彼らの力が心底結集されて、企業同士の利害すり合わせもスムーズになります。その流れが持続的になれば、これはもう自律性をもったエコシステムです。

本書では、この自律メカニズムを想定し、目指して、企業を「大手企業」（大企業と中堅企業：Established companies）と、「新興企業」（Emerging companies）という二元論に立って、単体企業内部、それら企業同士の関わり合い方の解明から入りました。そして、そこを出発点にした本書全体の主題は、この自律メカニズムを戦略的に自社に引き付け、さらに自社主導で維持・強化する、競争力の源泉にしていくためのキー・ファクターの解明です。

そして、そこでは、イノベーションを推し進める技術製品・システムそしてサービス（全体でプロダクツ）開発における、「こんなものを創りたい、こんな社会にしたい」という意思を最も重視しています。広く社会システム志向でもあります。従って、究極的には、より社会のニーズを広く汲み取って、「モノや社会」に仕立てていく機能全体を把握していくことに努めました。その結果、特に、全体の締めくくりでは、そのような機能をより担う大手企業を扇の要にして整理しています。そこを軸足にした自律的なエコシステムの解明です。

それは基本的に、このエコシステムを形成するすべてのアクター（構成主体）の有機的な結集モデルでもあります。従って、それらすべての構成主体が、本書で想定するイノベーションのけん引役です。つまり、①基盤技術研究や社会ビジョンを担う大学・研究機関、②大学等の成果や自身の技術、先進的事業アイディアの、果敢で機動的な事業化を試みる新興企業、③さらに開発を進めて、部材・機器の作り込み、精緻化を支える先進中小規模企業、④事業推進・資金面等で、諸イノベーション展開を第三者として支える専門サービス組織・機能、そして⑤これらを集積して社会ニーズをより大きく示現させていく大手企業、最後に⑥これらの諸展開を、旗頭になり基盤ともなって支えていく公的セクターです。

そんな中で、自社のポジション探し競争こそが事業展開（ビジネス）です。ここでのエコシステム構成（各々の役どころと相互関係）を自身のこととして、より客観的に、基本的なメカニズムが解明できれば、自ずと、各事業主体にとっての立ち位置も見えてきます。それは、強みを生かし弱点を補強して、事業展開全体でよりパワフルになるための戦略つくりの出発点です。

従って本書は、これらの企業や大学研究機関、さらに自治体・公的機関でイノベーション展開に携わる方々、関連分野の研究者・学生、そして最近の先進事業トレンドに関心を持つ一般の方々向けのものです。それは、私が以前まとめたネット連載（「大学発ベンチャーの底力」前シリーズ）を起点にしています。前共著書『産業革新の源泉』で私が書いたシリコンバレーそして米国のイノベーション展開メカニズムを、より広く製造業全般、そして日本の産業実態に引き付ける意図で書いたものです。しかもそこでの全体テーマは、技術シーズの事業化・産業化です。そして視座を、あえて、そのようなイノベーションシーズと対峙する大手企業側に置きました。当然ながら、シーズ、つまり大学発や独立系の新興企業の仕事上のアプローチ相手はこれら大手企業です。そことの継続的な取引が始まり拡大することをもって、シーズの事業化・産業化と言えるわけです。その意味で、本書でもこの両者の引き合う関係の解明にまずこだわりました。エコシステムのコア部分です。

そして本書では、前述のとおり、このエコシステム形成を、企業自身の競争力戦略の中核として位置付け直しました。他でもない、事業の新陳代謝そして業態変貌に本腰で取り組み、成し遂げるために、国内外で、いかにしてコラボレーション関係を構築していくか。それが本書実践論のテーマであり、いわゆるオープンイノベーション戦略の各論です。つまり、自社だけでなく、外部の企業や大学・研究機関等が持つコンセプトや技術・プロダクツも導入し、自社リソースと組み合わせて、革新的な技術や製品、サービス開発につなげるイノベーション展開論です。それは、イノベーション・エコシステムという言葉の、社会システムとしてのマクロ概念に対する、セミマクロそしてミクロ・各論アプローチです。

▼ 目次

序章

競争力戦略の新時代

1▼ハードウェアとIT、サービスの融合時代

イノベーション展開の原点として、確かに、異質なるものと接することは重要です。「異なるものが混在し、異なった発想の持ち主間での独創のぶつけ合い、受け入れ合いから、真の『共創』が生まれる」、とも言われます。[*1] 独創のぶつけ合い、受け入れ合いが本当にできれば、確かに大きな力になりましょう。そして、力を結集させる原動力として、お互いに共感し共有し合える、やりがいのある大きなテーマが必要です。つまり、人々の間での、基本的な考え方や方法論、問題意識領域における共感です。そのための基盤として、分かりやすいところでは、一つに言語は大切です。この基盤が崩れた（つまり言葉が通じない）状態に立ち至って、ハタと気が付きます。見合うしかありません。

今や、ITないしICT（以下では、単にIT）も、もう一つ、その基盤に相当します。そして、以下のような分野での技術的なアプローチ手法、何よりテーマ性の共有です。つまり、エレクトロニクスIT、それらの応用領域としての日常の安心安全、医療、バイオ研究・製薬ほかのライフサイエンス、資源エネルギー開発・環境確保、次世代自動車・移動手段、工場生産・プラント現場、食糧確保、農業・水産業等の一次産業、さらには化学や材料領域といった、一見、ITとは少し遠く思える企業さえ、関わり合いを真剣に検討せざるをえない時代です。

シリコンバレーも、元々はハードウェア主体で出発しました。コンピュータ周辺機器（ヒューレッド・パッカード）であり、半導体（フェア・チャイルド、インテル）です。それが80年代、他の米国地域と同様、勃興

する日本からの経済攻勢も受けて、2つの方向性を強めていきます。一つは、デジタル・ＩＴ化の加速。もう一つがアジア、一部メキシコ等途上国との連携です。前者は、ハードウェアとＩＴ・ソフトウェアの連携プレーであり、また自己完結的（スタンドアロン）な個々の機器よりも、それらをつないでまとめて打ち出す分野での技術・製品開発、事業展開の流れです。後者のアジア等との連携はもちろん、ハードウェア製造そしてソフトウェア開発で、極力アジア等のパートナー企業に任せる国際的な製造・開発コラボレーションです。半導体ほかエレクトロニクス領域での台湾、ソフトウェア開発のインド、ここ十数年での組み立て量産工程での中国などが典型です。ここでも、遠隔同士をつなぐＩＴインフラ力を遺憾なく発揮します。

そして同地企業自身は、その前後工程、つまり何を世の中にもたらすかという戦略企画段階と、そのできたものをいかに世の中にスマートに売るかというブランディング・マーケティングにますます注力していきます。それは脱製造とも言われる、製品供給の全工程（企画立案、技術・製品開発、製造、販売）の中での重心移動、戦略的なリポジショニングです。そしてそれを支え推し進めたのがデジタル・ＩＴ技術です。アジア側での事業運営も、製造仕様を含めてかなり現地側に委ねる、その意味で横の連携です。それでいて、アジア側の安いコストメリットはしっかり享受して利益の源泉にします。ちなみに、元々イノベーション地域クラスターの本家であるボストン地域と差がついたのも、一つ、このアジアとの戦略連携の有無があったと考えられます。

ところで、中国沿岸部の急成長企業の事業展開、ものの考え方は結構米国流です。確かに、米国、特にカリフォルニア州には中国人はじめアジア系人材が実に多く、彼らは母国との事業の橋渡しを生業とし、また定期的に来る米国でのリセッションのたびに本国に戻って、そこで米国流の考え方・手法と米国側の人脈を駆使し

図表序-1　欧米・アジアにおけるテクノロジー・キーワード

KPMGアンケート（%）

技術キーワード	全体	米国	中国	日本	東南アジア	欧州
クラウド SaaS／PaaS／IaaS	14	22	21	12	13	13
データ＆解析	10	12	13	6	9	9
人工知能（AI）	7	2	7	21	10	6
IoT／M2M	6	7	9	6	9	3
自動車技術	4	2	13	9	7	0

て、母国で米国・海外と丁々発止で事業展開します（中国の「海亀」が代表的）。この人によるつながりは絶大です。

最近、海外の技術者向けに行われたアンケート[*2]によると（抜粋資料：図表序-1）、今後の優先的技術キーワードとして、1位にクラウド、2位にデータ分析という順位が、米国と中国が全く同じ、かつ各数字も同レベルでした。このように、中国で米国流のデジタル・IT化と相性が良いのは、根本的に、広い国土、多様な個人・民族、考え方、そして華僑を含む世界に散らばる親族・同胞、との間でのコミュニケーションを達成する必要性という、米国との共通点も背景にありましょう。

なおこの図表序-1で、米国でも中国でも、クラウドに関しては、SaaS（Software as a Service）やPaaS（Platform as a Service）等とあるように、技術キーワードという側面に加えて、サービスモデル、つまりコストパーフォーマンスを意識した事業モデルとの不可分な関係を含んでいます。今時のIT系技術者の在り様をよく表しています。

ちなみに日本でのダントツの1位は人工知能（AI）です。脳科学、半導体センサー・デバイス、そしてデータIT、応用領域としての自動車や医療、ロボティックス等の各分野研究者から票が寄せられたと見られます。まさに、科学技術とハードウェア・エレクトロニクスそしてITが交差する、日本が強みとする、そして今のトレンドを象徴しています。その結果、日本は人工知能の研究者は世界的に見て最も多いのですが、「これらの本格的な相互融合が今後の課題です」とは、ある日本の親しい研究者の言葉です。なおこのＡＩに関しては、米国が2％と極端に少ないのですが、そこでは、狭い意味での脳科学者を指していると思われます。カナダを含む北米では、今Deep Learning（深層学習）という人工知能の進化系の研究が盛んですが、彼らにとってそれは、ビッグデータ解析と不可分のデータサイエンス領域に入ります。図表序-1ではデータ&解析としての印象が強いです。中国版Googleという位置付けの百度（Baidu）が、Google等に対抗してシリコンバレーで人工知能開発に熱心ですが、その内容も上記の領域・切り口です。

他方でインダストリー4.0に象徴される製造工程におけるデジタル化・標準化、その世界市場での主導権獲得の件は、元々標準化展開に長ける欧州企業がけん引中です。医療機器分野でも、ＩＴと絡めて、あるべき医療のビジョン、コンセプト形成を中心的に推し進めてきているのもフィリップス、シーメンス、そして本社を英国に構えるＧＥヘルスケアなどの欧州大手企業です。そこでは、最近のＩｏＴ（Internet of Things）という言葉に象徴される、ハードウェアとＩＴさらにサービスが混然一体となり、ＩＴは技術というより、ほとんど時代感覚そのものという印象です。以下は、ＩＴ領域での最近のホットテーマ・キーワード例です。

〈ＩＴインフラ、データ通信〉

データ処理解析、ＢＩ、先進ＡＩ

センシングシステム、車載向けテレマティックス

電子デバイス、ロボティクス、ＩｏＴプラットフォーム

図表序-2　ITと医療の融合トレンド

ITの強み，トレンド		医療のデジタル化
デジタル性，再現性，データベース	⟷	画像診断・診断補助，パーソナル医療
ネットワーク性	⟷	医療情報の共有・医療サービス向上
大量データ処理，通信	⟷	症状モニタリング，遠隔医療
モバイル・ユビキタス化	⟷	モバイル介護者管理，在宅医療
プラットフォーム化	⟷	救急医療，地域医療のネットワーク

〈産業セクター〉
医療用データ収集管理解析、高齢者見守り
バイオエレクトロニクス、医薬品開発
環境、再生エネルギー
製造生産工程のデジタル化、インダストリー４・０
金融資本・国際間取引ＩＴ、フィンテック

以上のようなキーワード領域の中で特に医療分野について、エレクトロニクスを含むＩＴの強み・トレンドとの対応関係を、お互いに重なる部分もありますが、整理したのが図表序-２です。

例えば、ＩＴが持つデジタル性やデータベース化特性は、その再現性や個別化・解析性から、医療分野であれば、画像解析・診断補助やパーソナル（個々人向け）医療という方向性につながってきました。ＩＴのネットワーク性やプラットフォームという特性は、同じく診察結果や他の患者情報の、医師看護師等の間、時には医療機関同士、研究者同士も含むデータ共有・連携を促します。同様に、大量データ処理は、日常での症状モニタリング、病院間での術中迅速診断や他の遠隔医療といった道への可

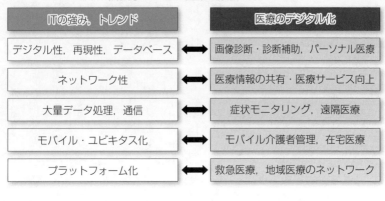

能性をさらに増してきています。人工知能技術も動員したビッグデータ解析も関わっています。そして、ＩＴにおけるモバイル・ユビキタス性や最近のＩｏＴ的なセンシング、ウェアラブル技術は、医療であれば在宅医療介護、患者見守り、巡回型医療、日常での健康管理、症状監視に見る予防、そして早め早めの予知医療を促すと期待されています。

2▼データーITアプローチ

いわゆるイノベーションの意味は、元々そうであるように、ますます広がりを帯びています。先端的な技術開発から、製品開発、生産、サービス提供面と、事業展開全体を通した先進性・革新性が求められています。従来の業種分類の境目も垣根が低くなり、どんな研究・技術・事業センスで、何を目指してやるかが問われています。取り組むべきテーマ達成にも、単体企業・グループの枠を超え国境を超えた多面性の受け入れと追求、真の意味でのスピード感覚がますます要になってきました。それは、先進国、途上国を巻き込む社会共通の課題難題に立ち向かう場合はなおさら不可欠になります。この場合、ソフトウェアとハードウェア、ＩＴとエレクトロニクス、そして、これらとライフサイエンス等との融合でもあります。そして、この融合領域・トレンド自身が最重要かつ最大の成長分野にもなりつつあります。ミッション、研究開発課題、ビジネス機会がそこにあります。

最適・最強の事業推進フォーメーション構築に向けた、国境も超えた企業等間の合従連衡の動きもいよいよ加速してきました。そして、IT的な視点で見れば、この融合の原動力は、諸々の局面で取り交わされるデータ、情報そして知見です。その意味で一つの基本的なアプローチとして、本書では、このデータの流れに沿った事業モデルを重視しています。それは付加価値、顧客価値（顧客にとっての付加価値）の流れでもあります。単体の機器装置、ITインフラ・ソフトウェア、人による実サービスが含まれてきます。広い意味でのデータサイエンス・イノベーションとも言える、IT領域のコア概念です。

それはデータバリューチェーン、つまり「データを集めて、処理して、組み合わせて、分析した上で、実用に供する」という流れであり、その各プロセスで具体的な顧客価値を形成し、それを顧客や市場に訴える上でのベンチマークを提供します。ある製品サービスのブランディング、プロモーション上、また連携形成上でも、説得力・交渉力を増し、最終的に技術モジュール価値を超えた、多大なビジネス価値の源泉になります。単体ハードウェア材料・機器に、このようなデジタルIT力もフル装備することで、その製品の高度化をさらに促し、コモディティー化を防ぎ、イノベーションリーダーであり続ける上での不可欠な観点ともなります。技術製品サービス、つまりは事業モデルを企画する上での具体的な方法論を与えるものです。なお、ここでいう〝データ〟は、即〝ビッグデータ〟ではありません。その場合も今後増えましょうが、基本的には、その現場に根差したデータであり、付加価値の流れともいうべきものです。

そして、世界経済におけるマクロの経済情勢・大勢変化、他方でのモノ・サービスへの需要の変遷、プロバイダーを取り巻く状況変化はめまぐるしいものがあります。技術製品サービスの開発面、そして事業全体の企

図表序-3　本書の構成

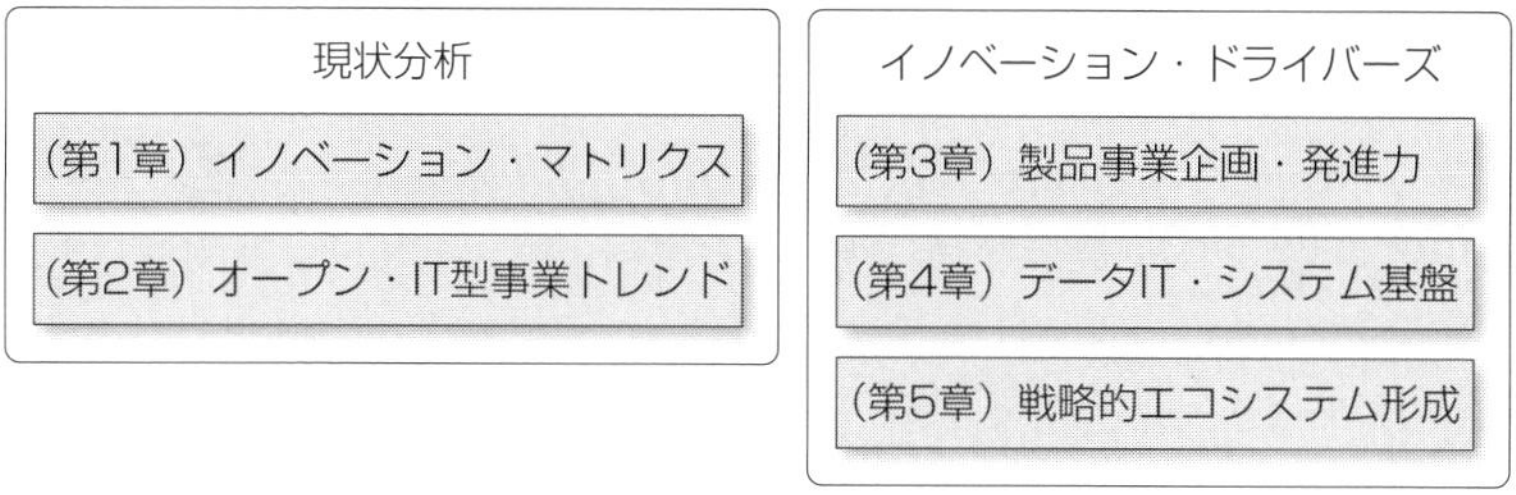

画面で一所に留まることを許しません。このような流れにあって、今後、事業・産業のけん引力、その具体的な中身がいかなるものになっていき、何をどうすればそれらを先取りできるかの解明は、技術・事業領域を問わない事業展開における最優先テーマです。

以上を踏まえて、本書を構成する問題意識、解明内容は一連の五項目・章です。第1章が「現状はこうなっている」という鳥瞰的静態的な解析・確認、第2章は、「実際こういう展開が進行中だ」という、より具体的動態的な最新動向把握。第3～5章が、企業が装備すべきイノベーション駆動力項目であり、実効性を上げる戦略・基盤作りの中味、つまり、イノベーション・ドライバーズです。[*3]

①　技術の事業化・産業化、コーポレート・ベンチャリング（第1章）

②　ハードウェアとＩＴの融合トレンドの先取り、実展開（第2章）

③　オープン型の技術製品・事業企画力、そして発信力（第3章）

④　データＩＴ・システム化の考え方、基本をなす顧客価値追求（第4章）

⑤　企業主導のオープンイノベーション基盤、新ＣＶＣ展開策（第5章）

3▼非ノイマン型の「ものの見方・考え方」

思いを巡らすテーマも多岐にわたります。しかもすべて対峙概念です。少し長くなりますが主なものを書き出しますと……技術とその事業化、ＭＯＴとＭＢＡ、大手企業と新興企業、ソフトウェアとハードウェア、同じくＩＴとハイテク・エレクトロニクス、材料・部材と機器、単体機器とシステム・ネットワーク、部分最適と全体最適、同じく固有機器・システムと社会インフラ、技術開発と製品・事業企画（デザイニング）、技術開発と事業・市場開拓、従来業種分けと取り組みテーマ分け、オープンとクローズド、オープンイノベーションとアウトソーシング、技術力・ファンダメンタルとブランド力・発信力、国内展開と海外・グローバル展開、線形モデルと複雑系モデル、データバリューと顧客価値、ＣＶＣでの一部投資とＭ＆Ａ・買収等々です。

そして本書では、読者の皆さんと共に考えていくプロセス重視で書き進んでいます。ものの見方考え方が第一です。世の中にある上記テーマ領域の論調・結論の解説ではもちろんありません。むしろ皆さん向けの、方法論を含む、企業の競争力戦略に関する企画提案書的な内容です。読み進むにつれ、「それはそうだ」、「そういう考え方・整理もできるな」、「そんな結論になるか、確かになる」、「うちにとっては、どうなるかなー」……そんなプロセスを共有し、最終的に、本当の意味で皆さんの頭に残る概念が一つでも形成されれば、本書の目的は達成です。

英語のナレッジ（knowledge）は、でき上がった情報というよりは、その知見の形成過程、その共有プロセスの全体を含みます。まさに「知見」です。課題を自身で設定し、それに対する仮説構築から入る。そこから自身で考え抜いて得た知恵が真の知識・知見になる。本書では、まさにそんなプロセスを目指しています。コンピュータの最新のトレンドで言えば、従来のノイマン型[*4]から、自身でテーマ設定までしてくれそうな非ノイマン型[*5]を目指すようなものです。本書で〝データIT〟は、データの交信共有を前提としたソフトウェアベースのIT領域を指していますが、それは、データ・情報・知見そして価値観など、広い意味でのナレッジの創発・共有さらに飛躍を促すインフラです。[*6]

書名を『イノベーション・ドライバーズ』としました。「ドライバー」を辞書で引くと、（自動車・列車などの）運転者・操縦者、牛追い・馬方、ゴルフのドライバー、動力伝導部・駆動輪、（杭などの）打ち込み機、（電算）周辺機器などとの入力出力作業を制御するためのプログラム、とあります。本書の趣旨に照らして、これらすべてが見事に当てはまります。

＊注

1　清成忠男氏が、『事業構想力の研究』（第6章「アイディア・ワーク」）で説かれている言葉です。

2　KPMGが、2014年7～9月に、アジア、北米、欧州の700～800名の技術者に対して実施。

3　第3～5章の内容は、第1章の〈ブレイク〉「イノベーション展開に向けた土壌つくり」概念、実行策でもあります。

4　ノイマン型：命令を組み込んだ演算装置（ロジック）と、データを格納した記憶装置（メモリー）、それらをつなぐ経路（バス）で構成される機器・デバイス。与えられた命令（テーマ）に従って、格納したデータをもとに、順次処理・実行していく仕組み。

5 非ノイマン型：この言葉自体は、ノイマン型ではないコンピュータの総称です。脳神経回路をモデルとしたニューロコンピュータや、量子力学の素粒子の振る舞いを応用した量子コンピュータ、DNAを計算素子に利用するDNAコンピュータなど。計算論理思考に強いノイマン型に対して、データの同時並列処理もできて、直感的思考の機能も備えたより次世代的コンピュータとしての期待を込めたもの。ここでは、演算プロセス型のノイマン式との対比で、より人間脳的に自身でテーマ設定までする機能の一種比喩的に言っています。

6 Jim Botkin, *Smart Business.*／ジム・ボトキン『ナレッジ・イノベーション―知的資本が競争優位を生む』米倉誠一郎監訳・三田昌弘訳　参照。まさに、意識共有、共感形成の基盤です。原題の「Smart Business」でもあります。

第1章 イノベーション・マトリクス

問題意識の出発点を、技術つまりイノベーションシーズをいかにして事業化し、発展させて産業化させるかに置きました。そして、そのプロセスや手法の典型として、まず、米国の新興企業における事業立ち上げ・発展過程、手法に着目します。本章では、さらにより広く、研究・開発、製品事業化・産業化の各段階における大学、新興企業そして大手企業の間での、全体的な事業展開の連関性、さらには、企業におけるイノベーション連携・シナジー可能性を探っていきます。これらを通して、本書の全体にわたる、企業のイノベーション駆動力の源泉、その手掛かりを見出していきます。

1▼トータルな競争力

イノベーションの元々の意味

オーストリアの経済学者ヨーゼフ・アーロイス・シュンペーター（Joseph Alois Schumpeter）は、1912年に主著『経済発展の理論』や1939年の『景気循環論』で、企業が行うイノベーションこそが経済成長をもたらす、という理論を構築したと言われています。そしてこのイノベーションを5つの類型に分類しています（シュンペーター『経済発展の理論』原書第2版）。

①新しい財貨すなわち消費者の間でまだ知られていない財貨、あるいは新品質の財貨の生産。

②新しい生産方法、すなわち当該産業部門において実際上未知な生産方法の導入。これは決して科学的に新しい発見に基づく必要はなく、また商品の商業的取扱いに関する新しい方法をも含んでいる。

③新しい販路の開拓、すなわち当該国の当該産業部門が従来参加していなかった市場の開拓。ただしこの市場が既存のものであるかどうかは問わない。

④原料あるいは半製品の新しい供給源の獲得。この場合においても、この供給源が既存のものであるか―単に見逃されていたのか、その獲得が不可能とみなされていたのかを問わず―あるいは始めて作り出さねばならないかは問わない。

図表1-1　開発製造販売フローとイノベーション項目対応

開発製造販売フロー	R&D	部材部品調達	生産・開発	営業販売	全般経営
シュンペーターの5項目	①新製品・品質開発	④原料半製品の調達	②新生産方法	③新販路市場開拓	⑤組織体制

⑤新しい組織の実現、すなわち独占的地位（例えばトラスト化による）の形成または独占の打破。

最初の項目①は、「世の中にまだないもの、または品質的に新しいものを生み出す」、と言い換えると、今日の感覚に近くなります。つまり、技術そのもの、部材・機器・システム、サービス等全体をカバーして、これらの諸段階・局面で新しいものを生み出すことです。実際、この第一項の内容を見ても、シュンペーターの時代、ハードウェアにとらわれない発想は十分あったようです。他方、日本では「技術革新」という訳語が当てはめられているせいもありましょう。通常、イノベーションという言葉の印象はまずはこの一項、精々、二項までです。しかしこれらの五項目全体のとおり、実際はもっと広い概念だったようです。元々、「新結合」という言葉を使っています。「一見違った概念・手法を結び付ける過程に、事業活動の様々な局面における革新的な一歩を生み出す源泉がある」、といった意味になります。まさに時代を超えて実感させられます。今日的な意味で実際の開発製造販売フローと、シュンペーターの五項目とを照らし合わせると、図表1-1のような対応関係が見えてきます。順序は若干違いますが、見事に対応します。

これら全体（①～⑤）は、我々に対して、事業活動における様々な局面・ステージでの革新的な一歩を考える上で、現代感覚に照らしても全く違和感ない基本概念整理を提示してくれます。本書では、この図表1-1のシュンペーター五項目の内、まず初めの2つ、R&D「①新製品・品質開発」と、部材部品の調達「④原料半製品の調達」の工程に主眼を置きつつ、生産・開発「②新生産方法の導入における革新」段階にも一部及びます。そして途中から、③や⑤も含む広い概念に至ります。

そして、本書のはじめの章として、以下では、そのような企業や大学における広義の「イノベーション」への取り組みの一つの典型として、「技術の事業化・産業化」という過程にスポットを当てていきます。それは技術を持った主体が、周りとの関係の中で大きく花開いていく、上記五項目のフル動員を要するプロセスです。また、本書ではこれらのイノベーションを考える際、個々企業の自己完結的な展開に加えて、他社との協働作業・連携、合従連衡、それら展開の発信戦略なども考えます。しかも、実際の事業展開に即して、企業・そのグループ、業界の境や、地域性等にももちろんとらわれない、拡張性ある事業空間を念頭、前提に置いています。

大手企業と新興企業の補完する関係

シリコンバレーもかつてはハードウェア主体の産業構成でした。後発企業は大手企業を牽制してニッチ市場を狙う関係・段階であり、中々、大手企業と後発中小企業（必ずしも今日的な意味でのハイテク新興企業のみではない）との連携・補完という構図は描き辛かったようです。今日この地で一般的になっている大手企業と新興企業との連携という関係は、どんな経緯で形成されていったのか。1970年前後から本格登場したVCファンドにも注目しながら、以下、若干整理していきます。[*1]

米国西海岸では、特に70年代初頭、今日にもつながるＶＣが続々と立ち上がりました。このＶＣ資金が期待できるお陰で、大手企業からのスピンオフ・スピンアウト起業が比較的しやすくなり、そこに大手企業とベンチャー起業家との有機的な人脈ネットワークもごく自然に形成されていったようです。また、直接技術者自身が事業拡張段階をやらなくても、ＶＣ等から潤沢な資金を得た段階で、大手企業出身の経営者、営業担当者等を雇うというケースも増えていきます。そんな経緯で、新興企業側は大手企業側（かつての同僚、顧客等）の開発ニーズを熟知しており、それに合わせて技術・製品開発する。必要な追加資金は、当該技術製品分野に理解あるＶＣにまた相談する。ＶＣ側はマイルストーン投資（開発達成度に応じた投資）で臨みます。

地域イノベーションクラスター形成の促進モデルとしてよく取り上げられてきた「ネットワーク」は、その深い部分は、時間をかけた利害関係の摺合せの過程で醸成されていくものというのが正しいでしょう。それは当地に限ったことではありませんが、このような有機的ネットワークの原型は、フェアチャイルド・セミコンダクター[*2]から巣立っていった〝フェアチルドレン〟とされ、その中で最も重要なのは、１９６８年にノイスとゴードン・ムーアによって設立されたインテルです。

その後インテルは、当初１９８０年半ばまではメモリーメーカーであったのですが、当時日本企業が効率的な製造技術と精力的な価格戦略で市場に参入してきたため、やむなくビジネスをあきらめます。一方インテルは、幸いにもその時また別の急成長した事業を持っていました。それが、パーソナル・コンピュータ用のプログラム可能な中央処理チップであるマイクロプロセッサーです。ここでＩＢＭという東海岸の老舗大手企業は、自社製ＰＣを供給するために、このインテルマイクロプロセッサーの一つ、８０８８モデルを選んだ。そして、インテルはたちまち毎年何百万というマイクロプロセッサーを販売することになります。この開発力を支えたのはエンジェル（富裕な個人投資家）やVCたちでした。

そもそも、スタートアップ段階の新興企業は、大量の当初資金を要する装置型事業よりは、より開発資金を要しない知財型事業からの方が入りやすい。そのシーズが大学等の研究機関発であればなおさらです。その傾向は、歴史的には、上記の作りこみの進んだコンピュータというハードウェアからソフトウェアへ、また、半導体でも製造過程からデザイン過程、ファブレスモデルへのシフトという、その後の大きなうねりと共にますます強くなっていきます。これは、VCファンドの資金性格、そして、ビジネスモデルがそうさせた面も大きかったと思われます。つまり、「当たれば大きい」対象への投資を目指すVCの存在は、そこから資金調達をもくろむ新興企業側の開発フェーズをも、結果的に、より川上の汎用技術開発段階に定着させていきます。しかもその開発段階は、大手企業にとっても何より開発ニーズが高い、できればよりスピーディーに確保して、かつ事業化に持っていきたいフェーズです。ここに、構造的な新興企業と大手企業の研究開発補完関係が形成されていったわけです。そして、この両者間にVCがその事業モデルに沿って介在し、結果的に、両者の融合を促し触媒機能を果たしていきます。

VCの触媒機能、資本の論理

ところで、もの・サービスの生産・提供という経済活動である実物経済は、それを資金・資本面から支え、ないしは、それ自体が自己展開する金融経済が低迷すると、思わぬあおりを受けます。その一つの典型が、新興企業市場で起こります。かなり優秀で期待された新興企業でも、資金調達、特に株式市況が低迷し資本（株式発行による自己資本の充実）市場が低迷すると、資金調達に苦労し事業展開が尻すぼみになりがちです。次代を担うプレイヤー創りという重要ミッションを考えれば、「その部分はマーケット次第で仕方ない」として諦めて良い部分ではありません。そこでまず、このベンチャーを含む新興企業の資金調達ルートから整理します。大きく分けて4つの段階です。

(1) 基礎技術研究段階の公的助成金、金融機関の創業助成的な融資、そしてエンジェル投資家
(2) 技術・製品の「事業化」段階での、ベンチャーキャピタル（VC）等からの調達
(3) その技術・製品領域に利害を持つ大手・中堅企業からの調達、資金導入
(4) 事業が「産業化」段階に入ってからの、金融機関や株式公開による成長資金調達

はじめに述べた問題は、端的には、この(4)における市場不振が特に新規公開市場を細らせ、そこを頼みとしているVCにとっての投資資金の回収を阻み、その結果(2)を後退させる、という関係です。新興企業の資金調達ルートの要であるVCにとっての出口戦略（投資資金の回収ルート）が、この投資先企業の株式公開のみに偏っていると、こういう事態になります。つまり、VCによる投資先企業株式の他の大手・中堅企業（Established Companies。以下、単に大手企業）への譲渡（被買収としてのM&A。上記の(3)）が一般的でない場合です。

ましてや、株式公開（上場、店頭登録）のためのコストが数億円かかる米国では、株式公開を敬遠する傾向がもう十数年来続いています。株式公開の効果・目的の第一はその時点での資金調達と割り切れば、特に調達金額が多くないほど、市場不振で公開株価も期待できない場合はなおさら、トータルの調達コスト率は高く見えます。

そうなると、ＶＣとしては、投資金額の流動化に、他社への投資株式譲渡しかなくなります。では米国では、どういう場合に、数年ないしそれ以上かけて育てた自分の企業を他社に売却するか。もちろん前向きな動機の場合です。自社で優れた基本・汎用技術を持っていて、今、その技術で製品化したある特定プロダクツ会社を売っても、①元々の基本技術で他の製品をまたアプリケーション（顧客向けのより具体的な製品・サービス）として作れる可能性のある場合です。ある程度まで製品開発し事業化した後は、その先の事業化、産業化はそのアプリケーションに事業利害を持つ大手企業にバトンタッチして、自分たちはこれまでとおり、基本技術でさらなる切り口を変えた製品・サービス開発に専念する。さらには、②事業領域自体をより旬なテーマ分野（医療や自動車、環境エネルギーのような）にシフトした技術開発モデルに組み替えて新規起業する、長期的に狙っていた領域に本格参入するという場合などです。

つまり、そのような技術潜在力ある企業は、ＶＣにとって、株式公開またはＭ＆Ａ（大手企業への企業売却）に伴うＶＣ保有株式の一部ないしすべての譲渡、という二本立ての出口戦略を描きやすい対象先であり、より新規公開市場のみに頼らないで良い投資チャンスと言えます。

新興企業にさらに必要なのは事業展開力です。その場合、試作品、初期的販売、拡販段階いずれをとっても、そして海外展開も含めて、独自展開と並行して、OEM等の形で、他の大手企業にいかに食い込むかがポイントになります。先端的な技術のみならず、それを市場に対して斬新な製品・事業モデルを備えて発信できる新興企業こそが勝てるということです。そして、新興企業がその技術力と事業展開力をもって、いかに日頃から大手企業の事業展開において懐深くやり取りできているかです。そこにも、これまたVCの役割が大きいのは言うまでもありません。

ここに一つ、資本の論理から見えてくる新興企業と大手企業との望ましい関係が浮かび上がってきます。それは、両者の事業展開にしっかり根差した相互補完・連携の関係です。以下ではこれら両者、新興企業（イノベーションシーズ側）と大手企業（より企業発展が進んだ先輩企業）の有機的な営みを中核に据え、事例を通して見ていきます。

2▼ 新興企業の事業発展プロセス

新興企業のステップアップ

新興企業と大手企業の関わり合いについて、事例で確認します。シリコンバレーそして全米にわたって事例情報が豊富で、しかも技術領域が違っていても、設立からの経過年次に応じて、技術開発のステップ、資金調

図表1-2　新興企業のステップアップ事例，イノベーションプロセス

発展段階（経過年数）	アーリー（設立2年）	エクスパンション（4年）	レイター（6年）	メザニン（8年）
開発ステージ	完成品開発	事業化初期	事業化後期	量産量販
技術・事業内容	MEMS技術応用デバイス開発	動画像圧縮技術で販売開始段階	超薄膜先端材料の開発製造	移動型資産の管理用位置ソリューション
技術製品開発	開発中デバイスの一部公開可能になった	コア技術をもとに応用技術を充実中	他の技術ベンチャーへ投資し連携開発	サプライチェーン，資産・位置管理応用
事業展開	技術移転，試作品サンプル出荷	営業強い人材登用し業務提携体制の構築	大手メーカーと関係強化，海外市場も展開	自動車，物流，医療向けで海外も展開
資金調達等	政府機関のNSFやNASAから調達中	共同開発とライセンシング基本にVCも	十数社VCから4回にわたり調達	VC資金一段落し今は製品販売で調達

達、製品の販売方法、マーケティングなどで非常に共通性が見られます。

以下、あえて事業分野を超えて、会社設立からの年次で、開発・事業展開の様を並べてみます。我々がかつて実際に出会い、選んだ新興企業群をベースにマッピングして、モデル化したものです（図表1-2）。例えば設立から2年のアーリー段階企業（MEMS系：Micro Electro Mechanical Systems）は、大手企業への技術ライセンシングとサンプル出荷で資金化して経営をつなぎ、設立から4年たったエクスパンション段階企業（画像圧縮技術系）は、営業と経営に経験の長い経営者を外から連れてきて、他社との業務提携プログラムを始めている。設立から6年たったレイター段階企業（超薄膜型先端材料）は、日本の大手エレクトロニクスメーカーと提携を始め、海外展開も始め、この提携先の大手企業がそろそろ買収も意識した動きをしています。そして、8年目のメザニン（株式公開も視野）段階企業（ICタグ、RFID）は、自動車、物流、ヘル

スケア領域、医療領域などに積極的にアプリケーションを作り出しており、海外展開もやっている。この会社はその後某大手企業から買収されます。

あわせて、各社の上記の各々段階での資金調達実態を見ると、さらに立体的に事業化プロセスが見えてきます。つまり、設立から2年のアーリー段階企業（2年企業。以下同様）は政府機関のNSF（National Science Foundation）やNASA中心に科学・技術開発助成資金から調達。VCからはこれからです。4年企業は、基本的に今持っている技術をベースにした共同開発やそのライセンシングで運転資金を得ています。かつ、最近やっとVCから調達。調達ペースとしてはやや遅いケースです。6年企業は、逆にこれまでに合計十数社のVCから、4回にわたって開発・成長資金調達し、順調かつ速いペースでの成長です。そして8年企業は、VCからの資金は一段落し、今は製品販売（本格売上）による収益が資金源泉（黒字化）です。独立企業としての看板は降ろしていますが、企業発展としては既存企業と組みながら成長を続けています。

これらは、技術領域を超えて、開発フェーズの進行とともに進展させていく各経営テーマ取り組み事例です。ある程度、各段階の典型的な実例を取り上げました。元々、違った業態、起業家たちによる展開ですから、共通性はあるといっても無理やり一般モデル化するのは避けるべきでしょう。ただその前提の上に立っても、こう並べてみると、設立からの年次によって、帰納法的に、事業展開ギアチェンジのおおよそのモデルが見えてきます。*3

そしてこの共通性をリードしているのは、新興企業に資金を大きく投入しているVCです。スピードアップした形での成長発展を推し進めていきます。大手企業にとっても、こういう形で社内及び社外から資金調達しながら事業化を進めていく方法論は非常に参考になりましょう。のみならず、大手企業は新興企業をパートナーにして新規領域に乗り込む場合が一般的であり、このような新興企業の発展ペース、段階的な技術の事業化モデルは大手企業にとっても今や他人ごとではありません。彼らの実践現場にも実態的に合い通じていきましょう。その意味で、図表1-2の工程全体が、一つの一般的な技術の事業化・産業化モデルの手掛かり、目安にもなると考えます。

技術の事業化・産業化テーブル—その基本形—

この会社設立後の数年における事業展開推移をより厳密に追ってみます。図表1-3は、ハイテク系（エレクトロニクス／IT領域を想定）新興企業における製品開発、事業化産業化フェーズ、そしてそれらに伴う資金調達ルートの模式図です。この段階区分は、全米ベンチャーキャピタル（VC）協会が定義しているテーブルで、基礎的な技術研究段階は終えて、製品開発のめどが立った段階で起業して以降の数年についてです。下段は、各段階での投資資金の出口（EXIT）と新興企業にとっての資金調達先です。

1年半（18か月）ごとに開発フェーズが進んで行きます。最初の1年半が試作品作りと完成品のための製品企画を行う試作品開発段階です。次の1年半が完成品開発段階で、試作品を有力大手企業に持ち込んで、完成度を上げるための共同開発を行います。ここでの相手企業は有力大手企業であるほど、その後の事業化過程、つまり販売開始段階（1年半程度。エクスパンション）での営業がしやすくなります。例えば、「この分野で

図表1-3　新興企業の成長・発展テーブル（MOT）

会社設立からの経過時間	1年		2		3		4		5		6	
	6M	6	6	6	6	6	6	6	6	6	6	6
発展段階	スタートアップ			アーリー			エクスパンション			レイター／メザニン		
VC投資	シリーズA			B			C			D		
MOT段階	開発Ⅰ（試作）			開発Ⅱ（完成品）			事業化（初期）			産業化（量産）		

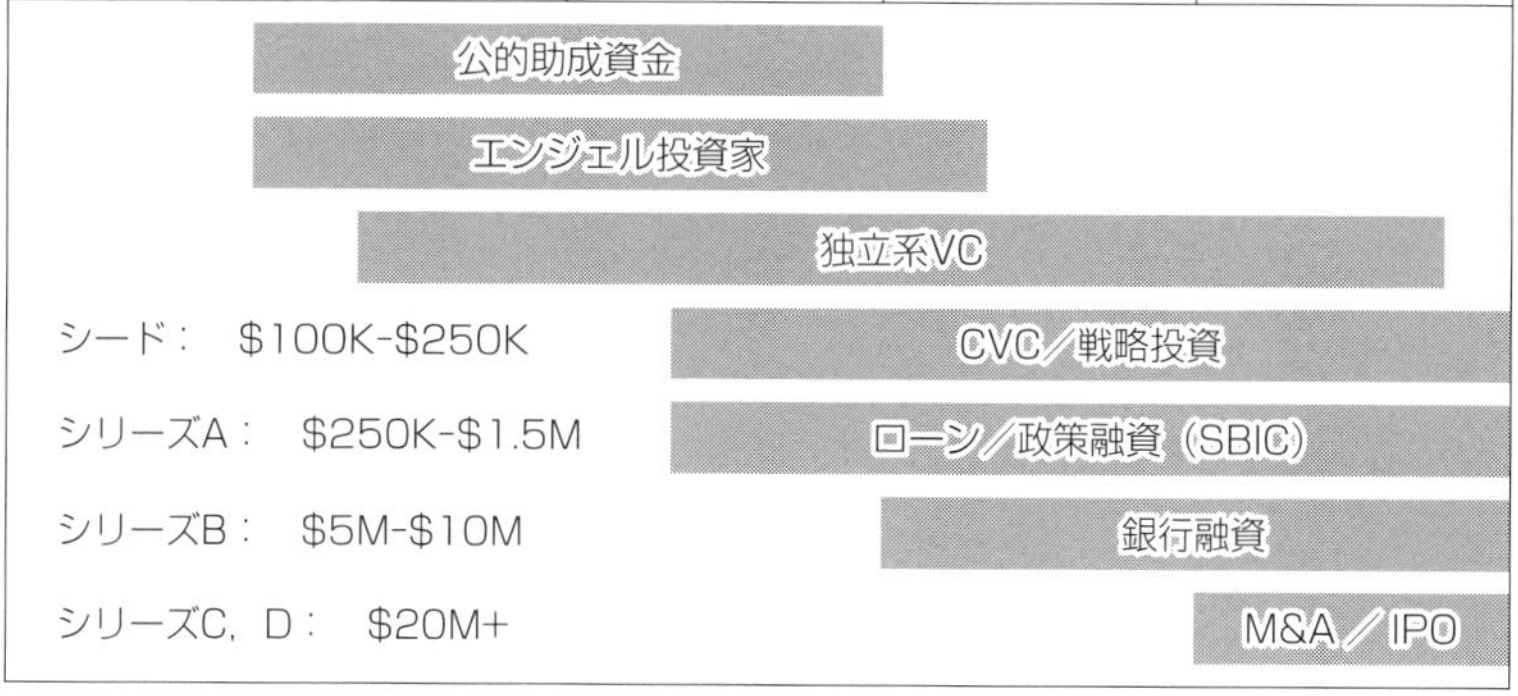

先行するIBMと製品性を詰めた内容です」と言えます。その後で、本格的な産業化段階としての量産量販段階に入ります。

米国ではVC、新興企業とも結構このテーブルに忠実に動いています。「弊社は、設立から4年目ですから、今年から本格的な製品販売を開始（事業化）しています」といった具合です。つまり、新興企業の場合、経営資源も限られていて、通常はある基本技術から一つのデバイスに特化します。そんな場合は、このタイムテーブルが、この新興企業の事業発展テーブルそのものにもなっています。これが基本形です。[*4]

なお図表1-3のM&A、IPO、さらに各投資、資金融通機関のカバーするフェーズ領域は一つの目安です。つまり、起業前の基礎研究段階からの続きで、完成品開発のころまでは政府系のイノベーション振興の政策投資的資金、それに起業後でやはりこの段階までがエンジェル、そして、技術・事業の有望性をさらにチェックされた上で通常の独立系ＶＣが早ければ試作品開発の後半くらいから投資参入します。この調達に漕ぎ着ければ、新興企業としての成功組の第一歩です。

次のフェーズは、投資を伴って新興企業と戦略的に組もうとする大手企業、それがファンド形式になっていればＣＶＣ（Corporate Venture Capital：事業会社投資ファンド）からの資金です。これは通常、上記のＶＣ、つまり当該対象の新興企業に早い段階から主導的に投資し事業育成をやってきたリードＶＣからの紹介によります。

ＶＣからの投資金額全体で見て、目安として、起業から完成品ができるくらいまでの段階が２～３割、それ以降で、７～８割程度です。「米国のＶＣというのはアーリー投資から行うのでは？」。そのとおりです。そしてそれは、特にリードＶＣ（有力ＶＣが自身で有望新興企業を発掘し、早い段階から主導的に資金投入する）の場合です。他のリードではないＶＣは、有力どころのＶＣがあたかも投資シンジケート団を組成する過程で参画するフォロアー（追随型投資）です。そして企業の成長段階ごとに、１８か月（1年半）をめどに、マイルストーン投資（目標レベルの達成具合に応じた段階的な投資）をします。その際、最初の段階からのリードＶＣは、トータルな企業価値が小さいうちは、ＶＣへの持ち株配分バランスの関係上、そう巨額を投資するわけには行かず、新興企業の価値が大きくなっていく過程で、しかも技術・製品開発から、事業の本格展開向けの資金ニーズにも対応させて金額を急速に増やしていく。その結果、販売開始以降の投資金額の全体投資額に占めるシェアも急拡大します。

ここで見て取れるのは、よく言われる「アーリーステージ投資」以上に、事業発展に応じた息の長い投資、ともに発展していく（伴走していく）スタンスです。早い段階での投下資金はむしろ抑え目にして、例えば本格的な拡販段階に突入する際の大胆な増額投資にも対応できる余裕度も維持しながら、尻上がりに金額を上げていく。その方が、自然な資金需要にもマッチし、受ける側から見た株式持ち分（%）維持ニーズにも適っています。「一番よくない例は、アーリー段階で、実は十分な開発・マーケティング向けの資金使途が見えない段階で大きく資金を出して（受けて）しまい、後が続かないパターンです。資金を受けた方は、大きな株式シェアを渡してしまうと同時に、使い方で失敗する確率も高まります」。*5

この場合重視されているのは、その時々の金額以上にタイムスパン、時間軸ということになります。以下、シリコンバレーで遭遇した事例です。軍関係にも使えるセンサー系新興企業で、当初から一部VCからある程度の資金を得て、その後ペンタゴン（国防総省）やNASAなどから資金調達しながら、試作品さらにモジュール機器を作って、これまで大学・研究所系へ一渡り売ってきた。その間、研究者上がりの社長は、より良い技術・製品の開発にどうしても時間を多く割き、その結果売上は低水準のまま。そのこともあって、VCから積極的な追加投資のオファーもないままに時間が過ぎていきました。そして、会社設立から6年ほど経って、当初VCのファンドは終了して、追加の資金投入がいよいよ得られない。その結果、営業の専門家も雇えず、技術系社長が開発と営業を兼ねる体制が続き、この本格的事業化産業化フェーズに突入できない。この場合、VCの姿勢が原因とばかりは言えませんが、シリコンバレーでもこのようなベンチャー企業は多いです。

ともかく、米国でもファンド満期は10年が基本で、この「18か月、1年半ごとに開発フェーズを上げる」のは、多分に、設立から6年程度までにある程度の会社になっていて、順調に行けばIPO（株式公開）、次善の策としてM&A（投資先の事業会社への売却）で投資資金のEXIT（エクシット：出口）を達成する。図表1-3は、そのための逆算的なタイムテーブルになっています。

「この時間軸は、技術分野、状況によって伸びることもあって当然。米国側が、よりソフトウェア型の事業モデルの場合が多く、一概に同じ土俵で日米比較を行えるほど単純ではない」、と言いたいところですが、投資家側の都合は日米で同じです。投資ファンド期間で見た基本的な枠組みは変わりません。その点この「1年半モデル」は確かに良い枠組みになっていて、かつ関係者、つまり新興企業自身、そこと開発パートナーを試みる大手企業、そしてVC等の投資家の皆が報われうる三方よしモデルになっています。そしてもちろん、これより遅れる場合はありますし、逆に早まる場合もあります。早まる場合は、大企業で起業（新規事業立上げ経験や社内ベンチャーなど）経験が十分ある場合などです。この速いステップアップ展開に必要な最大（かつ唯一か）のポイントは、その業界の有力大手企業への食い込みです。そこでの起業経験とは、結局は有力企業との事業コネクションの積み上げです。

前述のとおり、単一の基本技術、その延長線上での絞ったテーマでの製品開発で先鋭化した存在を目指す新興企業の場合、その製品・事業開発フェーズがほとんどその新興企業の発展段階フェーズそのものでもあります。そして、しかるべきVCから資金と事業展開サポートを得た成功組の新興企業の真骨頂は何かと言えば、その「製品開発＝企業発展」のスピードとその確度です。それが意味するものは、大手企業から見た即戦力性ということです。そして、そういう新興企業は、大手企業（Established Companies）から見て、確かに、自社の外にも豊富な選択肢があるイノベーションソースを意味します。

3 ▾ イノベーション・マトリクス

以上のような技術の事業化・産業化という視点を突き詰めると、一見混沌として次元を異にするように映る、産業社会での各イノベーション主体の相互関係性という点に行きつきます。自己完結的ではない、他社・機関との連携によるイノベーション展開の可能性です。そこで以下では今後の議論の土台として、これまでの内容も受けて、大学や国研、大手企業、新興企業、開発型中小企業などのイノベーション連関性、相互間での研究・開発のパートナー形成の可能性を整理します。

科学・技術研究・基礎開発フェーズ

例えば米国政府は、最近ではほぼ二期8年ごとで共和党、民主党で政権が入れ変わるたびに、目先を大きく変えた技術産業フォーカステーマを掲げます。選挙前その後と、大キャンペーンを張り、実際にも実行するわけです。ところで他方で、政府の省庁は、国家的な技術研究各分野にわたって、分担して科学技術・産業政策的な資金配分をやります。かつ大統領が変わっても、結構一貫した基礎研究テーマ領域もやっています。基礎研究ならNSF（National Science Foundation）、エネルギー分野はDOE（Department of Energy）、医療ヘルスケア分野はNIH（National Institutes of Health）、そして防衛分野ならDarpa（Defense Advanced Research Projects Agency）やNASAと言った具合です。

図表1-4　イノベーション・マトリクスI（＝科学・技術研究開発フェーズ）

→①　→②　→②③

↑①　①↓　↑②　②↓　↑③

研究開発フェーズ	理論科学（理学）	応用科学（工学）	基礎技術開発
	科学	科学／技術研究・開発	技術研究・開発
方法論	集約型	応用・拡張型	集約型
やっていること	自然現象・機能の理論・法則性究明	原理原則を適用応用分野究明	技術研究成果の技術へ結集
成果物	原理・原則	基盤技術・材料	要素技術・部材
研究開発誘引	自然法則解明	人間社会への応用	具体的な技術
例	ノーベル賞級研究（原理原則解明・錯体理論）	応用材料研究（燃料電池向けナノ技術）	太陽電池パネル薄膜技術（高分子技術）
大学	理学研究科	工学研究科	工学研究科
			（大学受託研究）
研究所	各種の公的研究開発機関	各種の公的研究開発機関	各種の公的研究開発機関
新興企業			大学発等ベンチャー
一般事業会社			事業会社基礎R&D

ここでは、米国流のトップ（大統領）によるフォーカス型プロモーションと中央省庁による現実的かつバランス型政策実行（ある程度の予算の傾斜配分はあり）の並存があります。つまり、中央省庁側が政権トップに、人目を引き世界的にも説得力ある、メリハリの利いたフォーカスシナリオを用意して盛り立て、他方で、上記の各省庁独自の施策にも継続的に目配りを怠らないとしたら、確かに両者（つまりは政権と官僚機構）の一つのコラボレーションモデルです。

このような国家の科学技術政策が中心的に関わる研究開発フェーズを図表1-4「イノベーション・マトリクスI」にまとめてみました。大学そして国立研究所での研究フェーズを出発点に、かつ、そことの大学・国研発新興企業（以下単に「大学発ベンチャー」）、そして事業会社、特に大手企業の基礎研究部門の関係を明らかにするのが目的です。通常の新興企業が起業して事業化・産業化と展開していく前の段階の広大な領域です。大学発ベンチャーの厳密な意味でのスタートラインは、一般的にはこの表の最後、「基礎技術開発」の段階です。

この図表1-4では、一つには科学・技術研究成果が大学発ベンチャーの形に落とし込まれていくプロセスがあります。ただそれは一部かつ最近のことで、この図表の上段にある科学・技術研究の成果（①②③と表示）が、産業社会に直接的に広く行き渡り、より不連続な技術革新の源泉になっていく、その影響力の方が大きいのは歴史も示しています。*6

また一般的に、大学や国研、大学発ベンチャーが持つ技術の事業化・産業化を推し進める際、特に産学連携ではそうですが、それら技術シーズが、事業会社側が求める段階に開発フェーズ的に至っていない、ないし次元を異にする話になっているのをいかに見極めるかは、最も基本的かつ決定的になります。事業会社において、研究開発フェーズ認識が大切になるのもこの点にあります。事業会社において技術・製品開発フェーズを最もさかのぼっても、通常は、この図表1-4の「基礎技術開発」（要素技術・部材）までです。それ以降の具体的な製品開発が中心ミッションです。そして、技術を論じる際の決まり文句は、「何に使えそうな技術か」という点です。「どんな製品に応用できそうな技術か」です。

ところが、十年数年前、あるスタンフォード大学の知人の研究者にこの言葉を投げた時の返答が、彼は、「何に使える技術シーズかを考えています」というものでした。会話として成り立ちません。私の方でよくよく考えて、各々の立っている場所がこの表で、私が「基礎技術開発」そしてそれ以降、彼が「応用科学（工学）」領域にいることが分かってきました。これを本当に理解するのに数年かかりました。ちなみに、この知人の師匠はノーベル化学賞受賞者でした。有機と無機の中間領域の「錯体」理論の大家で、その知人はその基礎理論を受け継いで応用領域開拓に取り組んでいたわけです。通常の企業では、かなりの基礎研究段階でもこの領域には足を踏み入れません。工学の中でもかなり基礎レベル、理学に近い領域です。実際、その知人は理学博士です。

このように、この応用科学（工学）と基礎（要素）技術開発は、方法論的に大きな次元の違いを感じます。ただ、この応用科学（工学）段階での研究が進んで、例えば図表1-4のような燃料電池向けナノ技術としてはっきりしてくると、産業側も興味・利害を感じ出して、この図表の右外側（図表1-5）から要素技術開発段階まで歩み寄ります。そこで、産学連携の共同開発（「大学受託研究」）シーンも生まれます。事業会社にとっての「基盤技術研究」です。ただこの研究フェーズは、時間とコストもかかってリスクも大きく、個々の事業会社のみではうまく機能しなくなり、ますます外部の研究リソースへの依存を高めざるをえなくなってきたことは歴史的にもよく言われます（「中央研究所」モデルの崩壊）。さらに現状は、ここまでさかのぼる技術研究は事業会社には所詮向かず、さらに進んだ即戦力ある技術開発に重点を置かざるをえなくなっているのも周知のとおりです。そこに、研究開発フェーズの視点から見た、産学連携の難しさがあります。

改めて、この図表1-4を上から説明します。[*7] 同じ科学でも、確かに理論領域が理学、応用領域が工学。方法論的には、前者の理学は、自然現象や体の働きの基本原理を探求します。種々雑多から一つの筋の通った理屈を見出す集約型と位置付けできます。後者の工学では、広く世界を見渡して、先ほどの原理・原則を応用可能となりそうな分野を拡散型で追求して、基盤技術（材料含む）の確立を目指します。そして、その後の製品開発向けの要素技術・部材開発は、前段階でできた基盤技術の数々をもとにして集約型で作業を進めます。例えば、高分子技術という基盤技術をもとにした太陽光パネル向け薄膜技術開発の場合などです。

余談ですが、我々が手掛けたあるプロジェクトで、ここでの集約型発想が、我々チームの担当者―彼は技術バックグラウンドがある一方で、基本的に拡散型の事業企画戦略の経験が長い米国人でしたが―にはどうしても合点が行きませんでした。彼は、良かれと思っていろいろ大きな事業展開構想を描こうとして、逆に絞り込みで要素技術開発を図っている顧客企業側の担当部署とどうしても話しがかみ合いません。結局、その当方の担当者を変えざるをえなくなりました。

ところで、この図表1-4の一番上に①②③の番号そして矢印をつけました。研究開発の各フェーズでの成果物が、その後の各フェーズにどう影響していくかを表したものです。つまり、理学段階で見えてきた原理原則（①）は、次の工学段階に反映され大きく応用領域を広げる。そしてこの工学研究の成果としての基盤技術（②）は、工学研究の後工程ともいうべき、先ほどの要素技術・部材にまず落とし込まれる。のみならず、その後の産業界における様々な製品開発における基礎をなします。もちろん、この基礎段階にどの程度まで企業として踏み込むかは全く事業方針次第です。技術分野にも依りましょうが、少なくとも直接自社のみで関わっていくことは、ますます難しくなってきているのは確かです。そこにこそ、産学連携の意義も増している背景がありましょう。

つまり産学連携のポイントがこの②の基盤技術・材料そして③の要素技術・部材です。これらが、その後、事業会社側の技術製品開発の各フェーズで大活躍します。この表の右側にはみ出しますが、この②③は次の「モジュール開発」、さらにその後の「単体機器・システム開発」以降へも落とし込まれていきます。しかも、これらの基礎的な技術が、より汎用性や潜在的な事業アイディアも備えていると、その効果は絶大になる。そうすると、「スマートグリッド・コミュニティー」「自動運転システム」といった社会コンセプトのコア技術にもすぐに使える可能性を持ってきます。ここに、大学や国研の技術研究内容の潜在的な可能性を感じます。

大学発ベンチャーの一番川上部分も、この「基礎技術開発」（要素技術・部材）段階と言えましょう。それは、事業会社（通常は大手企業）の基礎研究の最も上流段階と重なります。つまり、米国の大学ではより明らかですが、大学発ベンチャーを作る動機の大きな部分はこの辺に関係します。基礎研究の延長線で要素技術が見えてきて、(1)産業界からも問い合わせが入り、権利関係（知的財産に絡む契約関係）をより明確に、かつ多数こなしていく必要性が高まり、かつ(2)これは基本的に基礎研究（応用工学まで）に重きを置くべき大学自体のミッションからも離れていくので、大学から組織上切り離して大学発ベンチャーにする、というわけです。

そこから先は、大学によってスタンスが違ってきます。一つは、こんな背景からできた大学発ベンチャーを、(a)大学の研究成果の社会還元のための有力ルート、さらに事業会社からの間接的な研究資金調達ルートと位置付ける場合です。米国ではこの場合が基本的に多いですが、大学発ベンチャーを大学グループとして位置付け、大学のサイトでも積極的にプロモーションします。日本の大学の場合も、考え方としてはこれに近いです。もう一つは、(b)大学からは切り離して、自在に展開する、させる場合です。もともと、研究者にとって民間企業と大学間の垣根が低く、どちらに身を置くかがあまり大きな問題ではなく、ともかく、特定の研究テーマを追求する。大学も特にプロモートすることもしない。スタンフォード大学、そしてシリコンバレーはその傾向が強いです。大学も日本の場合どちらが良いというより、各大学のご方針、地域産業との関わり合いに依りましょう。

大学発ではない通常の新興企業は、一般的に、図表1-4での「基礎技術開発」フェーズを終えて、製品開発に目処が立ってきた段階で起業します。ですから、この図表にはまだ登場しません。

事業会社における研究・開発フェーズアップ

新興企業の発展段階との対応関係

事業会社、それも特に大手企業にあって、技術、製品、事業の各開発過程で、もし外部とパートナー（連携）を組むとしたら、各々どんな先が有効で、その決め手は何でしょう。それを技術開発、そして技術の事業化という段階に絞ると、技術シーズ（「技術開発力」）と事業産業ニーズ（「企業・産業力」）をどう結び付けるか、というテーマに通じます。この件を、ここでは産業界からの視点で整理します。つまりは、大学・国研等と民間企業、そして、大学系の技術も担う新興企業と大手企業間のコラボレーションの有効性です。[*8]

図表1-5、その中の「②研究開発パートナー先」の中核部分は、図表1-3「新興企業の成長・発展テーブル」の各フェーズを縦にしたものです。つまり、新興企業に資金が豊富に投入されるほど、シーズ・スタートアップ段階からアーリーステージ、その次、次へ進む確度とスピードが高まります。他方、図表1-5の「①大手企業の開発組織」は、この②研究開発パートナーの各段階に対応した開発組織イメージです。つまり、①の大手企業の各開発フェーズ組織に対応して、②のどのような相手・段階が開発パートナーとしてマッチするかを示します。

図表1-5　研究・開発上の対応関係

①大手企業の開発組織	②研究開発パートナー先	③パートナー形成の決め手
技術研究・開発部	大学・国研	技術の強さ
技術開発部／製品（商品）開発部	シーズ・スタートアップ企業（試作品開発）	技術・製品の完成度
	アーリーステージ企業（完成品開発）	
事業開発部	エクスパンション企業（販売初期）	事業・企業間のシナジー性
	レイター・メザニン企業（量産・量販）	
	大手企業	

大手企業とより本格的に事業展開する（技術開発→製品開発→事業開発）ために、②の開発パートナー側（大学・国研、同ベンチャー、通常の新興企業……）に求められるのは、開発フェーズの段階アップ、つまりその開発内容がより実用化段階にあることです。それこそが必要条件です。なお、②研究開発パートナー欄の最後、「大手企業」は、①の大手企業から見た他の大手企業を表します。お互い経営リソースがそろっている同志の連携です。つまり、パートナー候補になりうる新興企業候補が乏しい場合、大手企業同士の連携が主流になる場合です。

そして③は、この①と②各々の組み合わせにおける「パートナー形成の決め手」です。最初の段の、大手企業の「技術研究・開発」組織に対応させる大学・国研との連携（産学連携）のための決め手は、一つだけ挙げるとしたら、大学等側の「技術の強さ」としました。将来どれだけマーケットを席巻しうる技術内容かです。もっとも、実際には最先端レベル（標準取り）を競える技術はそうは生まれず（出くわさず）、すでにある一定の市場標準に則っている、その意味でのレベルを満たしていれば良い、というのがむしろ普通です。そして、その場合の興味関心は、その技術を「何に応用するか、何を作っていくか」に移ります。新興企業側もその点に経営資源を集中させます。私自身、シリコンバレーにいて数年経てやっと、「この場所は技術開発よりは、その次の事業展開（ビジネス）のメッカ」と実感しました。そんな意味を込めた「技術・製品の完成度」です。その場合、レベルを満たす技術は当然の前提条件で、その上で、どう事業展開するかです。

そして、ここでの事業化・産業化段階でのパートナー形成の決め手は、そんな当方、相手方の「事業・企業間のシナジー性」です。それは、①狙っている事業領域つまり事業ミッションの共有です。②得意とする事業フェーズのシナジー。それが適度にずれていて、補完関係にある。そして、③人材のシナジー。それも技術的に連携しうる領域、レベルの人材を双方揃えている。そして最も根本的な、④企業カルチャー面のシナジー。つまり、企業として顧客に向かう価値観（顧客価値）における共感。これが共有できているほど、連携の成功度は増し、そうでないともろい関係になりかねません。

かたや、大手企業の研究開発目標も、より早く研究段階から具体的な製品・事業開発を経て、事業部における本格的な事業の柱を増やすことです。その際、自前かオープン化か、はたまた融合かという選択検討ではなく、割り切って、さらに進めて、周りからの提案の仕分け作業を自社での研究開発の中核に位置付けているように見える大手企業が増えています。しかも、彼らシリコンバレー大手企業は利益率が高い。米国は西と東では別の国くらいに産業構造が違います。東海岸と日本、NY周辺と東京の特に老舗企業同士の経営体質、置かれた状況、そして元々の経営に対する考え方は実は似ています。そして、全米のVC資金の半分ほどを集めているシリコンバレー（2位の地域はボストンの10％強、NY周辺は数％です）にあるエレクトロニクス・ハードウェア大手企業（インテル、シスコシステムズ、アップル……）の営業、経常利益率は20～30％ずつあり、一方、東海岸の、ＩＢＭは健闘しています（十数％）が、他の大手メーカーはいずれも利益率は一桁です。様々な要因が入りましょうが、一つ、周辺新興企業の厚みが大手企業の新陳代謝を促し、その事業投資効率を高めている、と見るのは素直なとらえ方です。[*9]

4▼社会ニーズ創造・企画志向トレンド

プロダクツ（製品・サービス）の高度化

起業以降の段階に入ります。図表1-6「イノベーション・マトリクスⅡ」は図表1-4に直接続く工程で、その下段は図表1-5をうけています。エレクトロニクス・ＩＴ領域、つまり電子材料、部材、機器装置、関連ＩＴシステム・サービス領域を念頭に置きます。この段階全体でのシナジー形成は、図表1-6中段の大学・国研、新興企業、技術力ある中小企業群等（総じてイノベーションシーズ系）と、同図表下段の大手企業との間でのシナジー形成、対応関係を主に想定しています。なお、科学技術研究・開発領域からの影響は、前記と同様です（上段②～⑤）。

はじめの「モジュール開発」は、要素技術・部材を使って汎用モジュール（中間部材・デバイス）という製

図表1-6　イノベーション・マトリクスⅡ（＝製品・サービスの高度化過程）

→②③　→②③④　→②③④⑤

②③↓　↑④　②③④↓　↑⑤　②③④⑤↓

	モジュール	機器・システム	社会インフラ
	製品・事業開発		
方法論	集約・結集	応用・拡散	集約・インテグレート
やっていること	要素技術で汎用・中間材・デバイス開発	汎用部材から特定機器，システム開発	機器·システム組み合わせ大規模コンセプトへ
成果物	汎用モジュール	単体機器・システム	機構・社会システム
開発発想	技術で何ができる	こんなモノ，ことしたい	こんな社会にしたい
例	太陽光パネル／CMOSセンサー	センサー搭載のデジカメ，車載カメラ，オフィス監視システム	環境監視／自動運転地域医療情報ネット／スマートシティー
大学・国研	大学，各種研究機関		
	大学・国研発ベンチャー（その基礎研究的な側面）		
新興企業	試作品・完成品開発（スタートアップ／アーリー）		
	販売初期（エクスパンション）		
	量産・量販（レイター・メザニン）		
開発中小企業	作り込み（改良・改善）パートナー		
大手企業	技術研究所・開発部		
	製品（商品）開発部		
	事業開発・事業部／企業連合		

品開発を試作から行っていく過程です。この製品開発突入時点が通常の新興企業の起業段階です。大学系発ベンチャーは一つ前のフェーズ（要素技術・部材開発）から起業しています。その後に「単体機器・システム開発」が続きます。最後が、いわゆる「社会インフラ開発」領域です。つまり、これら全体で、それまでの科学研究、基礎技術研究・開発に続いて、その技術の応用過程として、表の右側に行くに従ってプロダクツの高度化を表しています。なお、この図表1-6で下段は、大手・新興企業、その各部署の人が自分の立ち位置・カバーエリアを確認し、新しい外部企業の位置付けをする際もほぼ特定、突き合わせができる実務向

けテーブルです。実際、これらの図表を作成して以降、様々な企業と話す際、いつもこの表のどの位置にいる相手かを念頭に置けるようになり、その想定で話し込んで、かみ合わなかったことがまずありません。

各段階での応用・拡張と集約の関係も図表のとおりです。モジュール開発と社会インフラ開発はともに、それまでの技術や単体機器・システムの集約・結集・インテグレーション過程です。具体的な製品イメージ例で言えば、「モジュール」が太陽光パネルやCMOSセンサー、「単体機器・システム」が、このCMOSセンサーを組み込んだデジタルカメラや車載カメラ、ビル中に張り巡らせた監視システム。そして、「社会インフラ」では、同じくデジカメで言えば、さらに広域の環境監視システム、スマートコミュニティーや特定地域での医療情報共有インフラなどです。

図表1-6の一番上、例の科学・技術の産業界への波及関係ですが、②（基盤技術・材料）と③（要素技術・部材）の双方です。それらは製品・事業開発の過程全般に波及すると位置付けました。そしてこの数字（①から⑤）は、この製品・事業開発工程における技術移転フローについて2つのことを表しています。(a)「科学・技術」領域からの技術・材料等は、この製品・事業開発工程の各段階（フェーズ）に落とし込まれる。従って、このような事業化・産業化の進んだすべての段階で、大学や国研、大学・国研発ベンチャーが事業会社に対しても研究開発の最も上流での開発パートナーになりうる。(b)各段階での成果技術・プロダクツも、その後方の各段階に個別で入り込んでいく。例えば、環境監視システムのための技術・プロダクツを探索する際、産業技術総合研究所（産総研）の高精細画像技術、海外の各種センシング技術、国内大手メーカーの監視カメラシステムなど、いろんな開発段階の技術・プロダクツを結集します。

ここから先は、オープンなイノベーションの考え方に沿って整理します。イノベーションのエコシステム（自律的クラスター）を念頭に、大手系企業側を主軸に整理します。どんな産業クラスターでも、初期の政策的サポートを経て自律的段階に入る際の大きなリーダーは先輩大手企業です。そして、同時継続的に、彼らの上流技術研究開発を大学等がささえ、具体的な製品開発段階を新興企業、そして特に日本の場合はさらに先端・ものつくり系中小企業も支える。さらに、政策当局は、定期的に、新しい技術・産業ビジョンを産業界に提示して、産業社会の新陳代謝を促す。本質的に日米そして欧州等で、ここの部分は大きく違いません。

以下、一番左のモジュール開発の欄を縦にご覧ください。その一番下が大手企業における技術・製品そして事業の各開発組織、さらに事業部そのものです。その内、技術開発部に対応するのが、大学・理研、産総研及び大学・国研発ベンチャー（以下単に大学発ベンチャー）です。同様に製品（商品）開発部には、新興企業の試作・完成品開発、米国でいうスタートアップやアーリーステージが対応します。さらに事業開発・事業部には、新興企業の完成品販売初期（同エクスパンション）と量産・量販（同レイター・メザニン）、さらに特にこの量産段階で支える日本のものつくり系企業が相手です。それから、アジアの協力企業群もここに入ります。

ここでいう新興企業には、技術研究段階を卒業した（実際は平行してやる）大学発ベンチャー、一般の開発型独立系ベンチャーや一部大手企業からのスピンオフ・スピンアウト企業が含まれます。日本の大学発ベンチャーでは、研究段階から試作品・完成品開発を中心に、その後の販売段階にうまく発展している企業も多々あります。また、上記の開発型独立系ベンチャーは、試作開発から量産工程での請負企業までカバーしています。

以上のことは、新興企業の層が全体的に厚くなってくると、単体機器・システム開発、社会インフラ開発でも当てはまっていきます。確かに米国の新興企業にも、これらのステージに対応するアーリーステージ（完成品開発）やエクスパンション（販売初期）、さらにそれ以降の企業が多い。だからビジネス相手として内外大手企業から見ても関心をそそる場合が多いわけです。ちなみに、そのような新興企業を担っているのは、ビジネス経験が20〜30年のベテランが多いです。技術のみならず事業経験がないと大手企業の事業開発検討の対象にはなりにくい。決して、Googleや古くはMicrosoftのような学生創業者がすべて立ち上げている世界ではありません。2000年以降の前回バブル崩壊以降、この保守的・現実的傾向は強まりました。ともかく、新興企業等が、各々の発展段階でどの程度大手企業との間で事業をできているか、即戦力、発展スピードが大きく関係してきます。ここが速いと世界の大手企業からのニーズが高まります。開発パートナーとして、そしてもちろん製品取引においてです。

社会ニーズ創造・企画志向「こんなものを創りたい、社会にしたい……」

図表1-6「イノベーション・マトリクスⅡ（＝製品・サービスの高度化過程）」の「モジュール開発」が、「技術でどんなことができるか」という技術発志向が強いのに対して、その後の段階は製品・サービスの組み合わせが進み、プロダクツとして高度化していきます。一つのまとまったプロダクツ（医療情報機器・システム、新交通システム、スマートコミュニティーなど）提供への参画企業も増えて、事業規模を意識すればますます広い顧客・市場の、いわゆる社会ニーズにけん引されていきます。その結果、市場が成熟化した現在、マーケットからの明示的なニーズ発信が見えにくくなっていく中、ますますこちらから、「どんなモノを創る、どんな

ことがしたい、させたい」、そして「どんな社会にしたいか」という発想、創造性そして意思がより強く必要になります。*10

ここでは、前述の「プロダクトイノベーション」的な発想が大きくけん引役になっていきます。このマトリクスⅡの横軸は、そんな意味では、プロダクトイノベーション軸です。縦軸にその発想がないという意味ではありません。相対的に、この横軸では市場・社会ニーズをリードする製品・事業企画力がより求められるということ。プロダクツの高度化たる所以です。英語でいうデザイン力（designing）です。アップルのスティーブ・ジョブスが、あの有名なスタンフォード大学での挨拶で、「開発における技術と人文科学の融合」を語りましたが、これは元々当地では特に2000年前後ぐらいから大いに議論されてきたメジャーな観点です。マトリクスⅡに沿ってイノベーションけん引の源泉を整理します。

縦軸モメンタム（プロセスイノベーション）………『製造効率、作り込みの追求』
横軸モメンタム（プロダクトイノベーション）……『社会ニーズ創造・企画力』

代表企業で言えば、縦軸側の雄は、例えばインテル（電子材料・コアモジュール）、アップル（携帯機器）やトヨタ（自動車）で、横軸側で追及するのがGE（重電、医療機器）や日立製作所（重電、IT、医療も含む社会システム）、IBM（コンサルティング領域含むIT全般）と言えましょう。そして今、携帯機器（モバイル・コンピューティングそのもの）はもちろん、自動車さえ、多電源化・スマートグリッド、自動運転システム・インフラの流れで、いっそう横軸発想にも立ち、IoTの結果、インテルも同様の流れを本格的に組み込みつつあります。他の通常の単体機器（スタンド・アローン）も、それ自身の性能・高機能、つまり作り込み力のみでは、ますます難しくなってきた。この経緯は、米国もかつて同様な経緯を辿り、最近のインダストリー4・0（特に工場ラインでのデジタル・IT化）に絡む動きは、ものつくりドイツでもその凄まじいうねりの中に戦略的に入っていった、そしてそのうねりを世界的にリードしようとしていると映ります。

5▼製造業におけるIT志向―ドイツ「インダストリー4・0」―

つまり、上記の意味の横軸モメンタムとデジタル・IT化トレンドは、完全に合致したうねりです。日本が東日本大震災による災禍への対応に追われていた2011年11月、ドイツ政府が、その「High-Tech Strategy 2020」行動計画の中で、製造工程や工場同士におけるデジタル化を促す「インダストリー4・0」を大々的に発表し、2013年4月にこの構想を推進するための官民合同のプロジェクトをスタートさせました。主に工場における生産製造の制御、その周辺に関わる内容です。そもそもドイツといえば、製造業・ハードウェア主体で、かつ、99%中小企業の産業構造を持つ、日本と酷似した産業構造です。そのドイツが、米国主導のデジタル・IT化のトレンドへの対抗の意味でも打ち出した戦略です。日本の産業技術総合研究所に相当するフランホーファーも主導しています。

それは、IoT的な発想・手法によって、従来、個々の部材・機器がバラバラだったものが、その稼働・運用データを連係・共有していくことでますますつながり、部分最適から全体最適へと広げていく構想と位置付けできます。そして今回構想のポイントは、その全体最適の範囲・レベルです。部材・機器の連結、つまりは一連の製造工程、一つの工場内の全体制御であれば今も完璧にあるわけです。トヨタのカンバン方式に代表されるとおり、日本が最も得意とする領域です。それが、今回のドイツ構想では、工場同士をつなぎ―それはつまり違う企業の工場同士を含みます―将来的には他国の工場・製造工程全体に及ぼす、としています。乱暴な話にも見えますが、ＩＳＯなどでのデジュール型世界標準を志向する欧州らしい発想ではあります。そして、この構想は、ソフトウェア主導のＩＴとハードウェア領域の完全な融合、それも戦略的な融合を意味します。

これは、特に日本のものつくりにとっては、完全なパラダイムシフトを意味します。これまで日本企業は一般的に、個々製品は別々であえてつながない、顧客からの特注対応、ＩＴ領域でさえフルカスタマイズのものつくり発想でやってきたわけです。精々つないでも、あくまで自社内です。そして裏返しですが、顧客から要請があった場合の対応でも、自社が納入したその顧客企業・施設内、企業・施設間での製品・システム同士の話です。病院システムなどでは、日本でも最近よく見受けられます。他社が納入した製品システムとの連結は、個々の民間企業レベルでは想定外です。もっと、大きな国家的、国家間のミッション・ビジョンの共有を要する領域です。ドイツが国家主導でやりつつあるのはそこです。

ドイツのこの全体最適工場、その海外展開モデルは、発想的には、日本で推し進める「スマートシティー」のパッケージ構想に似ています。そして、一つのポイントは、日本以上に国際展開が進んでいるその中小製造系企業の志向と実力を反映させている点です。日本の特に大手企業の国際展開を阻む大きな要因に、日本国内で構築できている顧客向けの製造・サポート体制―その中核は下請け業者です―が、海外でほとんど組めないことです。製造業、IT業界問わずです。大手企業の場合、まずグループ企業で対応するわけですが、資材調達、サプライチェーン全体を日本国内でできているほどの完璧さに持っていくのは至難の業です。その点、中小企業の国際展開比率が、日本は1%以下と言われるのに対して、20~30%とされるドイツの強みを生かした構想と言えそうです。元々ものつくりに強い日本や、世界の工場中国の企業にも国家的に働きかける戦略もうなずけます。

他方で、ドイツの国家プロジェクトスタートから1年遅れで、2014年4月、米国の主要企業が、インダストリアル・インターネット・コンソーシアムを立ち上げます。GE（ゼネラル・エレクトリック）、IBM、インテル、シスコシステムズ、AT&Tが中核です。この顔ぶれ順に、産業向けの大型装置、ITプラットフォーム、半導体・センサーデバイス、ネットワークそして通信と、世界のトップ企業が集った、米国にしては珍しいパン・アメリカン（「米国頑張ろう」）的なドリームチームです。このデータITトレンド、その事業戦略における位置付けの最新現状は第2章で述べます。

6▼大手・新興企業間でのエコシステム形成

本章の最後に、以上を受けて、大手企業（大企業、中堅企業を含む）、新興企業双方が、いざ社外と組む際の相手方との関係を整理します。本書では、大手企業に対するイノベーションシーズを以下のように想定します。①大学や公的研究機関で行われている基礎研究・技術開発シーズから事業化に漕ぎ着けた大学発ベンチャー、さらに②他の研究開発志向の強い一般新興企業や開発型中小企業が持つ技術・事業シーズです。そして、これら2つをここでは、まとめて〝新興企業〟という言葉で括ります。その意味での大手企業と新興企業の間で、イノベーションシナジー性は本当に保たれうるものなのかの検証です。その側面から見たコーポレート・ベンチャリングの可能性分析でもあります。*11 技術・事業領域としては、ここでもIT・エレクトロニクス領域をまず念頭に置いています。つまり、ハードウェアとソフトウェアIT、そしてサービス提供部分が含まれてきます。ここでは、大手、新興企業ともに米国企業を念頭に置き、新興企業はシリコンバレーベンチャーが典型です。

技術・製品開発面での比較

以下、これら両者のシナジー形成の構造的部分を、技術・製品開発の面に絞って、各々の視点に即して深掘りしていきます。次ページの図表1-7が比較表です。

新興企業側の視点

米国の新興企業は、製品開発については汎用のインフラ製品開発志向です。これは、ITソフトウェア分野のみならず、半導体チップ開発分野でも言えますが、以下では前者の場合で説明します。

図表1-7　技術・製品開発手法の比較表

新興企業モデル	大手企業モデル
汎用製品開発	汎用＋顧客個々向けカスタマイズ化
部品・部材，モジュール志向	完成品，高性能による差別化志向
斬新な発想，機動的な開発実行	既存技術・製品との比較，市場性で判断
「技術＋事業コンセプト」で勝負	迅速な研究開発，マーケットトップ志向
オープンなパートナーリング，M&A	「自前展開＋オープン化」の両刀使い

例えばＢＰＭ（Business Process Management：業務プロセス管理）というのがあります。２０００年頃，顧客ごとにその業務管理（企業ごとそしてその中身の業務ごと）システムを作り込むのではなく，開発過程で共通する基盤部分と，その上で相手先の実態に合わせてカスタマイズする部分を分けて，前者を汎用パッケージで売るという会社が話題になりました。その発想・手法が当時は新鮮で米国内で各種の賞をもらい，この考え方自体が急速に広まりました。開発業者は開発スピード，従ってコストを格段に下げられ，開発元の顧客企業も同様のメリットを享受できる。

のみならず，最大の効果は，この汎用基盤は業務フォローとして最適な一つの理想的な流れを想定して作っており，結果的にこの基盤に顧客側の現状の業務プロセスを合わせることが，業務フロー改善そのものにもなる，という考え方です。これは，その後米国系大手コンサルティング会社そして世界に広まった業務改善ＩＴコンサルティングの流れにも通じます。最近のソフトウェア開発プラットフォームやオープン型開発にもつながる流れです。

上記の「汎用製品」を，さらにハードウェア寄りの言い方をすると「部品・部材，モジュール」ともなります。自社のみでは完成品まで持っていけない，いかない存在であって，部品供給に徹して，機動的な生産の受け皿にもなる。この場合も根底には，若い企業には完成品に仕上げる経営資源が不足している面と同時に，完成品段階でのマーケットでのスタンダード競争、企業間競争がどこに落ち着いても、この部品だけは不可欠だという部分を押さえる戦略でもあり、これは最近ではむしろ日本の大手メーカーのモジュール志向に端的に出てきました。

さらに新興企業は、より斬新・飛びぬけた発想、機動的な開発が実行しやすい。大手企業と比べれば、組織が小さい分、結論方針さえ出れば、経営者がリードして動きは早くできます。抱えているものが少ない分、研究開発・事業展開面でしがらみがなく、自由自在にやりやすいポジションにある。かつ、大手企業と組んで完成品にする、その流れで、大手企業に組み込んでもらって一人前という立ち位置でもあります。買収されるのも、ある意味では、その流れの一貫という面もありましょう。会社設立の早い段階から、特定大手企業（群）、その開発ニーズを念頭に事業展開する、という創成期モデルにもつながります。その一方で、大手との取引をやりつつ、力をつけながら、ＩＰＯにまで漕ぎ着けて独立独歩路線で発展していくというのが第一の成功モデルであることには変わりません。

それから、新興企業の場合は、「技術プラス事業コンセプト」で勝負する、です。一定のレベルを超えた技術力を前提に、さらにどれだけ相手企業の事業展開ニーズを刺激しけん引もしそうな製品・事業コンセプト、さらに実行潜在力を秘めているかです。この点は、今後何度も言及していくことになりますが、その若い企業（ないし大学・研究所等にあるイノベーションシーズも含めて）の開発・発展段階に大きく依ります。つまりは、どの程度、広く世の中の企業とやり取りし、それによって、マーケットのニーズをどれだけ体感して製品開発に反映しえているかです。

事業展開全体が結果的にオープンに展開されるというのは明らかです。そして、パートナリング（企業連携・提携）という点では、米国では新興成長企業同士も含めて相互の戦略投資や、M&Aも結構多いです。成長の勢いのある方がリードするということですが、その典型は86年のシスコシステムズでした。自身も企業設立早々の段階からCVCモデルの走りとなる社内ファンドを立ち上げて、他の新興企業と資本関係を介しながら積極的に連携していき今に至っています。企業成長発展過程で、日本の系列化モデルを模したものとも受け取れます。全米的にも最も有名なVCで、当地の新興企業にとってもオピニオン・リーダー的なクライナー・パーキンスのトップページには、2000年代前半くらいまででしたか、漢字で「系列」と大きく書かれていました。この点はもちろんそのまま、新興企業段階から大きくなった当地の今のリーディング企業群にそのままDNAとして引き継がれています。この点は、第5章で再度述べます。

大手企業側の視点

一方、大手企業では、製品開発の基本は、「汎用+顧客個々向けカスタマイズ化」です。正確には、新興企業以上に、顧客個々向けのカスタマイズ力が高いということです。他方で、最近の大きなトレンドとして、ITインフラ供給部分が大きなウェイトを持ってきました。GoogleのAppEngineや、Microsoft Azureといったソフトウェア開発プラットフォームの台頭普及です。開発におけるオープン化とクラウドの影響で、この共通基盤のプラットフォーム自体の先進性、汎用性がますます大きな比重を占めてきました。ブランド力にモノを言わせた、マーケットの抱え込み競争です。アプリケーション部分は、ソフトウェア開発面では、ますますオープン開発が主流になり、「ブランド競争化」が加速しています。

携帯機器等のハードウェア機器領域でも、この開発プラットフォーム化は進んでいます。上記の「ソフトウェア開発プラットフォーム」を「ハイテク技術を落としこんだハイエンド汎用開発プラットフォーム」に置き換えて、その上でアップルの場合、自社独自の純正開発ツールを提供することで、オープン性と囲い込み戦略を併せ持たせています。

「迅速な研究開発、マーケットシェアでのトップ志向」は、大手企業が、社内外のイノベーションシーズと面した時、既存の主力事業・製品との整合性、またそもそも勝てる領域かを総合的に判断する過程と関わっています。この条件こそが、大手企業による新興企業等への投資判断の大きなポイントにもなります。つまり、特定マーケットで勝てる領域であると判断した上で、そのパートナー先として大手企業側の迅速な研究開発を促す技術力を持つ企業に投資する。

大手企業の場合は、自前展開とオープン化の二刀流です。つまり自社内に十分なリソースがある場合は、当然自社内でまずやる、少なくとも企業グループ内で探す。そうでない場合は外にもリソースを求めるという、単純に両面を持つという意味が一つ。さらに最近の注目は、オープン化を図りつつ同時に実は自前主義（囲い込み）を強固にするという戦略です。端的にはM&Aで、オープンに外にシーズを求めて、かつ買収を通じて自社に取り込み囲い込んで自前に切り替える。考えてみれば当たり前のことです。また、特にハードウェア・プロダクツの場合、アップルの場合のハイエンド汎用開発プラットフォーム、独自開発ツール提供による「開かれた」開発促進は、自分たちの閉じた開発基盤（ブラックボックス）向けの仲間つくりとも映ります。それは、多彩な開発力を持つパートナー先を、開発アウトソーシング下請け業者として黒子化することと一線を画した、確かに一種のオープンイノベーション的なフォーメーションです。

潜在的な両者のシナジー性

このように、大手企業モデルを見ると、ほぼことごとく、新興企業の要素を加味しつつ、他方で事業規模そして持続的成長という命題とも向き合いながら、現実的な戦略を推し進めていることが分かります。また実際は、大手企業の中でも、事業規模が大きくなるほど、これらの新興企業的性格の部門と、大手企業モデルとしての部門とを包含していくのも確かです。従って以上での比較分析は、そのままそのような大きな組織における新陳代謝戦略の検討モデルでもあります。

いずれにしても、最近の動きがめまぐるしい技術・事業革新のスピード感の中で、もはや一社では対応しきれないという現実を前に、そもそも論を戦わす暇もないくらい、動員できるものはすべて結集させるという経営スタンス・手法が、今後ますます主流になっていきましょう。新興企業と大手企業、そして新興企業的あり方と大企業的あり方は、切っても切れない関係になってきました。

そして、最近の大手企業における、その会社にとってのフロンティア領域への進出経緯を検証すると、先端領域であるほど、論ずる余地がない程度に、その分野に長けた新興企業や大学・研究機関との連携から入っています。特に、事業として立ち上げ済みの新興企業です。その先端領域で、当該大手企業がどんな技術と事業コンセプトを持ち合わせているかを確認するのに、その会社が最近買収した新興企業から洗い出すのは基本です。その大手企業にとって、技術開発上の秘密保持、知財管理等の面で問題がありそうにも見えますが、逆に、「我々はこんな領域に今、情熱燃やしています。そんな我々と共にやりたい会社さんは歓迎です」というメッセージも結果的に発信しています。意図的でもありましょう。その結果、集まる情報・知見、選択肢の広がりというメリットの方が、各段に大きいかもしれません。

〈ブレイク〉新しい展開に向けた土壌つくり

下の写真が、シリコンバレー発祥の地と言われる、ヒューレッドパッカード社創業の建物です。スタンフォード大学の城下町であるパロアルト市街の住宅地にあります。図表1-8の、シリコンバレーの形成過程の年表も参考にしてください。地域クラスター発展の視点で再整理して年表化しました。[*12]

西海岸は、例年、春先以降毎日が晴天です。ベランダに花を育てていても、そのプランターに水を毎日与えないとすぐに乾いてしまいます。ある時、新しい花を植えようと、これまでの土をほじくりかえしてみて驚いた。

HP 社発祥の建物。10 年ほど前に、当時の状態に復元されたカリフォルニア州史跡。（撮影：氏家 豊）

図表1-8　シリコンバレーの形成過程

1890	1990	1910	1920	1930	1940	1950	1960	1970	1980	1990	2000	2010

1891年スタンフォード大学設立

Ⅰ：産学連携
- 1927年ターマン教授の活動開始
- 1939年HP
- 1946年SRI等（オープン講義）

Ⅱ：研究機関，企業誘致
- 1930年モフェット・フィールド，エイムズ・リサーチセンター誘致
- 1939年NASA誘致
- 1950年代ロッキード社の実験施設誘致
- IBMアルマデン研究所
- 1970年PARC

Ⅲ：独立系ハイテクベンチャー企業登場
- 1956年ショックリー半導体研究所
- 1957年フェアチャイルド・セミコンダクター
- 1968年インテル
- 1976年アップル社
- 1982年サン·マイクロシステムズ
- シリコングラフィクス
- 1998年Google

Ⅳ：VCの台頭，隆盛
- 1969年メイ・フィールド
- 1972年クライナー・パーキンス
- 1977年マトリクス，NEA
- 1985年アクセル
- 1986年Cisco CVC
- 1998年Intel Capital

それなりに水は与えてきた土の中がからっからです。乾き切っているせいで、水を注いでも、実はその土の核心部分には全く水が浸透せず（留まらず）、土の隙間を伝って下に素通りしていました。だから、毎日水やっても土に保水されないままになっていました。そこで私は土いじりしながら考えました……。

日本企業の米国拠点から日本側にマーケット情報を送っても、「反応がない、芳しくない」、ということを聞くたびに、上記の土と水の関係を思い出しました。つまり、米国側から発信する新しい、ちょっと先の、時に最先端の技術・製品コンセプト、これらを水と考え、日本側の組織・受け入れ体制、これを土に置き換えます。すると、この「反応がない」状態は、水が土にしみ込まない状態かもしれない。そうであれば、考えられる原因は2つです。

(1) もう土は水が飽和状態で、これ以上受け付けない状態。製品・サービス（プロダクツ）や事業の企画そして営業のキャパ上限ということでもあります。これなら、ひとまず水は不要で、もしもっと新しい花を植えたいなら別の鉢を調達すれば良い。つまり会社組織なら、経営判断で、受け皿になるべき担当者、部署を戦略的に増設することを検討する。これは分かりやすく、組織的な対応も取りやすい。

(2) 全く逆に、前記のように、土が乾き過ぎていて水分そのものをはねつけてしまう状態。これは、外からは水を定期的に与えても、内部を素通りして、どんどん下に流れ出ていく。だから表面はすぐ乾き、毎日水をやっても乾いたまま。それは、水を与える側が、土が乾き過ぎていることを把握していないままに、一方的に水をやって済ませていることがまず原因です。組織で言えば、受け入れ側への事前の地ならし、そこでの意思疎通が不十分だったことです。

では、その土いじりはどうなったか。私は、乾き切った土をスコップで細かくしてやり、その上で、乾いたままでいたがっている（?）塊をしつこく砕いて水をかけました。小学生の理科の実技です。そうしたらその土はドンドン水を吸収し、かつ驚くべき保水力を示しました。それのみか、何と、この十分潤った土から、2、3日してものすごい勢いでアサガオが芽を出してきたではありませんか。そういえば、その前年の秋、アサガオが大繁殖して、花自身で、そして私も手伝って、そこらの土に種を落としていったのを思い出しました。これは、十分ほぐされて、水も十分もらった土が、持っていた潜在力を開花させたようにも見えて、実際そうで、かなり感動しました。

これは、例えば先進のソフトウェア、システム・ソリューションをお客様に説得し、ないし導入頂いた現物から最大限の成果（ROI）をとってもらおうとする際にも当てはまりそうです。つい、我々はその新しい製品・コンセプトのメリット、真新しさのみを訴えたくなる。そうではなくて、はじめに、相手方が、例の飽和状態（本当に「忙しい」）か、またはカラカラ状態（業務フローが硬直化して創造的発想が内部から生まれない状態）か、をまず察知すべきです。

その上で、特に後者の状態なら、まず土をほぐしてやって、つまり事前・事後の内部ディスカッション、システム教育・トレーニングメニュー充実等をやって、保水力を高めさせ、かつその潜在的な土力も引き出す。つまり、新システムの受容促進、潜在的なシステムニーズ・アイディアの引き出し、運用手法の自発的編み出し促進等へつながる努力をすべきです。これこそ、既存システムのROIを高め、かつ新しいシステム導入による真の業務効率アップに結び付かせる道です……そんなことを考えたわけです。

「イノベーション」と言われて久しく、永遠のテーマです。その際、当然ながら、我々はまず新しいものに目をやって、目が行って、まずそれを発掘する。そしてそれを既存組織、システムにはめていく。その際、新しいものを入れて組織、社会を前へ、上へ持っていこうとする（これこそイノベーション）とき、文字どおりの土壌つくりや送水用パイプの掃除のような、受け入れ側のインフラ構築こそ要であり、実は早道ではないかと考えます。それができれば、後はやるべきことは明らかで、出口を確保してやれば、水は自然に高いところから低きに流れるし土壌も潤う。アサガオは至る所から我先に芽を出してくる。土壌つくりができていないと、新しい種は根付かない。

そして、本書のアプローチもここにあります。今時の先進トピックス・テーマ、成功事例が飛び交います。それらとどう向き合い、どう引き付けて、どう自社のイノベーション戦略として展開するか。人や組織、他社との連携や、立派な種子は並べてみたけど、どうも芽が出ない。土壌にしっかり水が保たれているだろうか。いや、土はしっかりあるか。その土の保水力はあるか、本当に肥えているかです。米国の科学技術政策イニシアチブの最後に必ずある教育研修プログラム、米国ITベンダーのユーザー向け研修プログラムも、少し違った意味で理解できてきました。

＊注

1 本章の〈ブレイク〉「新しい展開に向けた土壌つくり」の図表1-8「シリコンバレーの形成過程」参照。

2 フェアチャイルド・セミコンダクター：1957年カリフォルニア州サンノゼで設立され、世界で初めて半導体集積回路の商業生産を開始した。シリコンバレーの形成年表は本章の〈ブレイク〉図表1-8参照。

3 図表1-2自体は、共著書『産業革新の源泉』（原山、氏家、出川）第4章で示したものです。ここでは、その内容のさらに詳しい説明を加えました。

4 なお最近は、以前ほど設立年次を公開せず、フェーズを見えにくくしている場合も多くなった印象はあります。

5 VCのメッカであるサンドヒルロード（メンローパーク市）にある某有力VCのキャピタリストの言葉です。

6 Clayton M. Christensen, *The Innovator's Dilemma: When New Technologies Cause Great Firms to Fail,*

Harvard Business Press, 1997.／クレイトン・クリステンセン『イノベーションのジレンマ—技術革新が巨大企業を滅ぼすとき』参照。その中の表から抜粋した本書第5章図表5-5「破壊的技術」の一覧項目を参照。
7　その後の、科学者、技術者の皆さんとの議論を踏まえています。
8　出川通氏『新事業創出のすすめ』では、大企業にあって、新事業を実際に立ち上げられた氏の経験に根差して、「日米ベンチャーに学ぶビジネス・イノベーションとマネジメント」手法が展開されています。
9　第5章図表5-1「米国主要企業の利益率比較」参照。
10　東日本大震災での経験を、地域医療そして福祉の観点から書き留めた『今を生きる—東日本大震災から明日へ！復興と再生への提言—4　医療と福祉』久道茂・鴨池治編（東北大学出版会）参照。
11　小沢佐江子・氏家豊『コーポレート・ベンチャリング—米国大企業にみる課題とその解決策』研究技術計画学会（2011）参照。大手企業の代表として、特にIBMの場合について詳述しています。
12　史実は、サンフランシスコクロニクル紙1999年12月27日版から。

第2章 オープン型、IT型の競争力戦略

本章では、第1章で見た、産業・事業展開全体の鳥瞰的な解析・確認を受けて、より具体的な最近・最新の能動的な事業展開、戦略トレンドを把握していきます。そこでは、特に製造業を広く見渡して、そのオープンで、IT的発想と手法をますます取り入れつつある実態を見ていきます。単体機器同士のシステム化、そしてハードウェアとITの大きな融合、サービス化のトレンドです。そのトレンドを象徴する世界のリーディング企業の事業投資戦略モデルも紹介しながら、そのようなエレクトロニクス・IT領域での大きなうねりを洗い出します。それは、ハードウェア製品のコモディティー化をいかに食い止め、次代をリードできる競争力をいかに付けるかというテーマの手掛かり探しでもあります。

1▼開発・製造の連携モデル

そもそも企業が、外部と連携する動機や背景には、いかなるものがあるでしょう。それも、投資を伴った本格的な連携です。一般的に以下のような項目が言われます。*1

(1) 技術開発の最新状況把握：技術革新、製品サイクルの目まぐるしい変化に直面して、ベンチャーキャピタル（VC）など社外の第三者らと協力して、先進的起業家チームが取り組んでいる新規技術の開発状況を常時把握しようとする。

(2) 基礎研究と技術開発促進：次代の革新的技術・製品開発を促すために、外部の研究開発成果の社内への取り込みに努める。競合他社を牽制して外部ベンチャー企業と組むのは、現実的かつ効果的な方策である。

(3) リスクの分担：新しい製品やサービスの開発に高いコストと時間を要するため、リスク分担、つまりは自社単独リスクの軽減のためにベンチャー企業と組む。これは、大型の先行投資を必要とするエレクトロニクス業界、製薬業界、石油化学産業等で特に多く見られる。

(4) 製品開発と買収：自社の既存製品ラインへの補完として、ベンチャー企業の当該製品部門または企業そのものを買収する。通常、大手企業は、ベンチャー企業への委託研究から始め、やがて生産委託、再販売、代理店販売へと関係を発展させる。

(5) 既存資産の活性化：硬直しがちな会社組織の外において、また社内外の横断的なコンカレント形式で、例えば遊休パテントの再利用や、何より社内技術者の潜在的能力の引き出し、研究開発の活性化を狙う。

(6)　起業家精神の育成：ベンチャー企業との事業展開において、起業家的アプローチを体感し、そこからイノベーション活動に関する教訓を得ようとする。結果的にそうなる場合は多い。

厳密な意味でのオープンイノベーションか、そこまで行かないアウトソーシングか、という議論はありますが、この6つの項目も受けて、企業の戦略的な連携モデルを整理するとどうなるでしょうか。図表2-1は、その典型的、基本的な関係を図解したものです。ここでも、ハードウェア開発製造も含む、IT・エレクトロニクス領域を主に念頭に置いています。第1章図表1-3が、IT系の比較的若い企業（よりソフトウェアやITサービス、先進コンピューティング、ワイヤレス等）を意識しているのに対して、ここでは、それに加えて、エレクトロニクス領域にも踏み込んで、その部材調達、作りこみが進んだデバイス・機器装置、それらのある程度まとまったシステム段階、その発展形を念頭に置いています。各段階での、部材・機器・システム開発に伴うIT開発・サービス領域です。[*2]

なお、実際の企業間連携は、このような線形・段階的ではない、開発フェーズに一見とらわれない展開も大いにあります。一つの企業（大手側、新興・中小企業側双方）が、様々な開発段階の技術や製品・システムを混在して持っている、それらの組み合わせ提案・全体プロダクツの共同開発だったりしますから、なおさら複雑になりえます。その意味で、ここでの内容は、基本概念の整理を目的としたモデルであることをまずご理解ください。

図表2-1　大手企業のパートナーシップ戦略

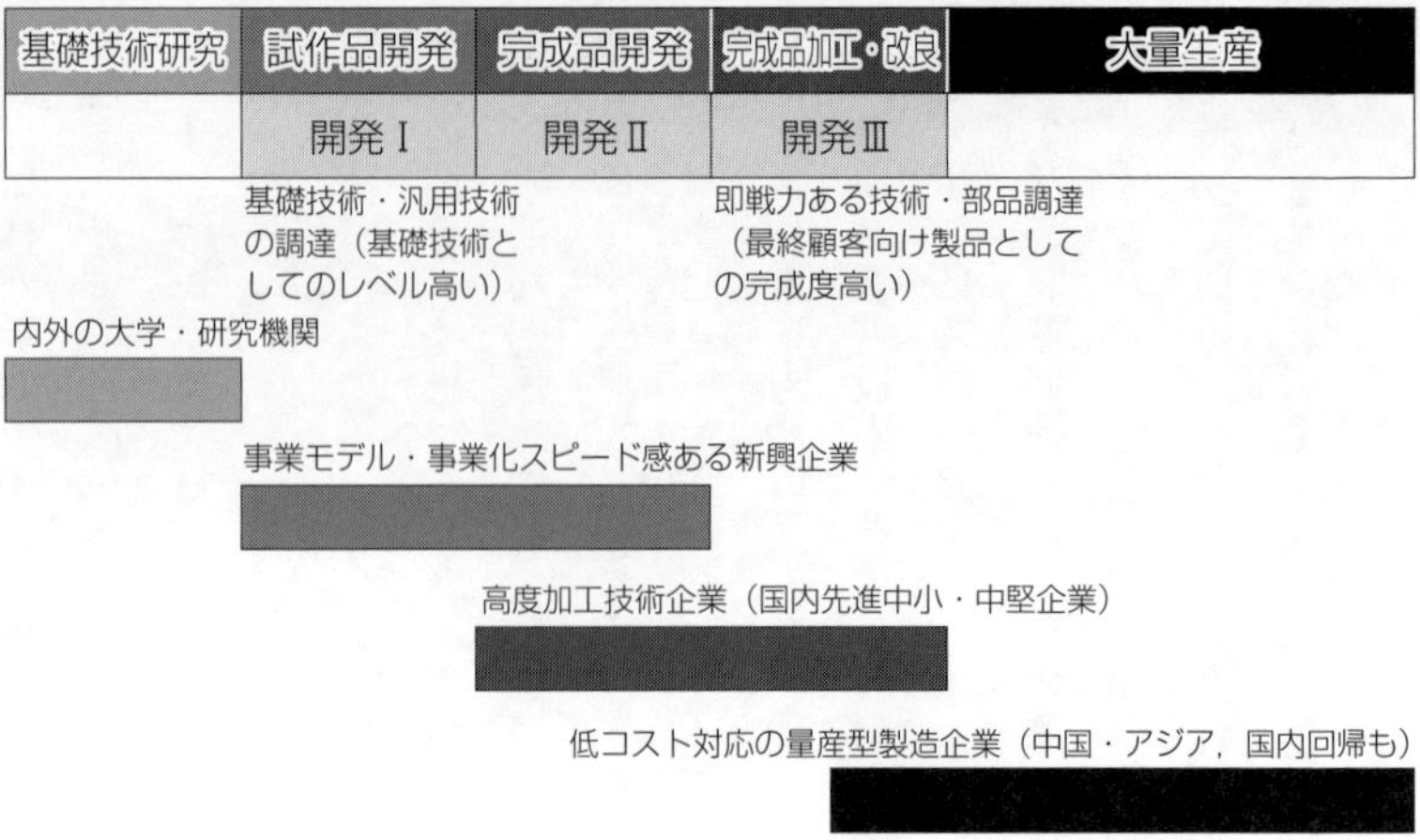

（1）試作品・完成品開発では，技術力に加えて事業モデルと事業化スピード感ある新興企業と組む（開発Ⅰ・Ⅱ）
（2）完成度を上げるための加工・改良過程では，開発力そして作り込み力のある中小企業と組む（開発Ⅲ）
（3）量産工程は，低コストの中国・アジア，ないし性能追及で国内回帰

パートナリング先として、まず基礎技術開発では、大学や国研ほかの研究開発機関と組みます。そして試作品・完成品開発（開発Ⅰ、Ⅱ）過程では、典型的には内外の技術力、さらに事業モデル、事業化のスピード感ある小中規模のハードウェア・ITソフトウェア開発系企業（系列企業、独立系とも）です。米国・シリコンバレー企業であれば、例えば半導体チップ・ボードの設計・製造は台湾企業に完全にアウトソース（国際分業）しています。それが高じて、台湾企業が大変な加工技術立国になってきて日本と競合するレベルにもなっています。そしてIT・ソフトウェアのアウトソーシング先であるインド。もっとも労働コストという意味では、ここ数年で、急速に日本の方が割安になりつつあるという報告があります。*3

以上は、日本のIT・エレクトロニクス企業の典型的モデルにも通じます。日本企業の特にハードウェア製品の競争力を支えてきたのは、完成品加工・改良過程（開発Ⅲ）を担う開発型中小企業群であることはよく指摘され、実際そうです。他方で、日本の大手企業が現在最も直面している課題、それを担う工程はどこかといえば、この完璧に強いⅢではなく、むしろ開発Ⅰ、Ⅱ段階です。開発テーマが決まっていない段階でもあります。複数企業での取り組みを必要とするテーマが多い今日、この開発Ⅰ、Ⅱでは、大手企業自身にとって強味を発揮する事業ポジションや製品モデル（それも成功確率の高い）をいかに探し当てるか。結局、あえて外部リソースにも頼るとしたら、その部分を提案してくれる先です。

以前日本で、ドイツの国立研究機構フラウンホーファーの開発内容が紹介されたことがありました。このドイツの研究機構は、元々骨格部分は日本の産業技術総合研究所もモデルに作ったとのことで、東京にも事務所を構えています。産総研以上に「応用研究開発」を謳っていて、数千億円という年間事業規模のうち半分以上は企業との開発契約から得ている（残りは国から）とのこと。確かに開発内容はかなり具体的な機器、応用度の進んだものでした。最近の「インダストリー4・0」の推進母体の一つでもあります。上記で言えば、「開発Ⅰ、Ⅱ、Ⅲすべて任せなさい」という立ち位置とスタンスです。国民の税金が大きく投入された研究開発でいながら、日本ほか米国でも積極的に展開しています。これが、基礎研究内容の大きな持ち出しとなると微妙な面がありましょうが、要素技術の一部、そして開発資金を最終顧客企業に出してもらって、フラウンホーファーが開発テーマに応じた応用開発部分、従って「何を創るか」部分の具体的な内容中心に、これまでの実績を踏まえて企業側と共同で推し進める形です。例えばこんな形での開発受託特化型には、台湾のＥＭＳ（Electronics

Manufacturing Service）ポジションも典型的です。

そこではやはり、自社側での成功確率が高い勝てそうな事業領域の選定・絞り込みがまずありきです。自社の強みを生かした差別化になるポジションと製品モデルの構築です。図表2-1の開発Ⅰ、Ⅱ部分で、日本において大手企業同士の連携が増えているのも、そのような事業展開性、成功確率をともに高めてくれそうな相手だからであり、この部分の相手方となる開発型企業のいっそうの充実が求められるわけです。

そして、この成功確率を高めるために、ここでもまずは顧客ニーズを受けてことにあたるわけですが、競合他社も同じマーケットで同様のニーズを聞いている可能性が高い。つまり、この顧客ニーズというものは、中長期的に他社との差別化を担保してくれそうにありません。「この製品はどうでしょう。改良点は？」という質問には「はい」「いいえ」、これこれの点、とは答えられても、「どんな製品が中長期的にこれから必要ですか」と聞かれると、どうでしょう、相手企業担当者にも至難の業です。あまり細かくもなく、かといって自社側でも手に余るような大きなテーマでもよくない。秘蔵の知見はもちろん出せない。社会インフラ的領域になると、なおさらです。

そこで、第1章でも述べた、「こんなことをやりたい、作りたい」「こんな社会にしたい」という思い、戦略的なビジョンは、仮説で良いから自分たちでともかく創る、スクラッチから考え抜くことが大きな意味を持ってきます。それは、国際市場を含めて、最終的にそのビジョンを確実に社会に浸透させる、ブランディングする際の大きな原動力にもなります。そして、そのような仮設ビジョン作りのために何から始めるかと言えば、一つの方法として、予見は少し脇に置いて、最新の先行事例を徹底して洗い出すことです。競合他社、異業種企業、新興企業、そして技術的知見的にまだ萌芽段階と思われる場合は大学・研究機関等々です。結果がまだ完全には出ていない場合も含めて、ともかく成功の匂いがする、少なくとも何がしかのシナリオに繋がりそうな手掛かりを探る。そして自分たちである程度持っている仮説や方向性と突き合わせます。すでに基本部分を考え抜いている領域であれば、一つの情報から得られる知見・発想はさらに大きくなります。数々の事例に触発されて、潜在発想も浮かび上がりましょう。自分たち、自社のみで考えるより発想は膨らみ、各論創りが加速されます。

2▼ CVC投資の典型的3モデル――BASF、インテル、GE――

ここで、先ほど述べた企業による戦略投資の現状として、世界的展開をしている3社について、各CVC（Corporate VC：企業内戦略投資ファンド）の投資内容・モデルを紹介します。3章以降の内容と符合した典型的な3パターンです。対象企業は、化学・材料のBASF、半導体プロセッサーのインテル、そして重電・医療機器のGE（ヘルスケア）です。丁度、第1章図表1-6のイノベーション・マトリクスに見る、部材開発、モジュール・デバイス、そして社会システム開発の各代表企業です。そして、例えばインテルは、プロセッサーという縦軸足は変えずに、このモジュール展開に留まらない横軸展開もますますやりつつあります。それを遂行するための戦略投資戦略です。他社も同様です。以下、各社について、簡潔にポイントを説明します。

BASF＝研究開発・事業企画主導型

まず、BASFの手法です。ドイツを本拠とする世界最大の総合化学・材料メーカーであり、化学業界で最も革新的な会社と言われるBASF社の戦略CVC投資内容を見ます。化学や素材分野では、オープンなイノベーションは珍しいと言われる中、改めて注目されつつあります。彼らのやり方は全くオーソドックスです。「まだ研究初期にあるものは専門家に相談して社内でも手がけるかを検討し、研究がある程度進むとライセンスを結び社内に取り込む。開発段階にあるものは共同研究（JDA：Joint Development Agreement）や公的資金によるプロジェクトを通じての参画となる。さらに進むとベンチャーキャピタルによる出資や、既に事業として立ち上がっていれば買収する。反対に、研究段階にあっても受託研究サービスを行い、社内のビジネスとして展開できそうにないものは社外にライセンスする。そして事業化が十分に進んでいるが同社のコア・ビジネスからはずれるものは、部門ごと売却する。」[*4]

図表2-2は、BASF社の戦略投資マップです。[*5] つまり、縦軸は素材・材料分野における新技術の取り込みで、化学品、高機能製品、機能性材料、農業関連製品の各分野にわたります。そして横軸は産業各分野のフロンティア開拓です。化学品であれば、化学、エレクトロニクス、建設、繊維、自動車、医薬、農業です。[*6]

BASFに代表される化学・素材領域は、「一般にはオープンイノベーション展開自体がこれまであまりなかった』。「それが、今までの部材ビジネスのみでは全く立ち行かない時代に入っている」と当業界の複数の方が語ります。ポイントは、より具体的な、上記の各産業領域にますます食い込むアプリケーション製品開発の必要

図表2-2　BASF社の戦略投資マップ

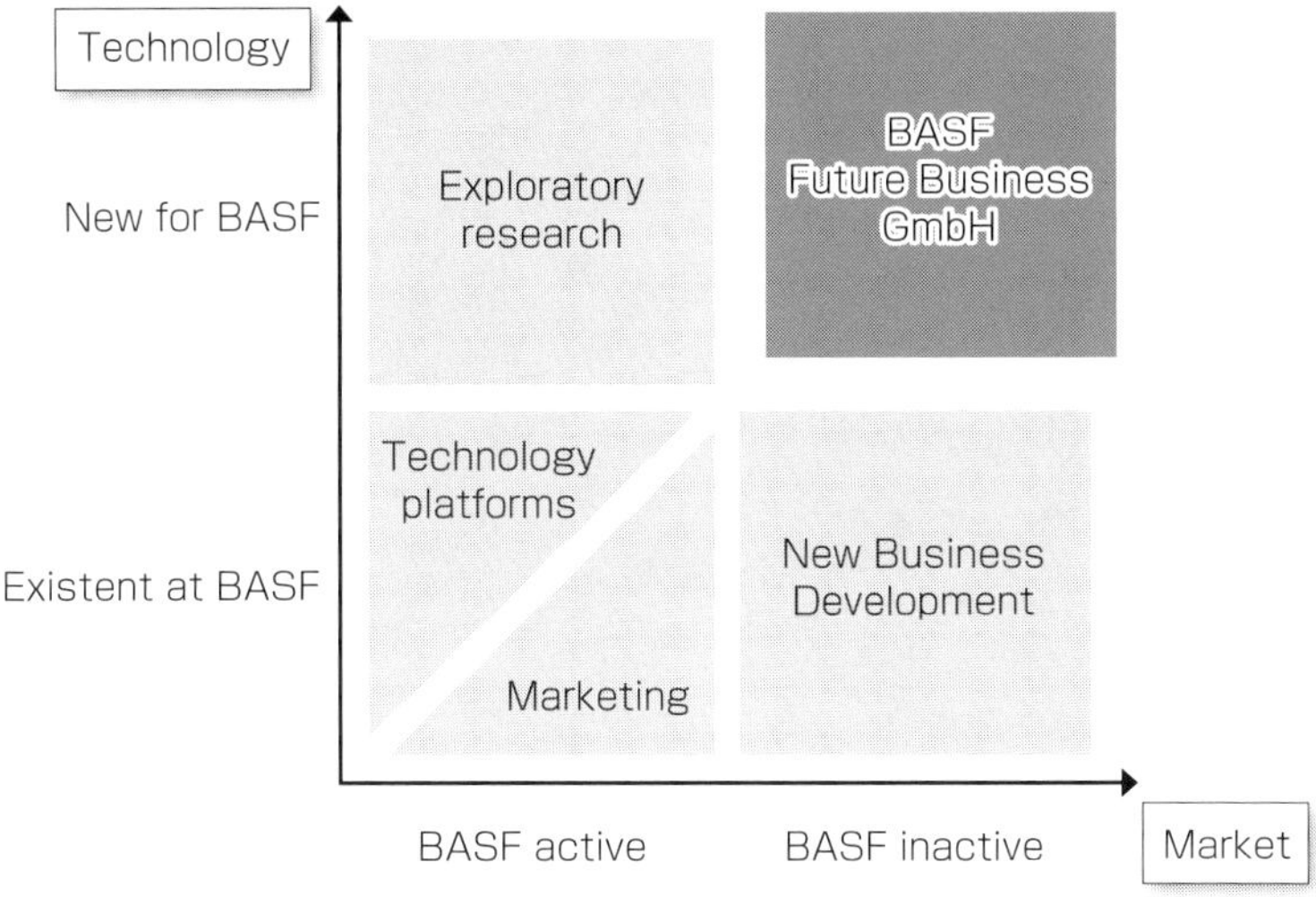

性です。そして、リーディング企業の中には、自社グループで元々抱えるＩＴ部門（自社向け）を、外向け各業界向けソリューション展開面として出していく動きも出ています。

その先に控えるビジョンは、一つ、データの流れ、段階での把握です。本格的なデジタル化は、もちろんこれからのようですが、素材からの製造工程管理自体はもちろん、例えばセンシング・タグなど絡めれば部材・物品管理一般、そして物流・小売り、第4章で詳しく述べる医療分野での展開などもその後に控え、流れが広まっていく可能性は大いにあります。この流れを後押しすべく日本政府も動きつつあります。[*7]

なお、この戦略ポートフォリオ手法は、第3章で述べる、米国のM&A戦略事例マップ、つまり、現状の事業展開に対する技術開発面（縦軸）、事業領域や市場立地面（横展開）という両面で、今後の新規事業展開をしている内容と同じです。[*8]業態変貌志向でもあります。

インテル＝データバリューチェーン型

インテルは、１９９８年から、地元シリコンバレー、そして今や世界で、ＣＶＣ（Corporate VC）を大々的に展開してきました。自社向けのＣＶＣファンドと、通常ＶＣとしてインテル事業から自由に広く投資するファンド、の両建てでスタートしています。現時点での投資対象は、大まかに以下のようなセクターになっています。これらを担う新興企業に世界中で投資しています。序章で述べたデータバリューチェーン[*9]での整理が十分当てはまる内容になっています。フロー図にすると、図表２-３です。

・ＩｏＴセンシング向け半導体フェーズ
・工場におけるセンサーデバイス、人間（コンシュマー）向けウェアラブルデバイス
・これらから集めたデータを一括管理するためのデータセンター管理・クラウドソリューション
・そのデータの専門解析機器、ソフトウェア、解析サービス
・解析したデータを病院や工場、個人向けに見せる携帯端末、そのアプリケーション

などのデータ実用化サポート

図表2-3　インテルのデータバリューチェーン型投資ポートフォリオ

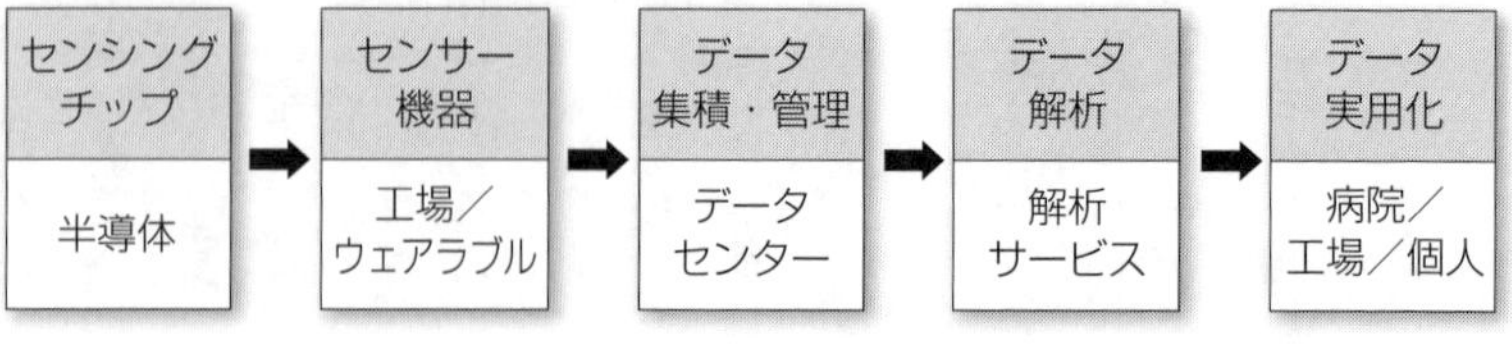

各段階の専門機器・ソリューション、サービス企業と組んで、自身が持つプロセッサー向けアプリケーション開発を促し、上流から下流まで、サービス段階に及ぶ全工程をカバーしています。アプリケーション開発は、即ち各分野向けの製品・サービス企画です。インテルキャピタルが、モバイル・ワイヤレス系新興企業に一貫して投資し仲間を増やしていった背景がうかがい知れます。他方で、日本でシステムインテグレーター（富士通）と組んで、より大掛かりな工場向け他のIoTソリューション提案も展開中です（図表2-4）。[*10] さらに、より工程管理（FA）に立ち入って、この分野に専門知見と実績ある三菱電機グループとも組んでいます。

GE＝社会課題アプローチ型

他方、GE（ジェネラル・エレクトリック）の戦略投資のカテゴリー分けは、社会課題解決アプローチ型になっ

図表2-4　インテルと富士通のIOTソリューション連携

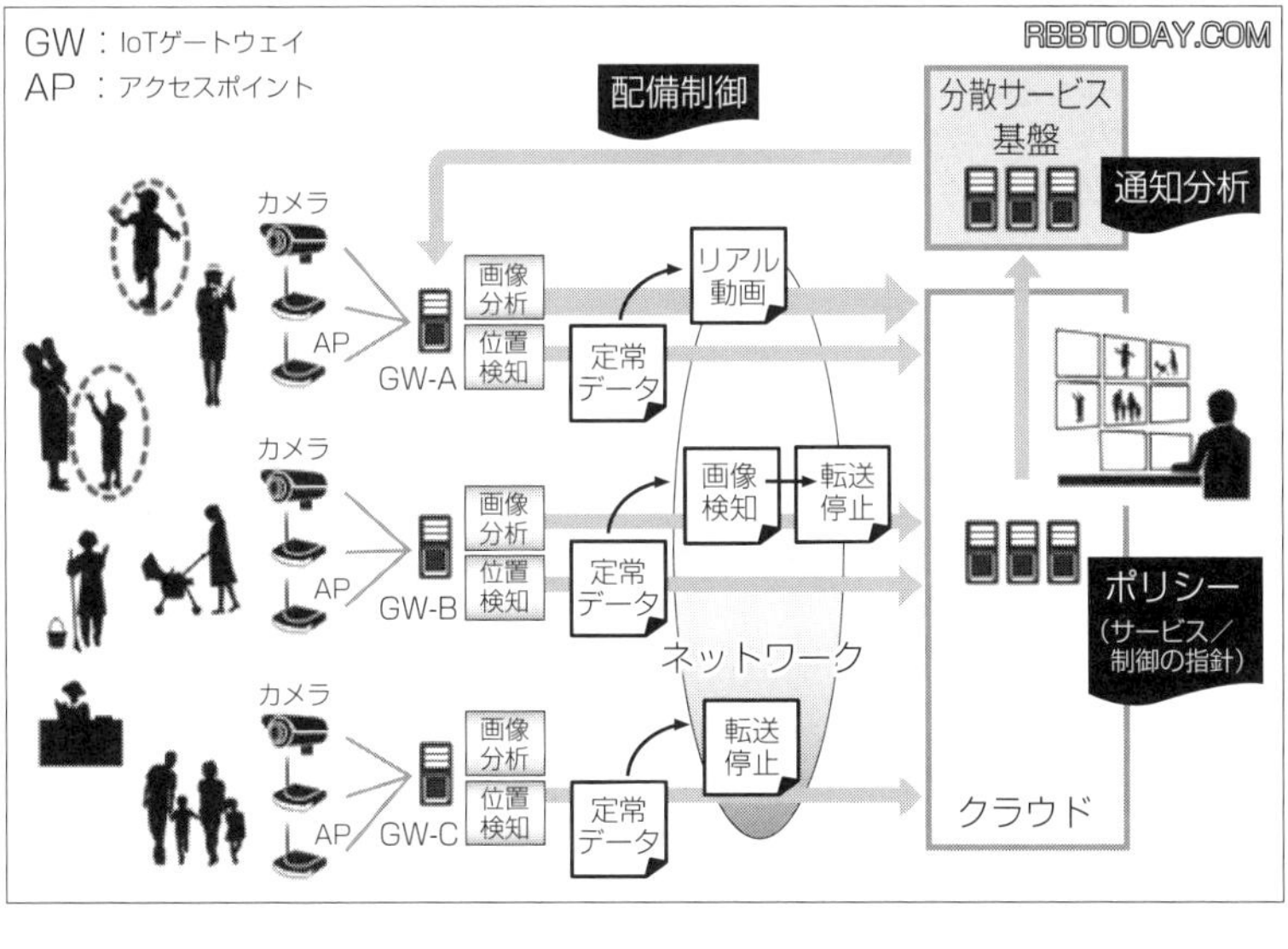

ています。大掛かりな機器・装置、インフラの提供によって、よりエンドユーザー企業との直接的な取引（元請け）ポジションに立つことの反映でもありましょう。つまり、基本的に、相手顧客の事業サービスの中身直結型です。それでいて、従来型の業種分類ではもちろんなく、境を取り払った社会システム・課題解決型です。

以下の項目がその投資先分野です。その中でも、「ソフトウェア&アナリシス」は、ビッグデータ解析トレンドを反映し、先進製造業向けではインダストリー・インターネット（米国版インダストリー4・0）関連の企業への投資がなされています。

・コーポレート（企業向けプロダクツ）
・ソフトウェア&アナリシス
・ヘルスケア（医療）
・エネルギー・資源開発
・先進製造業（Anvanced Manufacturing）

医療分野では、予防、そして最近は、普段からの継続モニタリングによる早め早めの病気察知、予知医療型の企業への投資も目立ちます。その投資メッセージでは、彼らは、「ベストなアイディアとパートナーを組み投資する」と語っています。[*11] これらの項目群は、UCバークレー主導のCITRIS（カリフォルニア大学の州内北部数校によるIT分野の学術コンソーシアム）が掲げてきた内容とも大変近く、その意味でも、社会の課題に立ち向かう社会システム構築志向がうかがえます。

図表2-5　GEヘルスケアにおけるサービス・ドミナント・ロジック視点でのビジネス

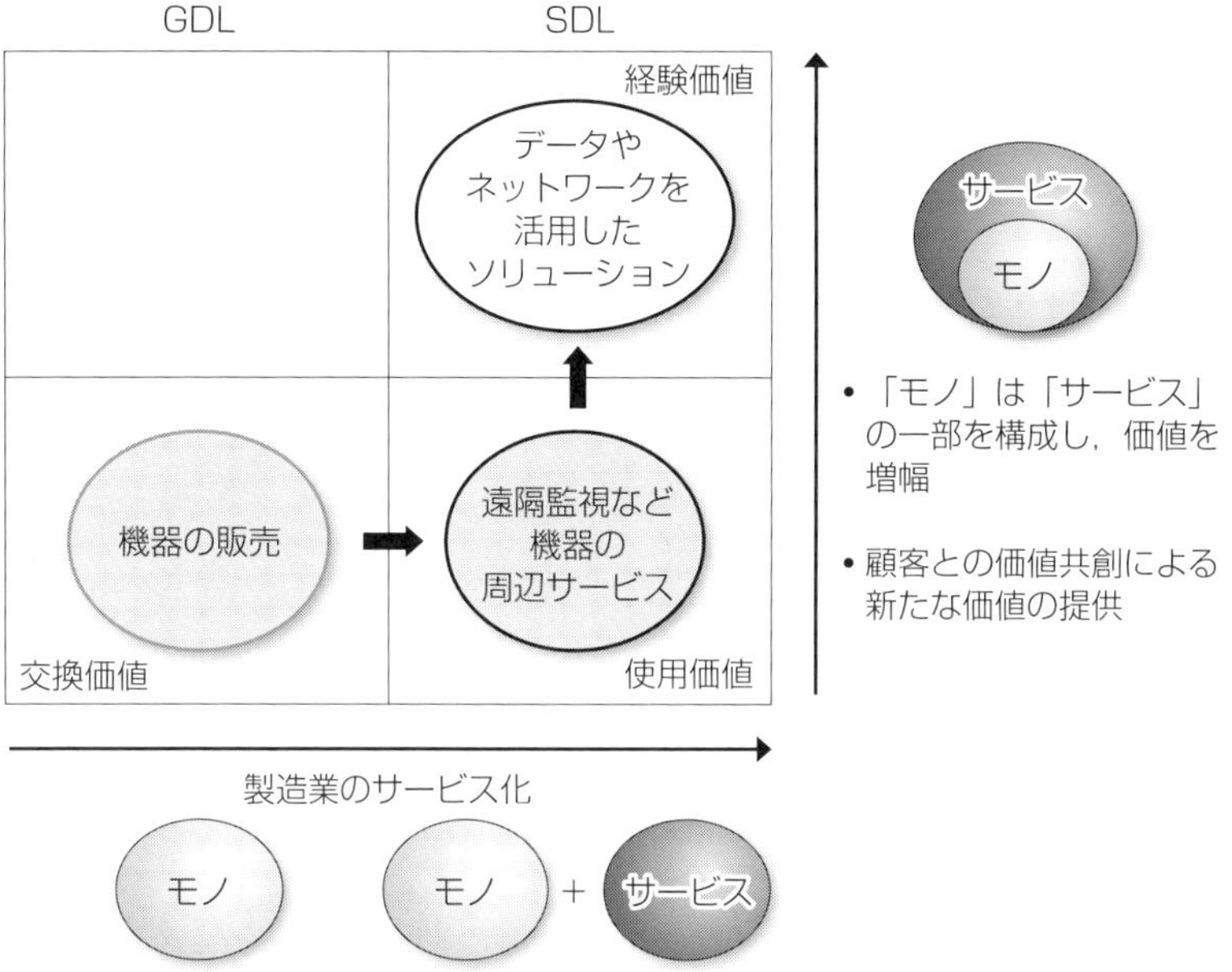

そして、GEグループに関しては、上記のとおり、エンド顧客側の事業・サービスにより密着した、GE自身が単なるハードウェア提供から、システム、そして実サービス領域へと積極的に移行しつつあり、図表2-5のような分析もあります。*12 GEヘルスケアにおいては、医療機器の販売、その機器の保守などのサービスの提供に入り、そこから、データやネットワークを活用したソリューションに移行する。ここでのデータには2つあります。①患者の継続的なモニタリングによる予知的（Predictive）対応、再発、重症化防止などと、②医療機器の状態に関するデータの追跡による、やはり予知的な医療機器管理です。なお、この社会課題アプローチ型は、元々技術蓄積があり、国際市場も含むブランド力、組織力を生かしながら新陳代謝も遂げんとする、重厚長大企業には最も相応しい形です。

3▼ 現場における連携戦略

では、開発そして一部量産工程での連携現場はどうなっているでしょうか。以下は、エレクトロニクス・IT分野での実態について、その典型的な考え方、取り組み姿勢をまとめたものです。各項目は、複数企業の、米国及び日本側における技術探索、共同開発や製造面での連携、資本提携・M&Aなどについて取材した内容を踏まえて整理しました。まず、開発段階についてポイントを挙げていきます。*13

全体的に見て、連携先の技術製品の開発段階は、①基本的にこちら側の開発ニーズや知見も落とし込める試作品段階。さらに、②当方でもある程度開発が進んでいる場合は、その試作品の商品性を高めるための完成品共同開発工程。そして、③その事業化を促すために、当該技術・プロダクツ領域で実績を積みつつある新興企業との間で、技術・製品・サービスの相互シナジーをみながら、パートナリングを模索します（「販売開始」フェーズ）。総じて、シーズ側技術の内容、開発フェーズに即して、様々な可能性を模索した後で、最も効果的な製品開発に結び付きそうな内容に絞り込んで行く形です。簡潔に示すと図表2-6のとおりです。以下、個々の取材内容を踏まえて私の方でまとめ直したものです。

・連携、その前の相手先探索の基本的かつ最終的な目的は、始めから明確にしておくべきでしょ

図表2-6　大手企業による新興企業への典型的な投資対象開発フェーズ

技術研究	試作品開発	完成品開発	販売開始	大量生産
	*	*	*	

う。つまり、大きくは、技術・製品シーズを取りにいくのか、事業展開や顧客・市場を取りにいくのかです。相手先に始めから開示する必要はないにしても、最終形に対する当初からの覚悟的なもの。商材発掘・調達、共同開発、事業サービスモデル調達、人材も含む全体確保・M&Aの順です。

・技術シーズそのものは、あらゆる可能性を秘めていて拡散的ですから、当初から何らかの製品開発を念頭に置いた明確な問題意識、目的志向、事前の開発アイディアが重要。相手方、特に新興企業に求めるものも、技術・性能レベルに加えて、前向きな発想、開発プロセスでの問題意識がポイントです。

・新興ベンチャー企業をチェックする意味は、その技術やコンセプトがちょっとした改良レベルではないことにありましょう。ニッチマーケット狙い的な発想は捨てて、常に当該製品・事業領域での大きな技術プロダクツ・トレンド、事業サービス・トレンドを重視したいところです。

・確かに、日本企業側のマーケティング、製造、流通における実績と、米国側の技術シーズや開発・事業化スピード、起業家精神を統合することで技術開発を加速できると言えましょう。加えて、付加価値ソフトウェア・サービス、全体のサービス提供モデル、プロモーション手法など技術プラスの領域などもターゲットです。

・リスク分担、リターン共有の形は重要です。連携形式としては、企業との間では、成果物への権利・責任関係を当方がすべて握る形の一部開発委託をベースにして、相手方丸抱えの請負契約には慎重にすべきです。また経験豊富な大学とはやりやすく、お互いにリソースを出し合う形で権利共有もできます。

・一般的に、技術シーズ狙いであれば、ベンチャーキャピタル（VC）からの大きな投資を受けていない段階も主要ターゲットです。一般的な企業評価ではなく、当方技術、他製品、事業全体との親和性が第一で、自身たちの眼こそ優先すべきでしょう。逆に、事業性や、事業化スピードを狙う場合は、有力ＶＣからの投資は意味が大きい。ＶＣが持つ投資先企業への事業性チェック力、事業サポート・プロモーション力は魅力かつ不可欠です。この点は、混同されがちです。

・商材発掘の場合も含めて、完全にでき上がった完成品をそのままターゲット市場に持ち込めることは稀です。取り込み時契約に加えて、米国、欧州、日本、アジア市場への持ち込み過程では市場ごと、顧客相手企業ごと、そして社内シーズ、製品との兼ね合い・インテグレーション等複雑化していきます。早い段階からの着地想定、そこでのパートナー先の別途探索は欠かせません。

・前項に絡んで、製品の完成度を上げる、つまりより効果的、効率的、安全な製品・サービスを提供するためには、製品機器・システム、サービス個々の技術・ソリューションに加えて、それらをインテグレートすることが不可欠です。これらのモジュール、全体を固めるための社内外での最適フォーメーションが必須です。

・試作品段階の開発では、自社主導で大学や相手企業と連携するわけですが、その際、パテント化されにくい、ノウハウに絡む領域も出てきて、重要な局面です。その場合こそ、実弾投資に踏み切る段階です。また、完成品開発以降の工程はＯＥＭを受け続けるしかなく、継続性の不安が残ります。国内での同領域での基礎技術開発フェーズのパートナーも並行して確保したいところです。

・どの程度の開発段階に、どの程度の資金投入が妥当なのか、客観的に査定するのは簡単ではありませんが、先進技術、製品・サービス、顧客・市場、人材やブランドも含む企業全体となるにつれて、金額は大きくなり、決定権者もますますトップマネジメントになります。もちろん、技術力の有無は決定的で、企業価値は、先進技術を持たない場合は売上高の1~2倍、持っている場合は数倍からそれ以上となります。

では、図表2-1の開発Ⅲ以降、特に量産工程はどうでしょう。典型的なモデルがファブレスです。フォーメーションは以下のような形です。日本国内企業A社は、例えばタイの地元企業の中から優れた加工技術力を持つ企業群を組織化して、特に開発Ⅲに強いファブレス体制を確立します。関係強化のためそれら企業側への資金投入も行います。部品調達そして製造、組み立て過程での細かい調整・対応は、技術力あるこれらパートナー出資先企業との間で行う形です。他方アジア市場においては、A社が建物を立てて、そこにその地域の協力企業に入ってもらい、量産体制を確保します。協力企業とは基本的には資本関係はもたず、試作段階も含めて仕様をすべてA社が作成。これら協力企業が部品ごとに製造生産する完全な分業体制です。A社自身は、開発、販売、品質保証を受け持つ。

また、この完成品加工・改良、量産段階でも、新しい技術製品領域では、国内であればより実績ある開発型中小企業と、アジアの新興国でも、新機軸を持っていて、「こんな製造量産技術がある、こんなコストカット手法はどうか」等々の、現場イノベーション発想を提示してくる相手が重要になっていきます。

ところで、シリコンバレーには現在、「製造工程」は存在しないと象徴的に言われます。自身で工場を抱えて労働集約的にものつくりを行うのではなく、やはりファブレスで製造工程を企画、管理するモデルが主流です。つまり、製品企画そして事業（製造、販売）企画工程です。そして大きなウェイトを占めるのがブランディング活動です。若い企業段階から徹底して行う。中堅・大手企業はもちろんです。それこそが、事業交渉力と実際の収益性の源泉、という位置付けです。米国内外ニーズ・トレンドを受けた製品企画段階が固まると、台湾等他の東アジア地域の「パートナー企業」に開発製造委託する。その後、シリコンバレーや米国企業としてさらに世界にも発信していく。新興企業では、開発・製造本体は母国（インドやイスラエル、中国）において、米国側にわざわざ出店（形ばかりの本社）を置いていると思えるケースも多い。このようなフォーメーションの背景には、もちろん、母国側の人件費コストの安さがあります。

つまり、従来の米国国内での垂直統合型の開発・生産構造から、その工程の大部分を大規模な地域分散も伴ってアウトソースする国際的な水平分業型に移行してきました。半導体産業における上記のファブレス―ファンドリーモデルや、自動車製造過程で進行してきたモジュール化の流れは、激しい市場の中で、水平分業によるリスク分散として企業の収益性を維持しようとしてきた米国企業の生き残り戦略として知れ渡っているところです。例えば、米国半導体系企業は、大型の設備投資を必要とする製造部門を売り払い、製品を外部委託製造しています。景気の循環変動に影響されない、高収益性体質の追求です。

そして、そこでの要となるのが開発・製造における内外での開発製造工程におけるモジュール化、そして標準化です。そこではIT・ソフトウェアによる開発ツール、生産・工程管理、業務プロセス管理、ファイル・データ管理、さらには人材管理等の汎用ソリューションが活躍します。[*14] そこでは、はじめにお客との間で、最終的に納入すべき製品の仕様を固め、それに即してこれらの標準化された、つまりは共有された開発・製造インフラ、環境、マニュアルに沿って、品質を保った形での量産・コスト削減を図っていきます。従って、ソフトウェア開発もよりシンプルで済みます、済ませます。

ただこの場合、最初の仕様が硬直的で、開発途中のつぶさな打ち合わせや仕様の見直しに応じにくいという側面が付きまとってきました。実際に開発製造をやっているのが遠くアジアの企業となれば当然です。この仕様の硬直性辺りに少し変化が起こりつつあるという話を以下で述べます。

4▼オープン&クローズド戦略―シスコシステムズ流―

2013年秋、ITハードウェア・システムベンダーであるシスコシステムズの最近の開発姿勢について、我々チームの中核メンバーの一人と話し合いました。彼曰く、「ローエンド製品はオープン型で、ハイエンド製品はクローズド型で」。「最近は、ハイエンド性を強化するために、ますます顧客との摺合せ頻度も高めている」と。まるで日本流です。確かに、その2、3年前、やはり当地の代表的な技術・製品開発の基礎研究所であるPARCに行った時も、顧客との摺合せは、技術・コンセプト開発のかなり早い段階から頻度を増やしつつある、と言っていました。それにしても、「ハイエンドは顧客とがっちり摺り合わせてクローズド型で」はまだしも、「ローエンドはオープン型で」という点は、もう少し検証したいところです。[*15]

米国企業がアジア企業と特に製造連携する際の決め手は、製造工程を共有するための標準化です。それはもちろん、完成品の構成部品を細かく分けてアジア企業側で各々量産し、最後に、これまたそれらの組み立てに特化したラインで、同じく大量組み立てするモジュール化路線です。そのことによって、アジアの低労働コスト利用に加えて、量産効果も加わって製造コストを大幅に下げる。他方で、プロセッサーのようなコア基盤技術開発と完成品全体の製造仕様は米国側に残す。この過程を通して、米国企業は①「製品・事業」企画力、②ブランド力という米国側に備わっている強みに加えて、③生産開発効率・コスト競争力（人件費、資材、量産）という第三の武器も手に入れる、という構図です。

一方、日本企業の強みは、やはり製造力（ものつくり力）でしょう。中身は、①要素技術開発力、②新しいものを世界に先駆けて生み出す製品開発力、そして③製造工程間、さらに最終顧客との密なる摺合せを強みにレベルの高い作り込み品を供給する製造プロセス力です。ただ他方で、新しく生み出した、特に家電・コンシュマー向け製品の数々は、日本からのこれまた部材・部品（モジュール）供給の結果もあって、アジア企業との価格競争にさらされ製品がコモディティー化してきました。言うまでもなく、目下の日本の特にコンシュマー向け家電メーカーの最大の構造的課題です。そしてこう比較すると、日米企業とも同じくモジュール化路線をとった結果が、米国企業側が〝生産開発効率・コスト競争力という第三の武器も手に入れる〟となり、日本企業側が〝価格競争にさらされ製品がコモディティー化した〟ように見えます。「だから知財戦略」ということでもありましょうが、ここでは、話を先に進めます。

冒頭で述べた話の相手は中国系米国人で、定期的に中国に行って、先記のような観点での製品開発・事業戦略について中国企業ともやり取りしています。中国は、他のアジア諸国、特に台湾やインドと同様に、米国企業との間で製造仕様を標準化してオープンな製造関係で展開している、その量産モデルで急成長しています。米国流の製造標準化、量産体制で、巨大市場の奥地までともかく獲得する真っ盛りにあって、まずもってハイエンドでなくて良いというわけです。

このように、ハードウェア分野でのオープンないしクローズドなイノベーション展開は、ソフトウェア・IT領域のみでの論点と比べて、さらに立体的、複眼的な目線が求められます。最近の単体ハードウェアとソフトウェア・ITの目覚ましい融合トレンドも気になります。しかもそこでは、欧州企業も、ハードウェア製品に強い日本企業の立ち位置と変わらない側面が見えてきます。ソフトウェア・IT分野以上に、既存のハードウェア機器を持つ企業としての共通性がそこにあります。最初の「ローエンド製品はオープンで、ハイエンド製品はクローズドで」は、基本的な枠組みとしては大変分かりやすいわけですが、今どきのオープン開発には、特にコンピュータ・インフラ領域では、確かにハイエンド性も大いに盛り込まれていて中核にもなっています。この辺はさらに突き詰めるべき観点です。

この「ローエンド製品はオープンで、ハイエンド製品はクローズドで」に沿ってマッピングを試みます。製品カテゴリーとして、まず大きく「ハードウェア・単体機器」と「ソフトウェア・IT」に分け、他方で、各々をローエンド製品（一般大衆向けの普及品）とハイエンド製品（特定顧客層向け作り込み品）に分けます。その結果が図表2-7になります。確かに、ローエンド側には、ソフトウェア・IT領域では例えば新興企業が担う汎用パッケージソフトウェアやインドへの開発アウトソーシングが思い浮かび（A）、ハードウェア・単体機器では、大衆・汎用機器でのモジュール品組み立て、生産ネットワーキング体制が当てはまります（B）。こ

図表2-7　製品開発・製造マッピング

ハードウェア・単体機器	B. オープン（大衆・汎用機器）	C. オープン&クローズド（高級・カスタマイズド機器）
ソフトウェア・IT	A. オープン（汎用パッケージソフト）	D. オープン&クローズド（カスタマイズド・ソリューション）
	ローエンド（基盤汎用・普及品）	ハイエンド（特定顧客向け作りこみ品）

れらは、開発・製造仕様を標準化して作業分担協働するオープン型が中心です。

他方、ハイエンド側には、同様にソフトウェア・IT領域では、特定顧客向けのフルカスタマイズ開発、複数の製品を組み合わせて課題解決型に仕上げるソリューション開発（D）が、ハードウェア・単体機器では、日本のハイエンド・デジタル家電、または特定顧客向けのカスタマイズド機器（C）が当てはまります。これらは、やはり開発・製造工程で摺合せを利かせたクローズド型と言えましょう。

またこのハイエンド側には、ハードウェア・単体機器として、例えば先進医療機器群があり、ソフトウェア・ITには、これまた先進コンピューティング、セキュリティー・システムなどもあって、これこそ米国・欧州のリーディング企業群が市場をけん引しています。しかも、そこはオープン型とクローズ型が混在する領域となっています。先に述べたシスコシステムズが、最近改めて製品性能を上げるために摺合せ機能を大きく高めつつある、というのはまさしくこの領域です。なお、ここでいう「摺合せ」は、あくまで顧客との摺合せを指すという点はポイントです。米国でもオープンと同時に、摺合せ型のクローズドでも開発・製造をやり重視しつつあるという点は、要確認です。図表2-7を言葉で簡潔に置き換えると、次のようになります。

・ローエンド製品はオープン型で、仕様標準化で開発製造スピード化、低コスト化
・ハイエンド製品はクローズド型、さらに、オープン型との組み合わせで展開
・これらは、ハードウェア・単体機器、ソフトウェア・IT領域双方を通してなされている

そして、主な収益源泉はハイエンド側ですから、「オープンイノベーション」というトレンドの中で、クローズド部分の位置付けと手法はチェックポイントです。なお、件のシスコシステムズにおける従来以上の顧客との摺合せ重視傾向は、ハードウェア制御向けのソフトウェア領域が中心です。IT機器の商品性、競争力を上げるための摺合せです。従来は、当初の契約書に則って、例えば3か月ごとに「はいどうぞ」的に納入していたのを、今は2週間ごとに「こんな感じでやっていますがどうでしょう」と変わってきて、途中での開発仕様変更もあるとのことです。2000年頃、当地のインド系ソフトウェアエンジニアから、「日本のソフトウェア開発、特にその仕様書は複雑で、途中で変更も多い。その点、インドとも開発シェアしている米国企業のそれはもっとシンプルだ」と言われたのを思い出します。この大手IT系ハードウェアメーカーのこの最近の変化は注目かつ象徴的です。[*16]

なお、関連するソフトウェア開発手法として、〝アジャイル開発〟があります。開発対象のソフトウェア機能を複数に分け、優先順位の高い順に開発していき、それを顧客に見てもらってフィードバックを得て修正を施す、これを繰り返す手法です。今述べた件は、これが一番近い概念です。

5 ▼ 製品コモディティー化の解消策

ここで、他でもない、ハードウェア製品のコモディティー化（陳腐化し競争力を失う）をいかに防ぐかを考えてみます。まず、3つほど浮かびます。

(a) 早い段階からの現地開発

このテーマの議論で有名なのが図表2-8（経済産業省「我が国の研究開発の状況について」2011）です。これをまず確認します。これら図表の意味は、かつて、90年代終わりから見て、数々のデジタル家電製品が日本から生み出され、その後10年近く世界をけん引していった一方で、世界市場の拡大の過程で、つまりは海外企業も同様製品開発に追いつく過程で、シェアを急速に落とし、技術で勝って、ビジネスでは負けたと位置付けられた問題のグラフです。*17

この図表2-8で、まず、シェアを落としていったことの前に、これだけ数々の先進的家電製品等を生み出していったからでしょうか。序章で述べたKPMGの世界主要国技術者向けアンケートで、「次の世界のイノベーションセンターはどこか」という質問に、東京がトップに挙げられています。世界のコンシューマー向け新製品の8～9割は日本から出ているとも言われます。それはさて置き、シェアを急速に落としていった、それも軒並み落としていったこの図表を見て、まず思うのは、日本国内での競争が中核になっていて、相対的に見て、海外での展開不足という部分も大きかったのではないか、ということです。

図表 2-8　日本家電製品の世界シェア推移

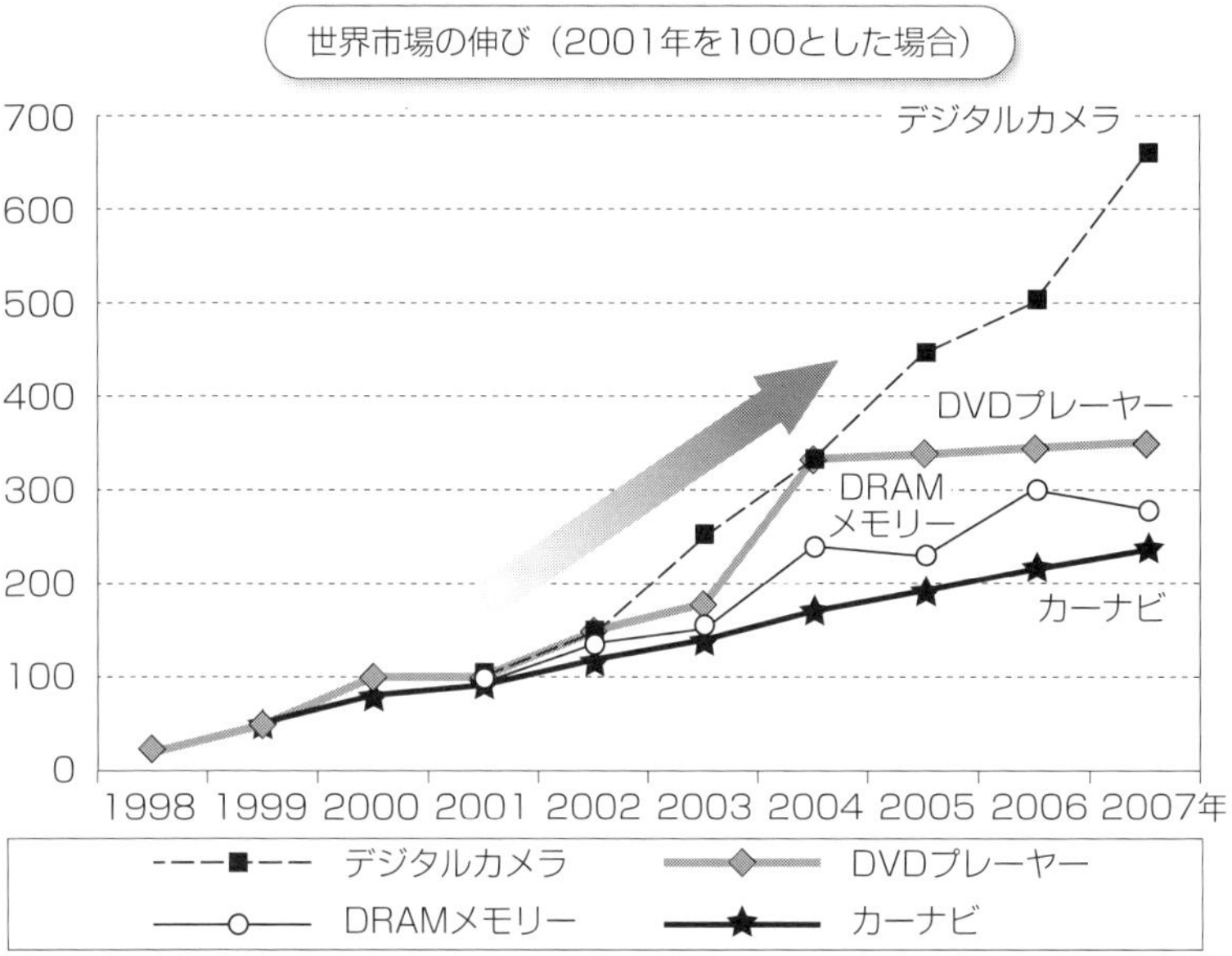

出所：デジタルカメラ：JEITA「主要電子機器の世界生産状況」
DVD レコーダー：JEITA「主要電子機器の世界生産状況」
DRAM メモリー：WSTS
カーナビ：JETA「主要電子機器の世界生産状況」

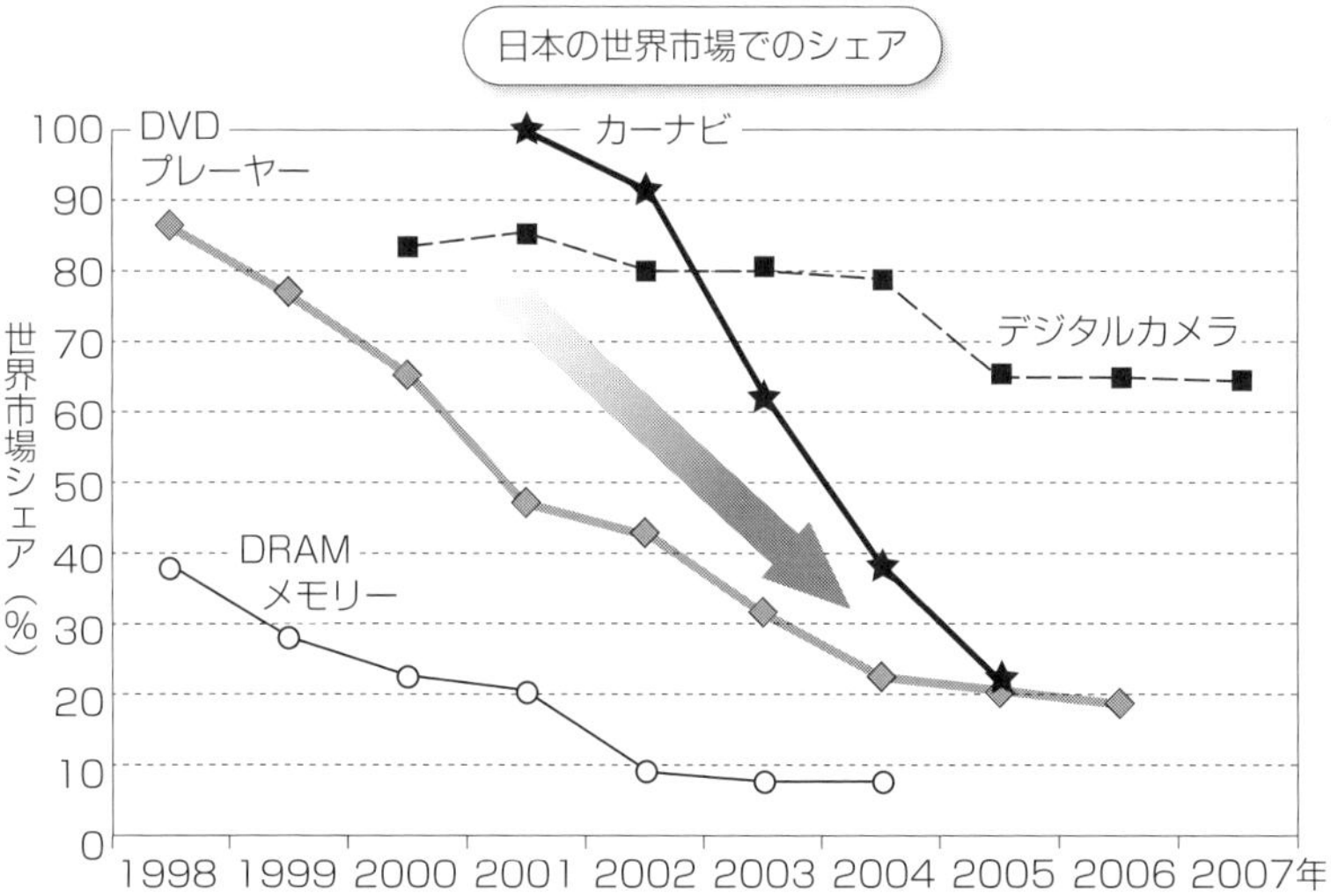

出所：小川紘一「プロダクト・イノベーションからのビジネス・イノベーション」(IAM Discussion Paper Series#1), JEITA「主要電子機器の世界生産状況」

競争の激しい日本国内で完璧なものをまず作り、そこから国内で売上競争でも勝って、それをもって「実績」として、海外に持ち込むという形は、我々もこれまでごく一般的に見てきました。この場合、よく言われるように、①激しい競争の結果、日本市場・顧客向けに作り込み過ぎる、②海外現地向けの開発を再度やる必要がでてきて、現地実展開まで時間がかかり過ぎる、③結果的にハイコスト、高価格になる、というリスクが高まります。以上を考え合わせると、早い段階からの現地開発の必要性が見えてきます。完璧ではなくとも、開発パートナーの現地調達にも繋がります。ポイントは、そこでの開発を基盤技術部分ではないアプリケーション部分に絞ることです。

(b) 製品のシステム化・高度化

米国でのモジュール戦略は、すでに述べたとおり、戦略的に部材に分けて製造委託し、最終的に米国側で再度インテグレートすることを指します。ここでの「インテグレート」は、部材を組み立ててでき上がった部品、機器のさらなる有機的な機構システムの組み上げとでもいうべきものです。しかもこの一連の工程は、デジタル・IT製品領域では、個々の機器をつなぐ通信・データ処理領域のウェイトが大きく、サービス領域も加わって、全体で最終製品・システムの供給主導力はますます米国側企業が握ります。

ところが、対象がアナログ・単品製品の場合は、個々の部材や部品といった中間品、それを組み立てた単体家電品自体が最終品になり、その製造受託の方に製造技術力が植えつけられ、彼らの最終品供給力が高まってしまう。特に、量産手法部分は米国的（標準化）でもある中国製品の前に、コスト競争でますます日本製品は敗れ、まがい品まで横行し、日本オリジナルのどんなに良い製品でも価格下落しコモディティー化していく。全体の生産コストを下げ、機動的な生産体制を構築するためにモジュール（部材・部品）をアジア企業に提供した結果のジレンマです。

このように比較すると、日本企業の特にコンシューマー向け製品が、コモディティー化していった背景が一つ見えてきます。つまり、単体機器止まりの製品提供になっていて、真似されやすいものであるということです。もっと、機器相互をつないでシステム化、高度化させて、真似されないレベル、性格のプロダクツになっていれば、という点です。

(c) 製品開発の住み分け

図表2-9は、アジア諸国の追い上げデータです。[*18] 図表2-8の1998年から2007年までの後を受けて、少し時間が空きますが、2010年から12年での推移を描いています。上の図表が日本、下がアジア諸国の中で中国を取り上げたものです。特にやはり家電、そして半導体も、日本のシェア低下の一方で、中国のシェアが高まっています。ここには載せていませんが、韓国との関係も同様で、日本企業の家電シェア低下をさらに促しています。他方で、自動車はむしろ2012年、日本はシェアを回復し、医薬品も維持しています。逆に中国の自動車はシェアを落としています。

携帯電話も、中国の大幅なシェアアップの影響をまともに受けていたのは欧州勢です。つまり、中国や韓国からの追い上げが激しい家電製品、半導体の生産組み立てシェアで日本は落とし、自動車、医薬

図表2-9　日本と中国の製品シェア推移

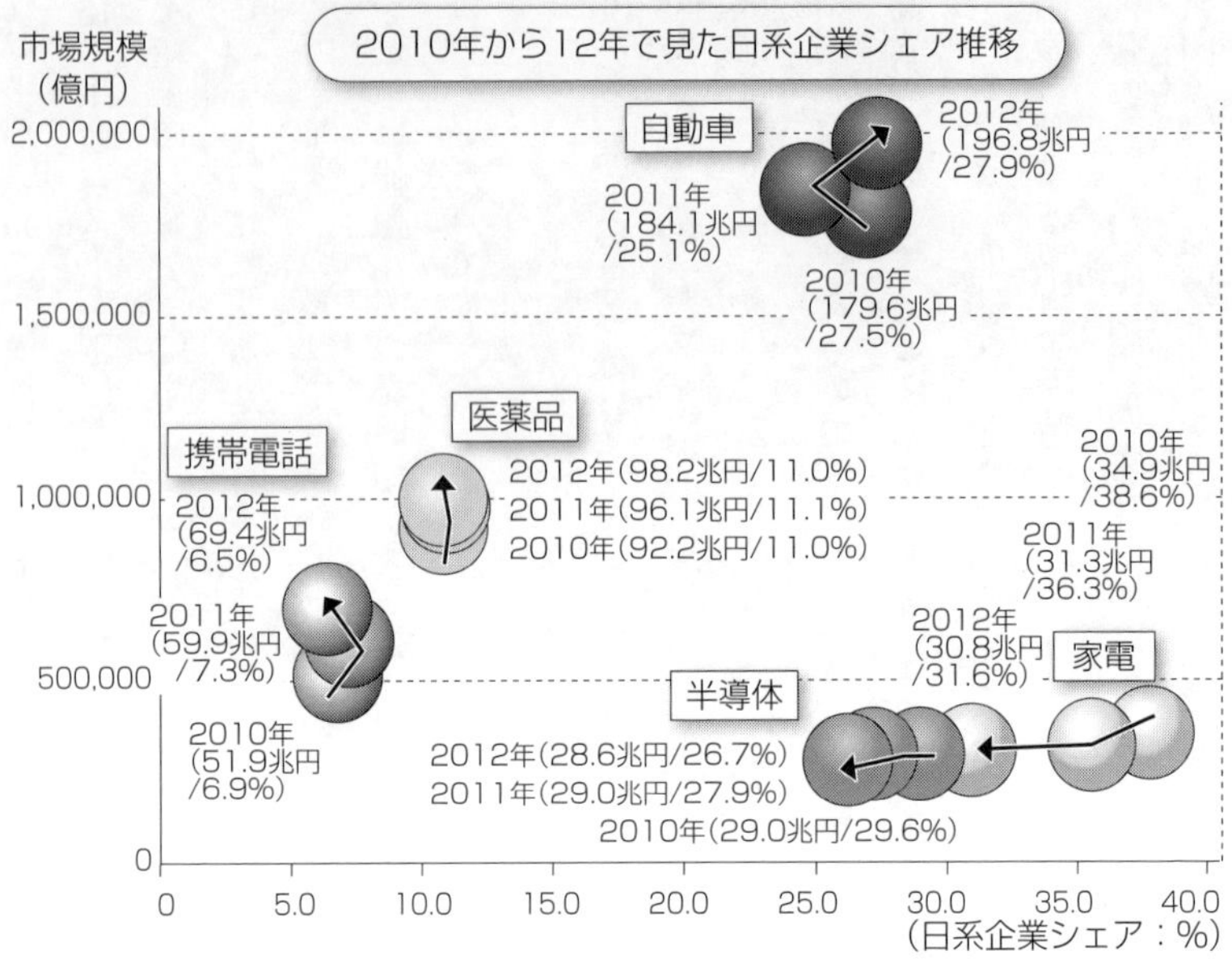

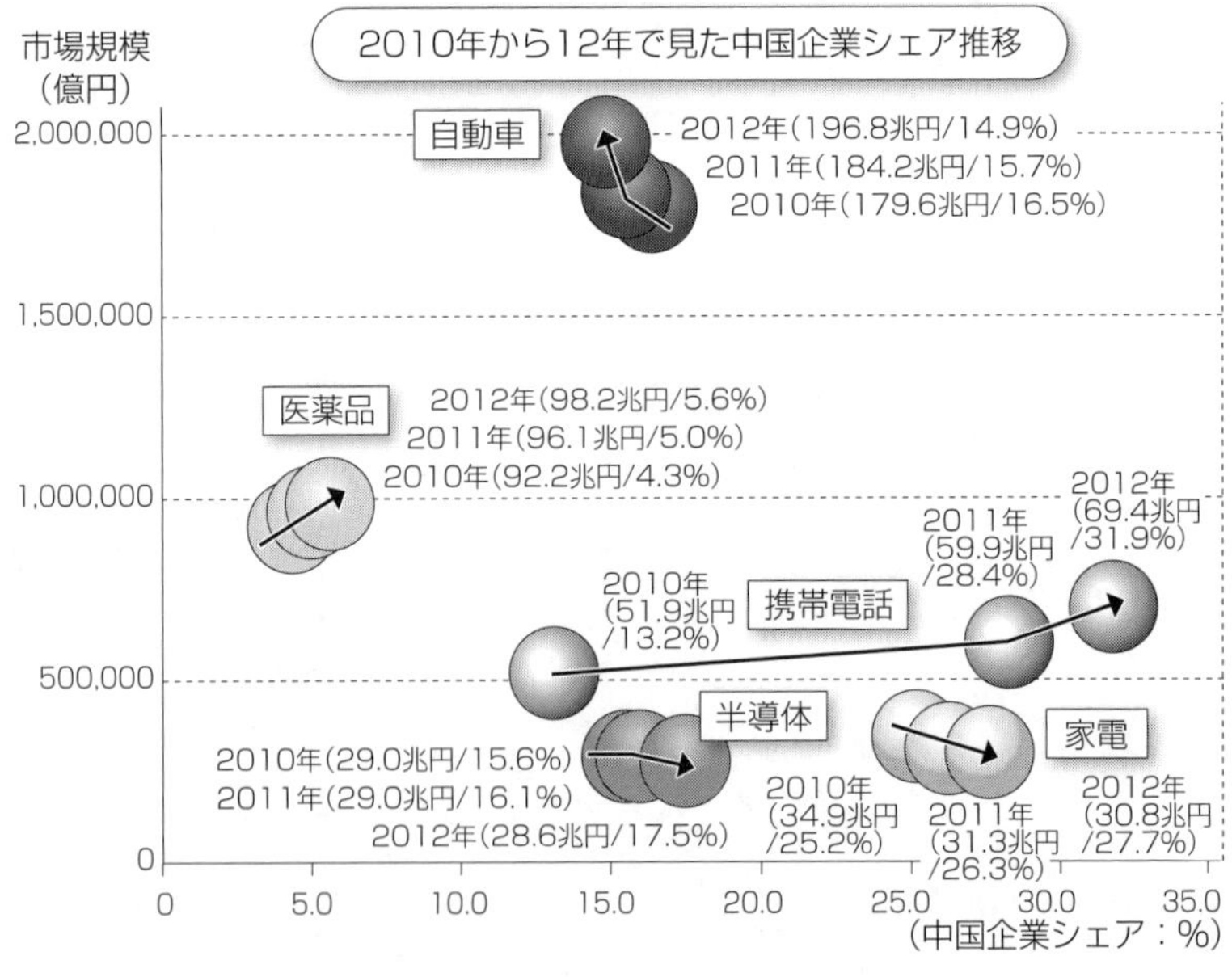

品、携帯機器のような高付加価値品は落としていないわけです。そうなれば、日本企業の戦略は明らかで、高付加価値品にフォーカスして製品の棲み分けを図ることです。(b)との違いは、ここでの高付加価値化の手法はIT化・ネットワーク化、ソリューション化ではなく、技術や製品自体の真似できないレベルのハイテク性、高集積性という点です。(a)で述べた〝作り込み過ぎ〟という部分と重なる面も感じますが、もっと基盤技術寄りであり、自動車のような生産工程の精緻化領域です。

以上のコモディティー化対策を、再度、逆に遡りながら整理します。開発技術、それに伴う戦略部分を突き詰めると以下の2つに集約できます。これらをより早い段階から現地でも展開していく、ということです。①が従来からの日本企業の流儀・強みであり、それに②を加えていく形をここでは想定します。

① ハイテク性・摺合せ製造モデルをいっそう突き詰める

シスコシステムズにおける摺合せ強化は、ハードウェアに付随するITソフトウェア開発領域に関してでしたが、今後の製造業の方向性の一つもハイテク性と摺合せ製造を徹底することによる差別化です。価格競争にさらされない、アジア企業に真似できないレベルの製品に仕上げることです。それこそが、アジア企業との製品住み分けと、より良い製造パートナーリンクをもたらします。ポイントはそのための手法です。

(a)固有ハイテク技術内容での差別化：すぐれた技術の所在は、自社でも他社（買収等100％コントロールできる先）、外部の大学・研究機関でもいいでしょう。ともかく、革新性と競争力、市場性で有望な技術は社内に取り込む。そして、企業間でオープンに取り込みクローズドにする手法の最も分りやすい方法が

M&Aです。関係つくりの形式はさておき、技術性能面での差別化です。

(b)顧客との摺合せ開発の深化：関係がすでに強い顧客企業Aとのいっそう密なる摺合せ関係の構築です。A社にとっての最終顧客B社向けを考えれば、その部分での〝パートナー関係〟と言ってもいいでしょう。もちろん、このB社との関係を支えるもう一つC社との連携関係でも言えます。分野が違いますが、製薬領域での医薬品メーカーとCRO（Contract Research Organization：開発補助業務請負）との関係では、相互に相手を絞り込んで深い連携関係を築くのがトレンドになっています。

② デジタル化、ITネットワーク化で製品高度化→データ関連製品領域

まずは単体家電領域です。そこでのデジタル化は個々の機器レベルでの電子化であって、「個々の機器（スタンドアロン・デバイス）を通信でつなぎ、さらに大きなプラットフォームまで形成する」等、最近のITないしネットワーク化、クラウド化までは踏み込んでいない、というところがポイントです。

確かに、元々のデジタル化の最大の懸念は、まずは、各社独自開発してきた個々のコンシュマー向け機器が、パソコンに代表されるように、部品、製造工程の標準化を通じて、差別化の難しいコモディティー化をさらに加速してしまう点です。結局、製品の単なる電子化・デジタル化を超えて、アジア企業の追随を許さないレベルでのデジタル化を極める。そのための、システム・ネットワーク化、そして特にソリューション、サービス化領域です。第1章で見たプロダクツの高度化過程です。

しかも、ここでの高度化を促しているのは、第3章で改めて述べるオープン・アーキテクチャーです。つま

り、そのコアである「個々プロダクツをつなぐインターフェース」で実現されるインテグレーション過程です。さらに、製品個々、それも性能・機能レベルを超えた機構システム・サービスデザイン力です。単体製品開発、製造のみからこのようなシステム・ネットワーク化、さらにはクラウド化、データ解析などにまで踏み込むのは自社のみでは容易でない。この分野で補完ポジションにある他社との連携がここでも不可欠になります。

「単体機器であれば、アジア企業でもかなり作りこめてしまう。そういうレベルのものを作っていることにこそ問題がある」とは、ある日本企業の技術者の言葉です。日本企業の進むべき道としては、ハイエンド製品の企画開発力です。特に、最近のトレンドは、社会にとって不可欠なミッション性を帯びた領域への切り込みです。医療・健康、環境・再生エネルギー、社会インフラ化路線もたどる自動車などの領域です。それを米欧先進市場、そして途上国諸国の中の富裕層市場向けに展開する。当然、ブランド力も問われる領域です。[*19] そして、この「ビックビジョン」と、先のインテグレーション力、さらに機構システム・サービスデザイン力が融合すると、吸引力が生まれ、ビジネス上で、周りを巻き込む側、つまりバイサイド（買い手側）に立てます。

　このように①②と整理すると、技術力に、ミッション性を帯びた製品・事業企画力が要になります。いずれも、自前リソースのみでは技術も発想も追いつかない、オープンフォーメーションが求められます。

6 ▼ ハードウェアとITの融合トレンド

以上で述べたことを、ハードウェアとITの融合トレンドとして整理し直します。そうすると、単純にオープンではない、より実態に迫った領域が見えてきます。

単体機器とITの融合

はじめに、単体機器とITの融合の代表例として、産業制御・自動化分野を少し見てみます。GEや三菱電機がけん引してきた領域ですが、元々は、以下のような理由で保守的な体質と言われます。(1)自動化設備は、一般的に投資回収期間延長につながる、(2)設備の交換は、通常、一番避けたい重大な生産停止につながる、(3)純利益につながる強力なメリット、例えば製造労働力削減、材料廃品節約、工程時間の削減等がなければ、旧式自動化設備からシフトする必要性を感じない。

監視制御データ収集（SCADA：Supervisory Control And Data Acquisition）システムは、計測データの制御及び監視システムです。産業制御システムの一種であり、コンピュータによるシステム監視とプロセス制御を行います。これをパソコン上で構築するためのツールがSCADAソフトウェアです。ユーザーは、インターネット／イントラネットにログオンし、Webブラウザベースのクライアントを利用して製造プロセスを見れます。遠隔地からでも、設備の特定部分や製造工場全体の運転を監視し、運転をリアルタイムで円滑に進めることができます。

データ収集は、よくスマートグリッドでも使われるＲＴＵ（Remote Terminal Unit：遠隔端末装置）や、ＰＬＣ（Programmable Logic Controller）[*20]制御装置で行われ、そのデータは必要に応じてＳＣＡＤＡシステムに送られます。ここで、監視室のオペレータが上記のような形でそのデータを見て監督的決定を行います。データは、普通のデータベース管理システム上に構築された履歴システムにも送られ、傾向などの分析に使われます。これらのデータ収集や制御装置には、当然ながらマイクロプロセッサーが内蔵されています。

なお、ここでの冒頭で、「単体機器とＩＴの融合」と書きましたが、以上の例は、一般的には、完全なアナログの「モノ」、化学系材料等の世界から見れば、そのまま〝ＩＴシステム領域〟と位置付けられましょう。その意味で、以上は正確には、「エレクトロニクスとソフトウェアＩＴの融合」の範囲での話です。このことは、本章の以下で述べること全体に当てはまります。[*21]

ＩＴ市場は現在、例えばＩｏＴ（Internet of Things）のようなデータセンシングも加わった大量データ処理、そこに新たに進化した人工知能の参戦、さらには医療や環境エネルギーといったミッション性の追求、そして元々充実している上記のような工場・産業分野全般にわたる工程制御など、ハードウェアとＩＴが急速に融合し、事業モデルのサービス化も改めて加速しています。

最近の携帯通信機器、中でもアプリケーションが無限に広がるモバイル・コンピューティング、技術も機器・システムもサービス・産業領域もまたがって、しかもＩＴでつないで社会インフラに仕上げていくというスマートシティーや地域医療情報システムなどは、どうしても、図表2-7のA、B、C、Dの一つには納まりません。

明らかにそこでは、まずハードウェア・単体機器とソフトウェア・ＩＴが融合し、他方、ローエンド製品とハイエンド製品も混在しています。この融合領域を、図表2-7を受けて、図表2-10中のＥに位置付けました。

そして、この融合領域こそ、現在最も有望視され、国境を越えて競争も激化している領域です。その結果が、お互いに強み同士を学び合い、時に盗み合って競っています。日本企業がその得意なハードウェア・単体機器をこれまでクローズド型のハイエンド志向に絞って作りこんできた中で、ソフトウェア・ＩＴ技術も取り入れる必要に迫られ、他方で、先述した米国企業に見る摺合せ・ハイエンド志向も、この融合領域での傾向です。

図表2-10　単体機器とITの融合領域

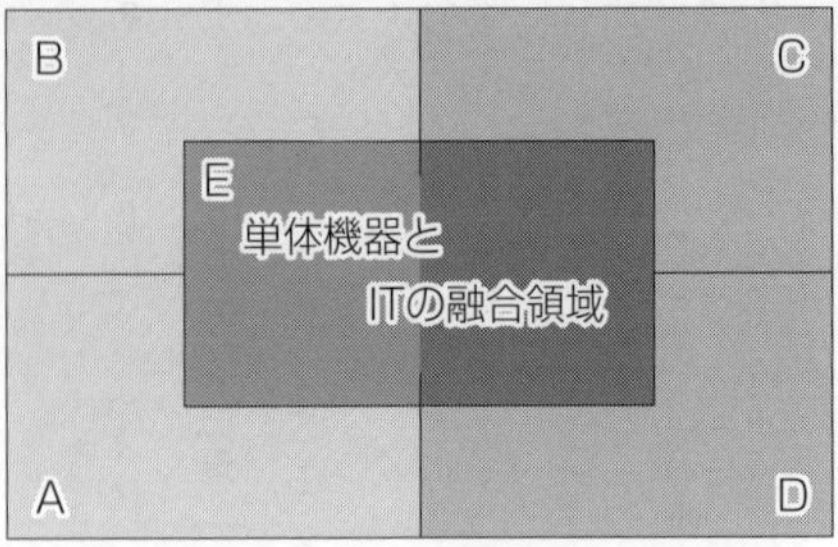

そこでは同時に、開発効率性、スピード感を考えれば、イノベーションにおける国際間の連携・協働（コラボレーション）の可能性も急速に広がりつつあります。それはもちろんです。ハードウェア製品開発における、「競争」と「差別化戦略」の領域でもあります。ただ、海を跨いだ遠隔連携、出張ベースでの海外展開は、実を結びにくいのも確かです。開発でも販売でも、現地人同士、現地化している人間同士が最も効率が良い。ちなみに、シリコンバレーは確かに国際的に人間が集積していますが、海外から乗り込んできた企業で、この地で成功した例はほとんどない。以前、日本の公的機関からの委託で、我々自身が調べた結果です。海外ルーツ人成功企業は、ほぼすべて、海外から留学や駐在で何年もこの地にいて、現地化した後に起業した形です。

話を戻します。ソフトウェア・ＩＴ領域にある最近のプラットフォーム開発に見るように、共通開発基盤の上で、多岐にわたるアプリケーションをユーザー側が主体になって大量に供給するという形で迅速な開発がますます促進されています。技術・コンセプト等をオープンに取り込み、他方で開発環境もオープンにして成果も公開する。ここだけ見るとオープン&オープンです。しかも、従来の「オープン型開発はローエンドもの」という枠組みはここでは感じません。各種携帯機器向けのアプリケーション開発、顧客管理から各種業務系プロセス向けアプリケーション基盤を提供するSalesforce（Force.com）なども同様です。プラットフォーム型開発基盤の上で、ユーザー側がアプリケーションを開発していくオープン型の典型です。開発基盤構築の手間時間はもちろん省け、開発内容も充実し、セキュリティーや知的財産面の管理も完備すれば、オープン型開発であって、かつ、ハイエンド製品を実現しています。

オープン環境と言えば、最近加速するクラウドコンピューティング領域です。例えば、データストレージ・システムです。単体ストレージは、顧客側のスタンスに応じて、システム構築コストとの見合いも含めて、ますますオープンなクラウドプラットフォーム上に組み込まれつつあります。完全なオープン環境（パブリック・クラウド）までは行かなくとも、少なくとも、従来からのオン・プレミス（情報システムを企業自身で管理する閉じた運用モデル）から、プライベート・クラウド（自社内でのクラウドコンピューティング環境）が主流になっています。完全パブリック・クラウドのAmazon（AWS）、プライベート型クラウド提供主流のMicrosoft、Oracle、VMwareなど、そしてもちろん自身がストレージメーカーでもあるＩＢＭ、日立、富士通、ＨＰなどが加わって、ハードウェア（ＳＳＤ、ストレージ機器）、ソフトウェア（データ処理、データベース）の両面からデータ処理スピードそしてボリュームの開発・提案を競っています。

立ち返れば、これらの流れは結局、機器間をつなぎ、システム化して機能を高め商品性をます、さらにつないでこそ意味をなす製品領域であって、ここが世界的に急拡大しているのが今の流れです。IoTは、だから象徴的です。データ化による記録性、再現性、反復性、そして共有性をますます求めるトレンドの結果です。

図表2-10は、簡潔に以下のように置き換えられます。

・単体機器とITの融合領域がますます拡大し、かつその分野が最大の成長分野
・そこでは他方で、ローエンドとハイエンドの両面が入り混じり、オープン開発における、開発内容の多様化、高度化を伴ったスピード化の意味合いが増す
・この領域は、製品コモディティー化リスクをはらむが、徹底して先駆ければ、製品高度化の源泉

オープン型クローズド戦略―アップル―

以上の法人向けITソリューション大手企業に対して、製品コアがコンシュマー向け機器の場合はどうでしょう。例えばアップルに代表されるラップトップ型や携帯機器は、言うまでもなく真っ盛りです。中国市場のような有線電話インフラ構築が大変な市場の急拡大を背景に、商品開発とそのブランディングの勝利です。そしてそれを支え、完全にパラレルで発展するクラウドコンピューティング。その元々の概念、布石は、以前からあったものです。この10年ほどのASP、シンクライアントそしてユティリティ・コンピューティングです。

そして今回は、Google、Salesforce、Facebook等の台頭を前に、マイクロソフト、アップル等の老舗どころも追随し、むしろ先陣を争いつつあります。結果的にハードウェアとソフトウェアがうまく組み合わさっています。そしてここでの開発面での最大のキーワードこそ「オープン」であり「プラットフォーム」です。[*22]

では、このような有望でかつ激戦区でもあるハードウェアとITの融合領域で、技術・製品開発はどんな形に収斂していくでしょうか。それを踏まえて、まず、ここでGoogleをみます。広告モデルが収益のほぼすべてを占めるITサービス会社として、製品ラインにハードウェアを持たず、もちろん工場ストックも持たない、事業アイディアとブランド、そして資金で好循環させている企業です。従って、新しい領域への社内バリア（製品・人材バッティング）は少なく、新しい領域への自在な展開が可能な企業の代表格的に見られ取り上げられます。のみならず、そのAndroid上でのアプリケーション開発プラットフォームは、ユーザー側が自由にアプリ開発でき、開発仕様は標準化され共有されて、従ってこの共通基盤上では、一見知的財産確保といった企業の論理とは相入れないように見えます。にも関わらず、その開発スピードと多彩さ・量で、市場をデファクト的に席巻していきます。それは、知財管理的な技術戦術を超えた、完全なブランド勝負の領域です。Google Xとか、どの程度今後の事業展開に寄与していくか全く見えないような、ただ明らかに人目を引くようなテーマを掲げ予算投入するのも、ほとんど、ブランド創出・増強こそが本当の狙いではないかとさえ思えてきますし、そう考えれば逆に納得もできます。

一方、同じシリコンバレーでもアップルは、元々クローズド型開発で通してきた会社として有名です。代表的には、PC（パーソナル・コンピュータ）で、Microsoftウィンドウズのオープン戦略に対抗して、アップルはMac OSというクローズド戦略を続けました。ただ最終的にPCでさえ、オープン化の結果、完全にコモディティー化し、IBMも中国企業に売却した（これ自体は、確かにコモディティー製品はオープンな量産型で、というモデルにぴったりの帰結です）わけです。つまり、アップルがクローズド型に固執した最大の原因は、やはり主力製品がMicrosoftのようなソフトウェアではなく、PC本体、携帯機器本体というハードウェア側にあったからです。

その後、時代のうねりで、急速に「オープン開発」が主流になり、上記のアプリ開発の量から質への展開で、オープンプラットフォーム開発モデル自体が特に携帯機器の製品高度化をより推し進めるレベルに達してきました。そしてついに、アップルもオープン開発を徐々に展開していくわけですが、クローズド性へのこだわりは失っていません。自前の開発ツールを提供して、その上でのみアプリケーション開発を外部企業にもやってもらうスキームが典型的です。ハードウェア企業ゆえに持つクローズド性へのこだわり、また違ったクローズド性を武器に、それとオープン開発の融合に成功した結果とも言えます。アップルの近所にあるシスコシステムズが、アジャイル開発的な、摺合せ重視の製品開発というクローズド型にも通じる開発手法を積極的に取り込みつつあるのにも関係していましょう。

なお、個々の技術開発でとらえる知財戦略的な意味とは別にオープン戦略を強力に推し進め、かつ最後はクローズド型で締めくくる代表的かつ実に分かりやすい手法がM&Aです。米国企業に見るオープン戦略の終着駅はM&Aです。広く必要なものを外から集め、買収して外側から鍵をかけて社内に完全に取り込む。確かに、ここには資金の出しっぷり（特にその量）に企業戦略の本音が現れます。これこそ、オープン取り込み型の完

図表 2-11　オープンとクローズドの融合領域

ハードウェア・単体機器／ソフトウェア・ＩＴ	オープン開発とクローズド開発の戦略的融合
	ローエンド／ハイエンド

全・完璧クローズド戦略です。以上をマッピングし（図表2-11）、項目整理します。

・オープン型、クローズド型は、各々の強みで、各開発手法を極めた時最大効果を生む
・融合領域では、双方の手法を兼ね備えてこそ、各々の強みを取り込める
・ハードウェア主体のプロダクツ展開の場合、オープン手法を取り入れながら、クローズド戦略も強化できる

ハードウェア・単体機器とソフトウェア・ＩＴが融合し、一つの製品にローエンド性とハイエンド性が混在してくる現在、特にハードウェアを軸足とする領域では、このオープン型クローズド開発は決め手になっていきます。

7▼ IoTパラダイムシフト

ハードウェアとＩＴの融合を加速させているトレンドとして、今やＩｏＴ（Internet of Things）に触れないわけにいきません。当初、あまりに大きな構想で掴みどころのない話に見えたのが、最近、センサー供給側（それを担う半導体チップベンダー側を含

む）、そしてデータ処理側の双方からの期待と具体的な提案が加速しています。それは、序章で述べたようなデータバリューチェーンでの流れに近いことが、広く産業界そして実生活の隅々にまで及んで起こっていくことを意味します。そこで以下では、まず話を具体的にするためにも、そのＩｏＴの事業・サービス領域別のアプリケーション項目例から掲げます。米欧のＩｏＴ系新興企業の提案内容をかき集めました。かなり身近なことばかりで、洋の東西を問わないニーズ群です。[*23]

現状、既存のセンサーで行われている、ないし十分可能性が見込まれる項目群と言えましょう。ですから正確には、これらは、今後ますます、ＩｏＴセンシングに置き換えが見込まれる、ないしＩｏＴでこそ可能になる業務データ管理アプリケーション例です。

ＩｏＴセンシング管理の具体的アプリケーション例

医療・介護、リハビリ・健康モニタリング

・転倒検出：自立した生活高齢者や障害者への支援。
・医療冷蔵庫：ワクチンや医薬品、各種有機物質を保存する冷蔵庫の内部状態制御。
・スポーツマンケア：高性能センターによる身体部位のバイタルデータ・モニタリング。
・患者高齢者の見守り：病院内と老人ホームの患者の状態監視。
・紫外線チェック：太陽から浴びる紫外線量の警告。

・早期発見：成人病、小児病等の早期発見用の日常健康・症状モニタリング。
・健康モニタリング：バイオメトリック・医療用途の電子健康センサープラットフォーム。

産業用制御

・生産ライン管理：工場における工程管理自動化、デジタル化、IT統合化センシング。
・M2Mアプリケーション：機械自動診断と資産管理。
・室内の空気質管理：労働者と製品の安全性を確保するための、化学プラント内部の有毒ガスと酸素濃度モニタリング。
・温度監視：生鮮食品、化学物質などの保存倉庫、工業用及び医療用の各種冷蔵庫内等の温度コントロール。
・オゾン量管理：食品工場における乾燥食肉処理中のオゾンレベル監視。
・屋内での物品位置管理：アクティブ・タグ（ジグビー）とパッシブ・タグ（RFID／NFC）を使用した物品アセット位置管理。
・業務用車両の自動安全判断：緊急事態時の運転者へのリアルタイムアラーム、アドバイス提供、周辺情報収集。

スマートメーター（省電力）

・スマートグリッド：電力エネルギー消費の監視と管理。
・タンクレベル：貯蔵タンクや貯水槽内の水、油やガスのレベルの監視。
・太陽光発電のインストール：太陽エネルギープラントでの稼働モニタリングと最適化。
・水流ほか各種流体監視：水輸送システムの水圧測定ほか、空調ほかの各種流体監視。

小売り・物流

・サプライチェーン管理：サプライチェーン・製品トラッキング過程でのトレーサビリティ。
・NFC（Near Field Communication）支払い：公共交通機関、スポーツジム、テーマパークなどでのモバイル機器での支払い。
・インテリジェントショッピング：顧客側の食習慣、好み、アレルギー成分、期限切れ日付等に応じた購入時でのアドバイス取得。
・スマートプロダクト管理：返品プロセス自動化向け店舗棚や倉庫内の製品回転制御。
・出荷条件の品質管理：コールドチェーンにおけるメンテナンス、監視。
・アイテムの所在確認・検索：倉庫や港などでの物品の所在確認・検索。
・危険物の安全保管管理：可燃性物品、爆発物等の特別管理。
・フリート追跡：医薬品、宝石や危険物の運送における輸送ルート追尾。

スマートシティー、安心安全住空間

・構造物の健全性：建物や橋、建造物等の老朽化、地震の影響等の状態モニタリング。
・騒音の都市地図：リアルタイムでの、都市における騒音モニタリング。
・電磁波フィールドレベル：セルステーションとＷｉＦｉルータによる放射エネルギー測定。
・交通渋滞：運転や歩行のルート最適化向けの車両、歩行者の多さモニタリング。
・スマート照明：よりきめ細かな街路灯調整、天候適応型照明。

・ごみ廃棄物管理：地域ごみコンテナ内のごみレベル検出によるごみ収集ルート管理。
・スマート道路：天候条件や事故、交通渋滞などに応じた警告メッセージを発するインテリジェント高速道路。
・スマートパーキング：市内の駐車スペースの可用性の監視。

ホーム・建物オートメーション

・節電、節水モニタリング：電気・水の消費量モニタリングでのコストとリソース節約。
・家電等のリモート・コントロール：事故回避、エネルギー節約用遠隔スイッチング制御。
・侵入検知システム：窓やドアの開口部の監視。
・芸術品保存：美術館、アート倉庫内部の状態監視。

自動車、セキュリティー&緊急時対応

・自動運転用のセンシング：自立走行のための車間距離制御、スピード監視。
・車の周辺安全確保：障害物の自動認識、安全確保動作。
・人のアクセス監視制御：制限区域、非許可地域への人々の立ち入りを監視制御。
・液体の存在検知：電源寸断や腐食を防ぐために、データセンター、倉庫ほか重要建物の敷地内の液体検出。
・放射線レベルチェック：漏れ警告用の、原子力発電所周囲での放射線レベル測定。
・爆発防止や有害ガス検知：化学工場や鉱山等の有害ガス、産業廃棄物検出監視。

スマート農業・畜産

・ワインの品質管理：ブドウの糖分調整のための、ブドウ畑での土壌水分ほかの監視。

・グリーンハウス：果物や野菜の生産量、品質を最大化・最適にするハウス条件監視。
・水田・畑等の農地やゴルフコースでの灌漑：必要な水を最適節約するための選択的、最適な灌漑、継続モニタリング。
・堆肥管理：干し草、わらなどの湿度や温度管理で、良質の堆肥を作る。
・水耕法：最適な作物栽培を行うための水・栄養分の供給条件コントロール。
・子牛子豚ケア：家畜の飼育農場における飼育環境、安全確保等のモニタリング。
・家畜のトラッキング：放牧家畜の位置監視。
・悪臭有毒ガス監視：農場や排泄物からの悪臭・有害ガス検出、環境汚染チェック。

スマート環境・防災

・森林火災の検出：危険地域を特定する燃焼ガスや初期火災状況のモニタリング。
・大気汚染：工場のCO_2排出量、自動車や農場で発生した有毒ガスによる汚染制御。
・積雪量の監視：リアルタイム積雪量測定による雪崩危険度、スキーコース品質管理。
・地すべりや雪崩予防：土壌水分ほか表層土壌の状態モニタリングによる危険状態の検出監視。
・地震早期発見：広域または特定地域での振動状況の分散監視。

スマートウォーター（水管理）

・飲料水モニタリング：都市の水道水の品質監視。
・河川における化学物質漏れ検知：河川への工場からの有害物質漏れ、廃棄物検出。

・プール水質の遠隔測定：遠隔でプール水質条件を継続監視・制御。
・海での汚染レベル監視：海中でリアルタイムの汚染物質漏れや廃棄物を監視・制御。
・水漏れ：液体の有無、タンクや配管に沿っての圧力変動の検出監視。
・川の洪水：河川、ダムや貯水池の水位変動の監視。

ＩｏＴが意味するもの、日本企業の対応

これら内容をよく見ると、まず2つの意味合い、事業機会が見えてきます。

(1)新しいセンサー提供機会：ウェアラブル（身に着ける）型も含めて、確かに新しいセンシングデバイス、アプリケーションアイディアが詰まっています。医療・介護、節電管理、自動車、農業、環境保全等、広い領域の項目にあります。もちろん、半導体チップを駆使して従来から個々センサーを提供するハードウェア企業にとってのさらなるビジネスチャンスです。ただ、センサーメーカーによると、個々のセンサーをどうすれば、そのようなＩｏＴ的な大きな話にできるかがもう一つ見えない場合が多いと言います。需要が見込まれるセンサーの個数勝負のみでは、事業の拡張性という意味でもおぼつかない。

(2)全体最適化、システム化、新連携の加速：そして、特に製造ラインやプラント、小売り、電力の系統管理系、住空間・建物管理などでそうですが、すでに別な形で、しかも完璧になされている領域が多いのも確かです。

では、上記の新しいアプリケーション分野も含めて、ＩｏＴで何が決定的に変わっていくか。それはまず、これまでの「部分最適」からますます「全体最適」化が進むという点です。従来なら個々の工場内やビル内、病院内で閉じた形で最適な管理システムが構築され運用されてきているのが、工場同士、その工場地域一帯、ビル間やその商用そして居住地域一帯での最適な管理運用化が進むということです。病院間、その広域連携の件も前記のとおりで、国内でも目下優先テーマとして進められています。

そして、医療やエネルギー・環境保全、交通システムなど、公益性が高い順に、違ったプロバイダー同士の機器・システム間もつなぐことにも最終的に帰結します。むしろプロバイダー企業同士の連携合同プロジェクトでしか成しえない領域が急速に増えていきます。データとサービスの連携が前提になりますから、プロダクツ・サービスの提案そして運用パターンが従来の個々企業で完結していた、個々同士で競争していた形から今後ますます様変わりしましょう。ここでは、(a)そのような上位システムを社会的に大きく担える大手企業、(b)彼らをコンセプト形成や基盤技術面で支える大学や研究所、(c)モジュール技術・機器、サービスを担う新興を含む中小規模企業群、という構図です。

ところで、化学素材のような、物性的にデータ連携とはそれ自体縁の遠い領域は別としても、知財戦略上、セキュリティー上、あえて機器同士をつながない、データ連携もしないという路線・製品領域も厳然としてあります。「我社、当工場・部門向け」特注として、汎用ではないことによる差別化狙いも言うまでもありません。そもそも、ハイエンドでクローズドに開発提供する製品領域がここに相当します（図表2-7のC、D）。Ｉｏ

T的なうねりが、これらにパラダイムシフトを迫っています。

これら双方、つまりオープン型とクローズド型の流れ、領域を包含した整理が必要です。IT分野も含めて、様々な切り口のハードウェア部材・製品ポジションを前提にした場合の対応策を考えると以下のとおりです。

(1)部材や機器側の供給で主導権を確保する：ただでさえ日本企業にとって信頼感がある領域です。個々の機器、部分最適システムのレベルの高さを武器に、あくまで各論で、こちらから国際的に積極的に構想をぶち上げて、ビジョン段階で議論をリードする。そうでないと、折角の技術・ハードウェア機器が、一つの部材扱いされて、全体で見た収益につながりません。従来、この欧米主導の世界構想・トレンドの趨勢を眺めながら、どの流れになっても対応する部材・機器として、戦略的に〝モジュール〟展開してきたはずが、やはり買い手側優位が先に出て、その部材・モジュールは買いたたかれ、全体的な低収益性につながっていった面もあるとしたら、この形を続けるわけにはいきません。[*24]

(2)データフローの把握・発想で、コンセプト作りをリードする：少なくともそれは、米国そしてドイツ系の世界的リーディング企業の一つの方法論です。それは、データサイエンスのビジネス展開面でもあります。例えば、ドイツが工場パッケージを海外に売る、その工場同士をつなぐというとき、つなぐ媒体は、各工場の製造工程を管理している情報データの連係です。その意味でのデータの把握です。日本のIT企業各社も、部分最適システムでは相当なレベルです。その技術力・知見は、企業や国を跨いで展開する場合でも基盤になります。データバリューチェーンは、その跨った展開に向けた基本概念、ワークフロー（作業工程・手順）を提供するものです。[*25]

〈ブレイク〉中国企業とのビジネス展開ポイント

ハードウェアとITが混在しているという意味では、今の中国の動向も見逃せません。ただ、そこで起こっていることは、以上で述べたような、ある意味で成熟期に入ったハードウェアの新境地としてのITとの融合というよりは、後発で、ともかく世界に製造業でもIT分野でも、今あるもの、進んだものをどん欲に取り込んで、少しでも早く先進国の産業レベル、特に個々人レベルでの向上達成、その途上が続いているという印象です。GDPがナンバー2になった現時点でもです。ますます日本経済との関係が強まるそんな中国とのビジネスを考えます。[*26] それは、シュンペーターのイノベーション定義（第1章図表1-1）の③〜⑤に対応します。

1．中国のIT・サービス産業化トレンド

世界の工場と言われ、本章でも製造過程でのパートナー先の一つとして描いた中国ですが、その産業構成（総生産）から見ると、第一次産業が長期低迷、第二次産業が横ばい・頭打ちの一方で、第三次サービス産業領域が第二次産業に徐々にとって代わりつつある最中です（図表2-12）。

それでは、中国の産業全体をリードする中国企業はどうか。図表2-13そして14です。2015年における、世界Top500企業ブランドにランクインした中国企業の価値（時価総額）の業種ごとの国内割合で見ると（図表2-13）、コンシュマー（個人消費者）向けの通信・IT分野（12社）シェアが36％を占め、その次に銀

図表2-12　中国の産業構成推移

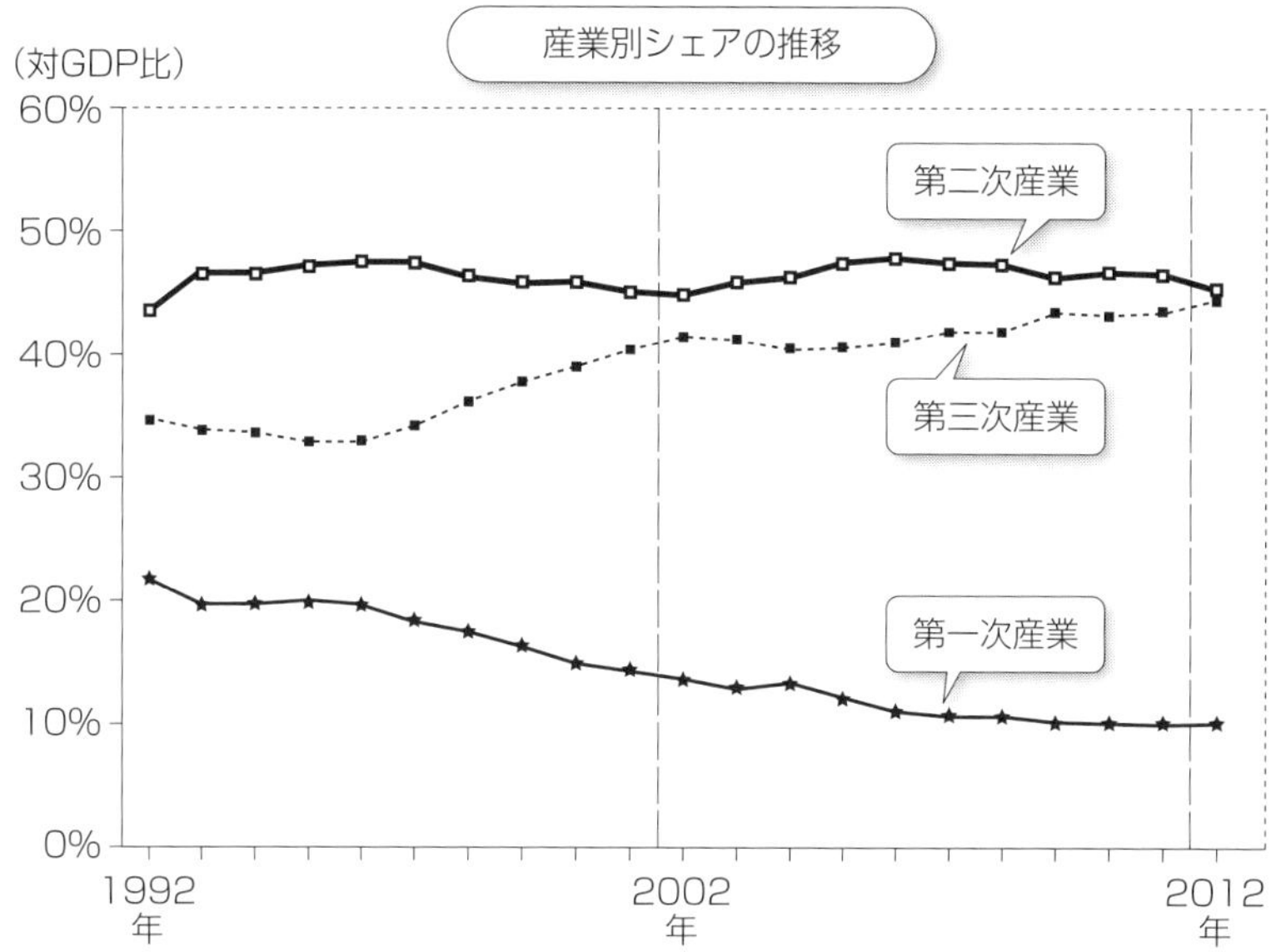

（資料）CEIC（中国国家統計局）のデータを元にニッセイ基礎研究所が作成

行（33％）、保険（９％）です。産業系は、石油・ガス（10％）、機器製造（５％）、鉄鋼（１％）と、意外に少数派です。つまり、図表２-12で見た第二次産業（製造業：２０１２年時点で45％レベル）は、やはり外資主体であることがうかがえます。そして、第二次産業の頭打ち傾向は、製造業外資の中国進出頭打ち、中国離れという件とも合致します。

また、この図表２-13の分類をＩＴシステム・サービスが支える分野で括り直すと、通信・ＩＴはＩＴインフラ系そのもの、銀行と保険は金融ＩＴ領域、石油・ガスも最近は改めて産業ＩＴ化が注目されています。これら合計で実に88％です。ＩｏＴなどの産業センシング領域の進展で、機器の量産向けや鉄鋼分野へのＩＴ浸透も今後考慮すれば、中国のブランド価値面で見たリーディング企業の94％が、ＩＴインフラ・サービスの供給企業か、それらの巨大なユーザー予備軍です。もちろん、ＩＴ業者以外の

図表2-13　世界Top500ブランド中国企業の業種ごと国内割合 *27

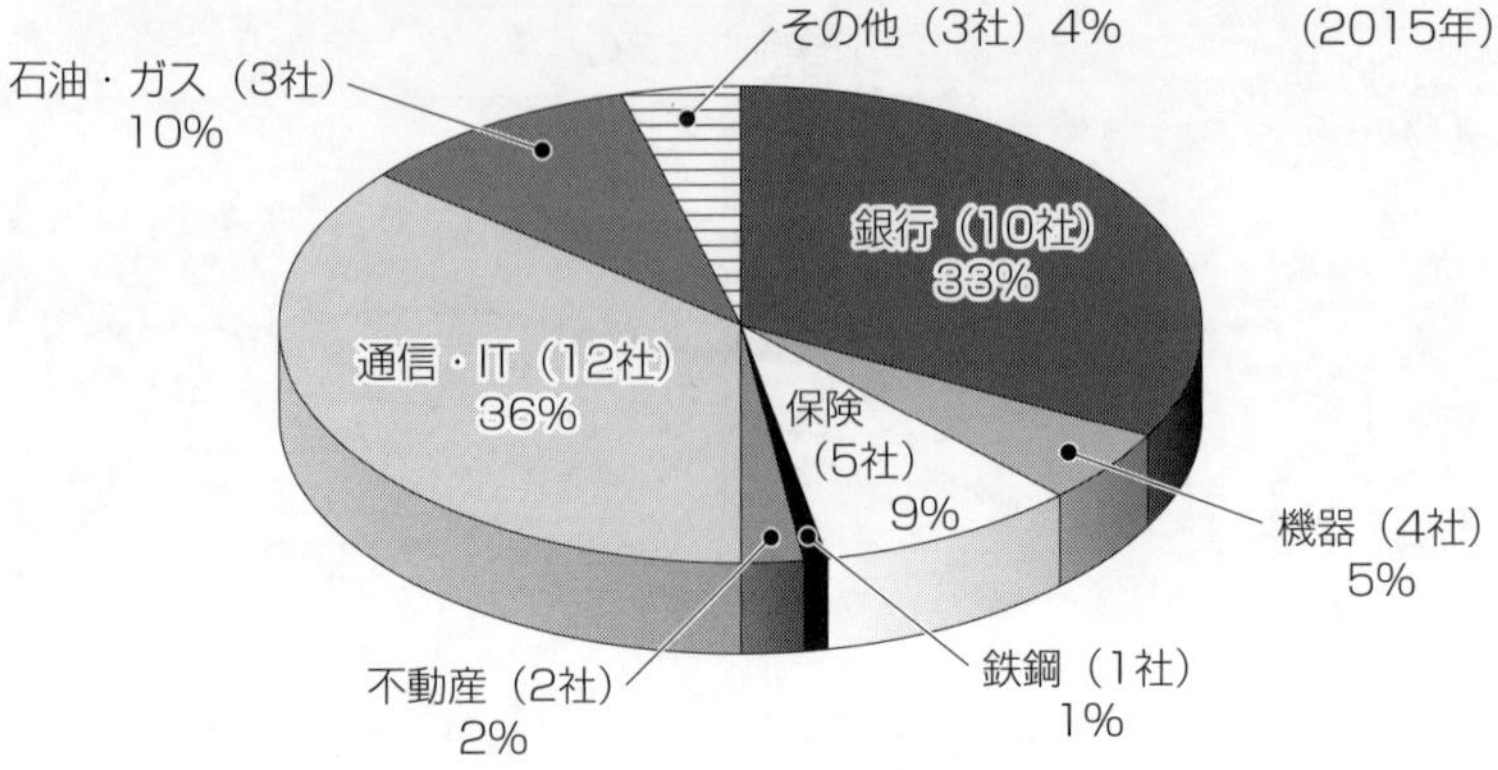

出典：Brand Finance, Global 500 2015をもとに、中国総合研究交流センター作成

これら〝予備軍〟の〝ＩＴ度〟チェックは必要ではありますが、本書の序章で、中国の技術者のＩＴ志向が米国並みに高く、キーワード的意識も酷似している背景の一端を物語りそうです。

しかもそのＩＴ化傾向が加速中です（図表2‐14）。最近急成長したＩＴ系新興企業の急成長、そして同じく世界Ｔｏｐ５００ブランド企業へのランクイン実態です。コンシュマー系ＩＴサービス主導で、特に近年、ｅコマース分野において急成長を遂げているアリババや京東（JD.com）、スマートフォンメーカーである小米（Xiaomi）が目立ちます。ここでも、数（人口）の論理が経済を完全に牛耳っています。

ＩＴ／ｅコマース分野は、三大電話・通信会社（国営企業系）とそれ以外のＩＴ企業（新興企業）に分けられ、ＩＴ新興企業のブランド価値の割合は47％に達し、伝統三社の53％に近付いています。なお、再度確認しますが、以上で見た企業評価基準は「ブランド価値」です。つまり、企業のブランド戦略やブランド使用料レート、ブランド収益率などを考慮して計算され、将来において想定される経済成長率や税負担などの要素も加味されています。

図表2-14　世界Top500ブランド中国通信・IT企業ブランド価値シェア

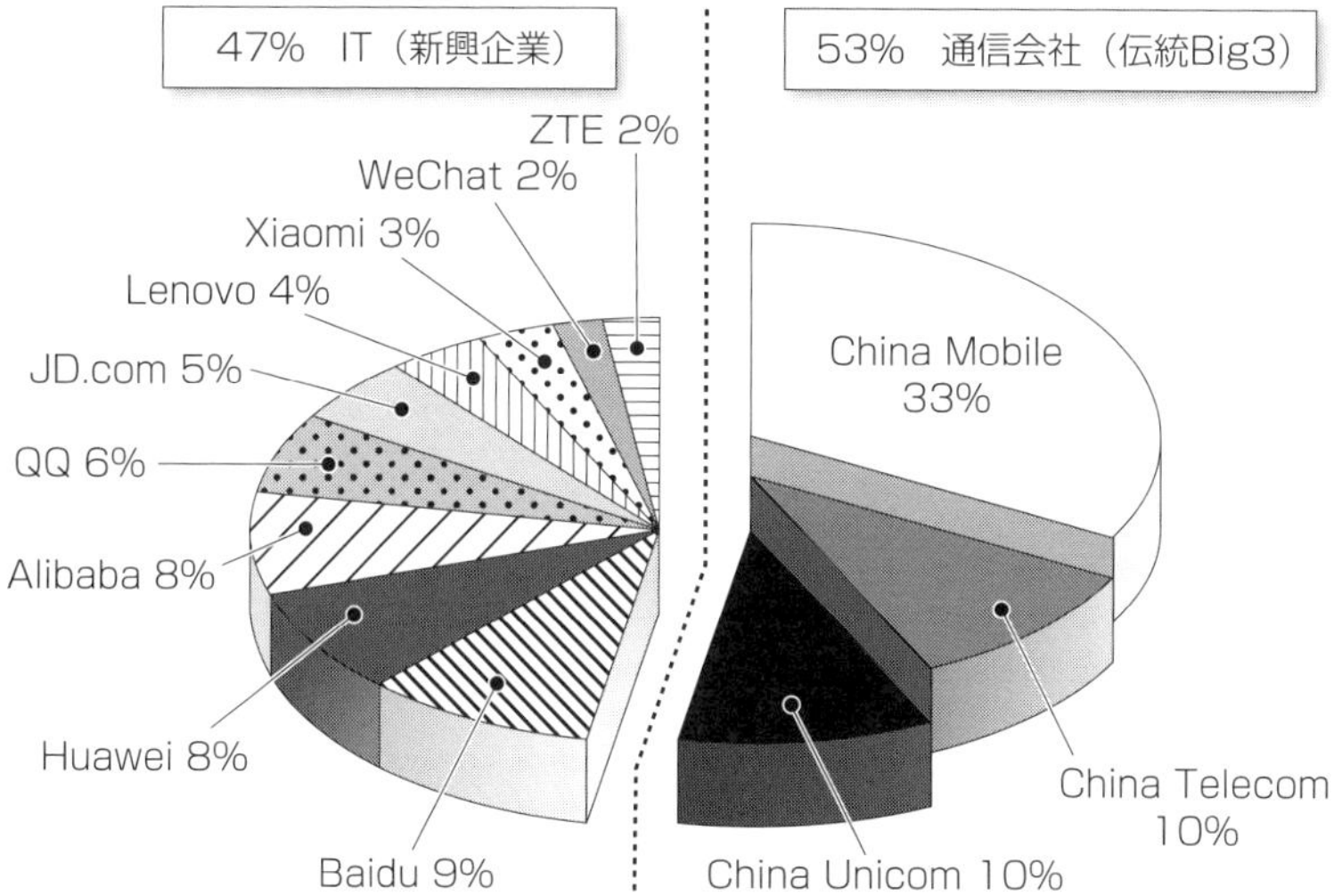

出典：Brand Finance, Global 500 2015をもとに、中国総合研究交流センター作成

なお本書で取り上げているデータＩＴ領域については、中国は、清華大学、上海交通大学などの理系大学、そして米国、特にシリコンバレーとの直の人的関係も厚く、先端領域でつながっています。このような状況にある中国企業とどう対峙し、取引を発展させていくかがテーマです。基盤技術面での、国家レベルでの自前主義やＩＴ開発力のレベルなど、課題はありますが、日本から提供できるとしたら、やはり、ものにしろ、ＩＴ、サービスにしろ、基本的には質の高さ、そしてソリューションと言われる課題解決領域が考えられます。以下では、もの（製造物）、ＩＴ含むプロダクツ一般を想定してまとめてみました。[*28]

2. 中国企業と仕事をする時の心得

中国経済の世界市場での存在感が急拡大しています。日本の大手・中堅企業のパートナーシップ戦略の中で、本章図表2-1にも関連して、この中国との取引はやはり大きなテーマであり事業機会です。対中国市場・企業対応について、我々チーム内で議論してまとめ、アップデートしました。AとB、2つのケースに分けて、基礎・基本的な点のみ記しています。対中国企業ビジネスの整理として、相手方の考え方の確認、チェックリストです。事業スキームや販売モデルも含む広い意味でのイノベーション展開を全体で考えるべき対象とも言えそうです。中国における産業構造の最近の急進展にも関わらず、これらの基本的な考え方、意識は変わらないと考えます。一つのチェックリストです。

A．日本企業による中国市場参入、現地販売
B．中国企業による対日輸出、中国企業からの調達

A．日本企業による中国市場参入（中国市場での販売、生産）

1．中国市場での販売における日本製品の現地向けローカライズの必要性

中国市場向けの製品・プロダクツをローカライズすること（例：設計変更、製造変更等）は日本企業にとってコストがかかるものの、何より大切。当然のことながら、まずこの点を再度確認。

2．中国における販売システムや流通チャネルの重要性

日本企業をはじめとする多くの外資系企業の場合、中国市場における共通の弱点は確固たる販売・流通チャネルを持たないこと。日本企業の場合、この問題を解決する上での2つの選択肢。

①中国の現地企業と協力体制をとり、中国国内の地場市場や販売システムに関して現地企業が持つ知識を活用する。

②日本企業同士で連携を図る。そうすれば、中国における販売システム構築にかかるコスト及びその他の負担をより多くの企業間で分散することができる。

3．中国現地における製造・部品調達、開発はコストを引き下げる

現地での製造・部品外注や開発（中国国内でサプライヤーを獲得すること）は、日本企業による中国市場でのコスト軽減に資する。品質を損なわない範囲で、日本企業は現地での製造・部品外注、開発アウトソースを増やすべきである。

4．マネジャーや要員を地元から採用する

余り多くの駐在員（日本人マネジャー）を置くべきではない。地元の人間は安価であるばかりでなく現地の事情を十分に把握していることからも、地元の人間を多用すべきである。これは、中国の古くからある兵法にも則っている。

5．中国市場を「単一」市場とみなしてはならない

中国は巨大であり、北部と南部、東海岸と西部地方、都市と村落部、それぞれの間に大きな違いがある。こうした相違は、収入レベルのみならず、顧客の選好、地方自治体が掲げる政策などにおいても見られる。中国市場への参入を図る日本企業は、どの地方・地域をターゲットとするかを明確にし、異なる地方や市場における顧客の選好に対応する必要もある。異なる地方・市場へ参入する際、各地方自治体との間に良好な関係を構築する必要もある。

6．人脈や政府とのコネクションは常に最も重要であるわけではない

多くの人が、中国でビジネスを行うには人脈や政府とのコネクションを持つことが重要であると信じている。このことは一般的には正しいが、日本企業は、人脈や政府とのコネクションの重要性を過度に意識すべきではない。最近の中国経済の発展に伴い、人脈の重要性は以前よりも高まるどころかむしろ薄れている。家電産業のように、自由市場における競争が一般的になっている一部の産業においては、人脈ではなく、やはりビジネス・製品が持つ競争力が企業の成功のいかんを決定する。さらに、ビジネスにおいて政府が果たす役割もまたここ数年で低下している。

7．中国市場へ参入する際に、日本企業の小規模な現地子会社がかかえる弱点

中国市場へ参入する際、多くの外資系企業が中国国内に規模の小さな子会社を設立するが、こうした小規模な子会社は、中国でのビジネスにおいて多くの困難に遭遇する可能性がある。例えば、小規模な子会社は、当然、規模の経済を享受しづらい。巨大な中国市場のメリットを引き出せない。また、中国は巨大市場であり様々な

地方に市場機会が出現するため、小規模な子会社の場合、中国での市場機会を感じ取り獲得する力に限界がある。

小規模な子会社はまた、現地サプライネットワークの構築においても多くの問題をかかえている。中国国内の外資系企業の多くが、質の高い現地サプライヤーを開拓しようと試みている。現地サプライヤーの質を高めるために、外資系企業がサプライヤー側に対して、製造技術の向上、所有設備の更新、製品設計の変更を目的とした投資を行うことを要求する場合もあるだろう。しかしながら、こうした要請が小規模な子会社からなされた場合、説得力を落とす。単独でのゲリラ戦は中々難しい。日本側本部による直接的な展開ないし中国側企業との連携プレーがこの点からも有効である。

8．技術製品の模倣対策

これは、最初に持ってくるべき項目でもある。

・模倣される可能性ある技術、製品のカテゴリー（過去事例など）を事前にチェックし、その分野・性格の対象プロダクツはそもそも持ち込まない。

・ITを駆使してデータやサービスのクラウド化によって、販売対象の機器・プロダクツには大切な知財技術・部材を落とし込まない、そんなサービスモデル勝負・課金モデルでの対応は有効。

・取引開始前に、現地側の然るべき仲介企業そして人物を通じて行う。

・中国側の信頼できる知財弁護士と確実に組む。技術、製品機能・デザイン、ロゴ等。

B. 中国企業による対日輸出、中国企業からの調達

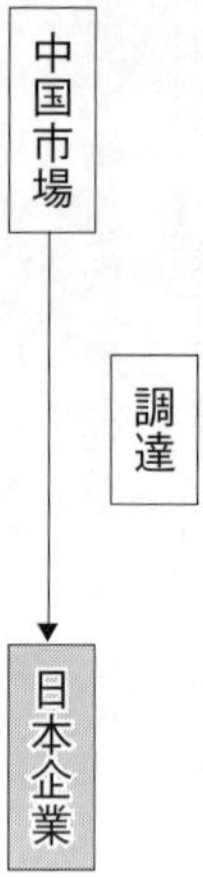

1. 調整・コミュニケーション力が極めて重要

中国企業による日本市場への参入をうまく活用するには、日本企業は、中国側企業を調整し彼らとの意思疎通できる優れたスキルが必要。多くの問題は誤解から生じる。その意味で、意思疎通人材を確保するのが第一歩。

2. 単なる売買関係ではなく、支援・協力的なパートナーシップ関係を構築すること

一部の中国企業の場合、管理、製造プロセス、設備、原材料に至るまで、日本企業が支援を提供し、質の高い供給を確保しなければならない場合がある。つまり、純粋な売買という発想ではなく、「協力的」姿勢をとることを日本企業側が要求されるということ。さらに日本企業は、中国企業が自社の輸出プロジェクトを管理し、一定の品質レベルでスケジュールどおりに商品を製造できるよう、プロジェクト管理力を向上させる手助けも期待されよう。そういう状況への事前の準備、心積もりは必要。

3. 一部の中国企業は「中間業者（ミドルマン）」の省略を希望する場合がある

一般的に懸念されるのは、中国企業は成長すると、「中間業者」を介さずに日本市場において直接的なプレ

ゼンスを確立し、利益幅を拡大しようとする傾向にある。自己主張も強い。また、中国企業は成長すると、単なるOEMではなく自社独自のブランド名を使用する可能性が高い。

4．中国側の低供給コストは不変とはいえない

中国の経済発展が進んだ結果、人件費は、見てのとおり特に上海や北京地域で上昇し、中国からの低コスト供給品も今後徐々に減少していく可能性がある。もっとも、中国は巨大であり、中国企業は安価な労働力を地方から探し出す余地を十分残している。つまり、大都市部企業は、相変わらず農村部の人々を利用してコスト削減を図っている。ただ、日本企業に対する提示コスト（価格）部分が問題になってこよう。

5．一社の中国企業のみに依存してはならない

交渉力増大のために、日本企業は、複数の中国企業と協力体制をとることも検討できよう。複数社と連携することで、どのサプライヤーに対しても交渉力を増大させることができ、ある中国企業の供給に問題が生じても供給リスクを減じることが可能になる。

6．日本取引の経験を備えた中国企業を選定すること

日本企業との連携や日本市場でのビジネス経験を有する中国企業は、日本企業との連携の仕方についてよく弁えている。また、日本企業の流儀や日本企業による期待を熟知し、日本企業との間の問題の解決法を心得ている。中には、日本語を話すスタッフを擁する企業も増えている。このような中国企業を協力相手に選定すれば、日本企業は、多くの問題を克服し、中国企業との連携もスムーズにできる。

＊注

1　『産業革新の源泉』（原山、氏家、出川）第4章「イノベーション・エコシステム」参照。
2　第1章 図表1-4、6のマトリクスで言えば、一つ一つの工程（モジュール開発、単体機器・システム開発、社会インフラ開発）における縦の流れを想定しています。
3　「SMBC日興証券の試算では、日中のドル建ての単位労働コストは1995年時点では日本が中国の3倍以上だったのが、その差は次第に縮小し13年に中国が日本を逆転。14年は中国が日本を引き離している。第2次安倍政権の発足後、人民元に対して約4割の円安が進んだことも背景にある」（2015.12.6 日本経済新聞）。
4　HVC（北海道ベンチャーキャピタル）ビジネス・レポート Vol.2、2009年6月5日より抜粋。
5　HVCの同レポート資料。米国市場で我々がVC投資事例を集積してマッピングした第3章 図表3-5「戦略ポートフォリオ」とほぼ同じです。
6　同社のウェブサイト情報。
7　第4章 図表4-15「AI・ビッグデータの活用が求められる重点分野」参照。
8　素材領域で、研究開発主導により、業態変貌も狙いつつイノベーション展開している事例企業の典型が旭化成です。日刊工業新聞特別取材班『旭化成の研究―昨日まで世界になかったものを。』参照。
9　〝データバリューチェーン〟：「データを集めて、処理して、組み合わせて、分析した上で、実用に供する」という、顧客価値に符合する流れです。
10　http://www.rbbtoday.com/article/img/2015/05/13/131198/464764.html
11　GE社のCVCであるGEベンチャーズ情報。
12　富士通総研「企業の競争力を高めるICTの新たな活用法とマネジメント」資料。

13　日米企業の戦略的な研究開発・事業企画投資部門に、実際にインタビューした内容を一般化し、共通領域は統合して、再編集したものです。

14　第4章の図表4‐12「ソフトウェア体系」参照。

15　氏家豊「大学発ベンチャーの底力」:「ハードウェアとICTの融合トレンド、そこでの製品開発―1」（2013.12.15）

16　ここでの議論はもっぱら我々の仲間内議論がベースですが、知財戦略領域にもわたる詳細な実証分析として小川紘一氏『オープン&クローズ戦略』（2014.2.3発行）。

17　妹尾堅一郎氏『技術力で勝る日本が、なぜ事業で負けるのか』参照。「もはや技術のみでは勝てず、『イノベーションモデルのイノベーション』こそが勝利への十分条件である」、と説いています。

18　経済産業省「我が国企業の国際競争ポジションの定量的調査」2014。

19　小川紘一氏『国際標準化と事業戦略―日本型イノベーションとしての標準化ビジネスモデル―』参照。確かに、「デジタル化、ITネットワーク化で製品高度化」も突き詰めると、欧米流の標準化戦略に行きつきます。

20　PLC（Programmable Logic Controller）：小型のコンピュータの一種で、中枢には他のコンピュータと同様にマイクロプロセッサが使われ、ソフトで動作する。工場などの自動機械の制御に使われるほか、エレベーター・自動ドア・ボイラー・テーマパークの各種アトラクションなど、身近な機械の制御にも使用されている。

21　材料領域でも、データITトレンドに関わる動きがあります。第4章の図表4‐15参照。原料素材からの製造工程は、温度、湿度、濃度、気圧等々、センサー（データ）管理されていますし、サプライチェーン全体で見たトラッキング管理などから、IC、RFIDタグに代表されるIoT応用が進められつつあります。

22　氏家豊「大学発ベンチャーの底力」:「ハードウェアとICTの融合トレンド、そこでの製品開発―2」（2014.1.21）

23 最近のセンシング、ＩｏＴ関連の複数の企業のアプリケーション提供内容を分野別に集計したもの。
24 元々の〝モジュール〟は、プロダクション・アーキテクチャー理論として位置付けられ、日本にも紹介されたものでした。その内容は、次章の冒頭で詳述します。
25 第4章の4「ＩＴ時代の企業競争力、収益力」参照。
26 藤本隆宏氏『日本のもの造り哲学』（２００４）の第6章「中国との戦略的つきあい方」参照。特にその、モジュラー的製品開発による「疑似オープン・アーキテクチャ」の説明は、臨場感に溢れ興味深いです。
27 http://www.spc.jst.go.jp/hottopics/1509/r1509_jin1.html
28 木村福成・丸屋豊二郎・石川幸一各氏編著『東アジア国際分業と中国』参照。

第3章

製品事業企画力、発信力

　第1章で産業界におけるイノベーション・プレイヤー同士のシナジー展開、相関性を鳥瞰し、第2章で、最新の、オープンでＩＴ発想・手法もフルに取り込む競争力戦略展開の実態をみました。大手企業と新興企業間の自律的な融合も根幹にあります。本章では、そのオープン型のイノベーション展開・戦略を考えます。イノベーション・ドライバーズ第一弾です。まさに現在は、製品・事業企画、そしてその発信競争の最中にあります。製品志向変遷の速さ、そもそもの業態変貌の必要性、アジア新興国のいっそうの台頭、そしてＩｏＴに代表される国際的なうねりの前に、自前では追いつかない現実は凄まじいものがあります。それなら、むしろ先取りする戦略を確保せねばなりません。

1▼オープンイノベーションの向き不向き

米国等海外そして日本で「オープンイノベーション」と言われだして10年ほど経ちましょうか。2005年ころ、日本から来られた大手エレクトロニクス企業の研究開発部門の方から、この言葉を初めて聞きました。[*1] シリコンバレーでは日常やっている手法そのもので、むしろその方法以外を知らない内容でした。一般的には、良いものは、技術でも部材（モジュール）でも会社丸ごとでも、社外から積極的に取り入れる姿勢です。他方でもっと広く、自分の立ち位置、仕事の範囲で、違った意味でも使われます。自社技術の流動化やオープンプラットフォーム開発などです。

そこでまず、このオープンイノベーションという言葉の正確な意味を確認する必要があります。背景をなすアーキテクチャーからきっちり説明した以下のような定義があります。「本来複雑な機能を持つ製品やビジネスプロセスを、ある設計思想（アーキテクチャー）に基づいて独立性の高い単位（モジュール）に分解し、モジュール間を社会的に共有されたオープンなインターフェースでつなぐことによって汎用性を持たせ、多様な主体が発信する情報を結合させて価値の増大を図る企業戦略」。[*2]

つまり、外部にある良いものをモジュールとまず位置付け、それと自社リソースをつなぐインターフェース概念と実際ツールさえしっかり確保すれば、かなりの自由度をもって、内外の垣根を超えて、オープンで自在なイノベーション展開が実現するということになります。しかも、モジュール化する対象は、製品のみならずビジネスプロセスも含めています。これはまさに、シリコンバレーが、アジアと横の業務連携を展開して、収益性ももちろん含む事業モデルの精緻化に成功していった経緯も包含されています。

ところで、実際の事業現場では、自社にとって、さらに事業・製品・サービス内容によって、このモジュールモデルがそのままフィットしやすい場合とそうでない場合があります。筆者チームの普段の仕事の相手方は、ITインフラやソフトウェア技術・プロダクツ、一部電子材料や機器装置系の技術製品開発、さらにはそれらを駆使して、医療、バイオ・製薬や生産ライン、環境エネルギー領域への応用展開を検討・模索される研究開発、事業企画、そして事業部です。皆さんとのやり取りが重なるにつれて、次第に、企業として、また、その部門によるオープン展開との親和性・距離感が徐々に見えてきました。オープン展開への取り組み姿勢というより、もっと構造的です。以下、オープン展開に向く、向かないという視点で、代表的な例を挙げます。各々の業種分野の全体がそうだということではなく、開発製造の段階や性格に応じて違うという印象です。カッコ内に、どんな観点でそう考えるかを書いています。背景に、先述した意味でのモジュール化やインターフェースとの絡みがありそうです。

・そもそも向かない、違う：ITシステムの相対《あいたい》作りこみ開発段階、アナログ素材・物品・機器（狭義「ものつくり」）（製品素材物性、開発・製造生産手法）
・開発製造の段階でオープンもクローズドもありうる：デジタル家電（技術導入、製造生産手法）
・特に部材調達面でオープンが馴染む：自動車・携帯機器（汎用部材調達、生産シェア）
・オープン展開そのものだ：汎用IT基盤・ソフトウェア（汎用部材調達、開発シェア）

図表3-1 「オープンイノベーション」という言葉が含む意味

R&D段階	生産・開発段階	
技術・製品のR&D	部材部品の調達	生産・開発
●外部（企業・大学等）からの取り込み，外との連携開発。 ●社内に眠る技術の流動化，開放。	●その積極的な外部調達。自社開発品にこだわらない。 ●自社開発モジュール品の開放。	●仕様，手法の標準化・共有，連携。 （知財領域の共有ない，弱ければアウトソース）

・オープン化なしでは，もはや競争に勝てない：バイオ・製薬（技術開発面）

このように，オープン展開との距離感を認識する切り口も，見事に各々微妙に違っています。そこで，基本に立ち返り，この「オープンなイノベーション」で言い表される内容を整理します。第1章で整理したような，イノベーションの元々の意味全体に遡り，かつそれを製品の開発製造販売の流れに応じて埋めていきます。図表3-1です。

開発製造販売フロー的には，シュンペーターが挙げたイノベーション項目の始めの3つが対象です（2段目）。「技術・製品のR＆D」「部材部品の調達」そして「生産・開発」です。この内，「部材部品の調達」段階については，事業モデルそのものが部材部品（モジュール品）の調達提供という付加価値再販の場合は，これ自体の取引をもって「オープン」云々というのは若干ニュアンスが違います。ただ，「生産・開発の仕様，手法の標準化・共有，連携」と一体で考えたモジュール化はオープン展開のもう一つの中核概念であり，ここに明記します。

全体的には，大きく，R＆D段階，生産・開発段階とまず括っています。もちろん，通常，イノベーションのオープン展開が論じられる際は，これら全体が重要です。そして，他の販売や組織領域にも多大な影響を及ぼしていきます。

図表3-2　ITエレクトロニクス分野等の製品ポジション図

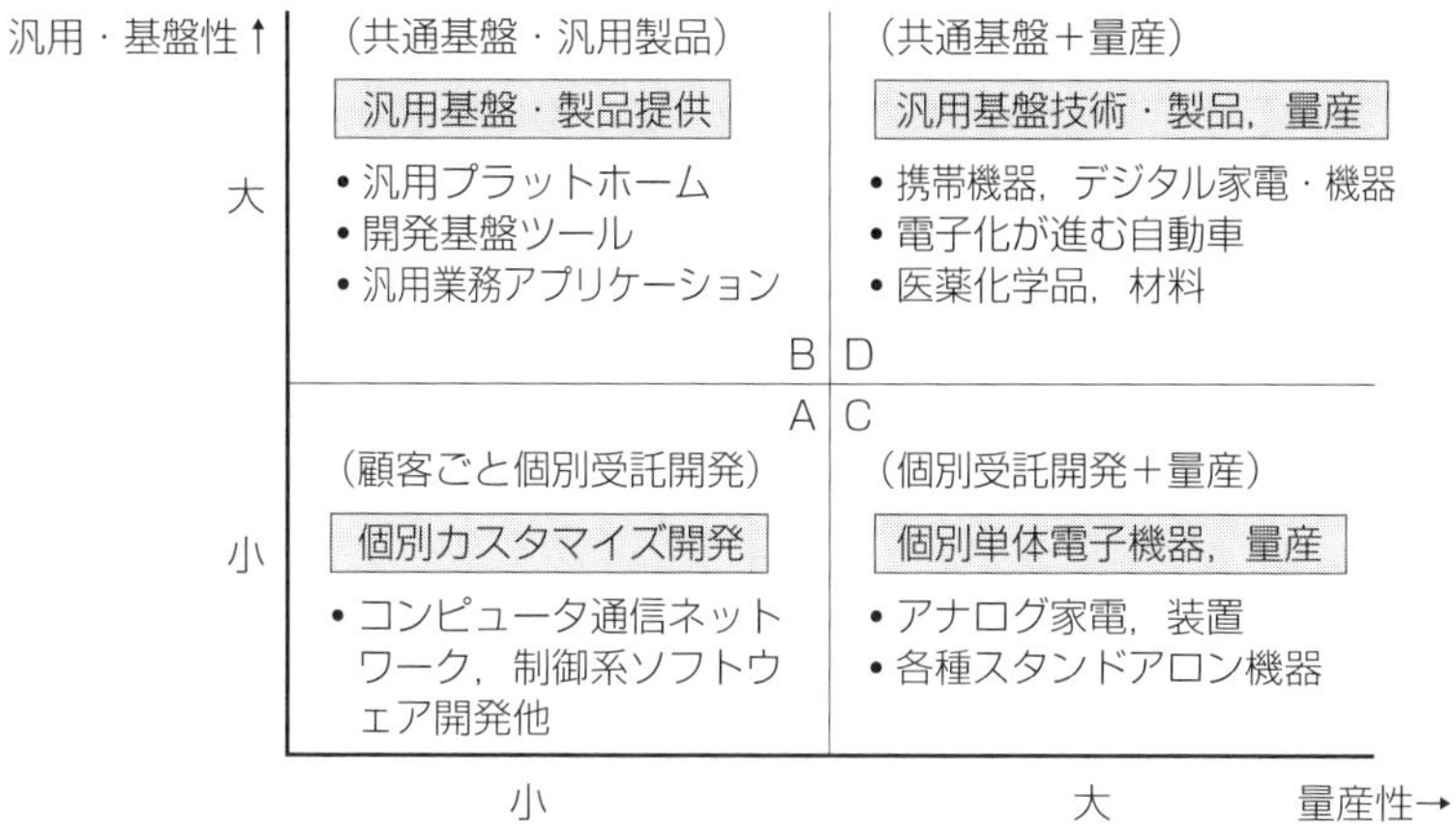

研究開発という部分で見た、日本でのオープン展開比率（研究開発費全体の中での社外支払い比率）で突出して大きいのが製薬分野です（22・3％）。業界の方々もオープン展開が目立って盛んな現状を認めています。他の製造業は、自動車（27・6％）を除き一桁です[*3]。

図表3-2は、ITエレクトロニクス分野ほかの代表的な事業領域、開発製造段階・性格を、競争戦略・収益力の源泉に応じて、各々に関する技術や製品の「汎用・基盤性」（どの程度汎用的か、基盤性を持っているか）と、「量産性」（どの程度量産しているか）の両面で整理し、各々、程度を大小で分けます。なお、横軸の量産性は、ここではほぼ、「小」は法人市場、「大」はコンシューマー市場と言い換えて考えてください。法人市場での、B→B→C（法人―法人―個人）の場合、モジュール供給モデルなど、大量生産は十分ありえますが、ここで「小」側で念頭に置いているのが、いわゆる相対《あいたい》作り込み開発です。以下、この図表3-2に従って整理します。やはり、この汎用性・基盤性の高い領域が、オープン展開には馴染みます。

〈現状、オープンイノベーションとは〝違う〟領域〉

積み上げ型、継続的な改良改善型、フルカスタマイズ開発過程です。図表3-2の下段2つです。ITシステムの顧客向け個別カスタマイズ開発・構築や、これまでの家電（特にアナログ系）、他の特に単体（スタンドアロン）電子機器などのエレクトロニクス製造業領域における受託開発の一般的な手法はこちらです。いくらオープンイノベーションが叫ばれ、一般論として必要性を聴いてはいても、事業会社での日常の開発は、過去からの継続事案であればなおさら、途中乗車下車は難しく、結果的に閉じた開発・制作作業になります。特に、個人（コンシュマー）向けではない、企業向けの相対取引の場合は、汎用品のままでは、顧客側にとっての差別化にもならず、プロバイダー企業側の付加価値（売上、利益）も減ります。その結果、フルカスタマイズでの開発が主流になり、外部から持ち込んだ、時に自社製よりも優れた技術製品がそのままマッチする、受け入れられることはまれで、構造的に起こりにくくなる。クローズド開発が主体になる背景の一端です。

〈オープン展開に馴染む、加速中の領域〉

・汎用基盤・製品の領域

他方、特にITの世界で、基本ソフトウェアやプラットフォーム基盤（クラウドインフラなども含む）がオープンなのは、当然ながら、その汎用性・基盤性、そして標準化の高さに起因します。汎用性・基盤性を上げて、展開対象先、幅を広げる。従って、その上でオープンに展開すること自体が事業拡大そのものです。これは、第3章（図表3-1）の全体のイノベーション項目と開発製造販売フローの対応関係で言えば、特にモジュール・

ソフトウェアを調達し（原料半製品の調達）、プラットフォーム上で開発する・してもらう（新生産方式の導入）に対応します。

・汎用基盤技術・製品、量産の領域

バイオ・製薬分野がオープン展開である件は、米欧での大手リーディング企業の活発なM＆A展開を見ても分かります。この領域は、言うまでもなく基盤技術開発で差別化します。基礎研究段階と、そこを少し抜け出た基盤技術段階です。改良・改善段階に入る前の、高度な基盤技術そのものがあるかどうかで決まる。自前では時間的・コスト的に全く間に合わない、開発スピードがますます迫られる国際競争のさなかにある領域です。CRO（Contract Research Organization）[*4]と言われる開発等の受託企業もますます動員しています。

もう一つが、電子化・デジタルIT化が進む自動車領域や、携帯機器ほかコンシュマー機器、デジタル家電に代表される大量生産・製造領域です。最近の電気自動車やテレマティックス、そして自動運転、さらには最先端の人工知能技術（データのセンシング・解析）等のうねりを受けて、ここ数年、米国国内のみならず欧州の主要自動車メーカーの研究開発拠点がシリコンバレー（特にパロアルト）で増えています。研究開発のオープン展開の次元の違う加速化を志向してのことです。また、やはりデジタル化・ネットワーク化の象徴である携帯機器・デジタル家電領域のオープン展開も、世界のリーディング企業では当然です。標準化しオープン開発しないと、今や自動車も動かなくなります。自動車自体（車載エレクトロニクス）、自動車と携帯機器、自動車同士、そして自転車と住宅や周辺生活空間との間など、自動車は益々社会インフラに組み込まれ、それをリードする存在にもなってきました。

他方、アジア、中でも中国における量産モデルは、携帯機器や他のコンシューマー製品はもちろん、日本ではものつくり（アナログ作り込み）の筆頭である金型製品まで、製法を標準化共有して、量産でいっそうのコスト削減を図っています。自動車や航空機向けの金型製造で、データ管理システムを駆使して、データ共有連携開発を展開しています。もちろん、そのＩＴ技術・知見は、しっかり地元の中国ＩＴ企業が担っています。ＩｏＴの発達は、アジアの製造現場でのＩＴとの融合、それに伴う製造ライン標準化、オープン化を急速に促しつつあります。それも、米国そして欧州を巻き込み連携した展開です。

ところで、最近のドイツ発のハードウェア領域におけるオープン展開（インダストリー4・0）は、日本のものつくり産業にとって、まさにパラダイムシフトを迫るものです。日本国内でもますます一般化しつつあるオープン展開のレベルを問われるトレンドです。ここでは、技術シーズを必要に応じてオープンでも取り入れる、という裁量展開の範囲を超えて、よりスタンダードな機器仕様、完璧なシステム連係性を迫られる世界です。例えば、医療で言えば、DICOM（ダイコム）[*5]やHL7[*6]と言った国際標準への準拠性です。よりデファクト標準のレベルでも、クラウドシステムが加速度的に普及する中で、システムの安全性は前提条件として、その上で、あるべき医療という本当に共有すべき大きなミッションに向けてともに動くのか否か、ということにますますなっていきます。さらにこの分野で大きな誘因になっているのが〝医療における生産性・効率性〟です。この辺りは、第4章で改めて述べます。

2▼ イノベーション・バリューチェーン

イノベーションの価値連鎖

図表3-3に、社会のニーズ・課題（同図表右端）に向けて、各研究開発段階における成果が、どんな形でこのテーマに貢献しうるかを示しました。[*7] データ・バリューチェーン[*8]になぞらえて、ここではイノベーション・バリューチェーンとしておきます。

この図表3-3で、左下側の矢印群「技術製品の価値・作り込み伝達」は、そのまま、特にハードウェア系装置系の作り込みを意識した線形モデルを映していて、見てのとおりです。他方で、ここであえて確認したい点は、この図表3-3の右上側の矢印群です。研究開発の上流段階でも、当面の社会ニーズ・課題にかなり直接的に影響を与えうるという点です。これら右上側の矢印全体を指して「各段階での知見・サービス提供」としました。より応用科学や基礎材料に近いほど社会的な影響が大きい大発見・発明と言われる領域です。事業会社での積み上げ的な段階的モデル的ではない、より不連続で破壊的なイノベーションと言えましょう。

図表3-3　イノベーション・バリューチェーン

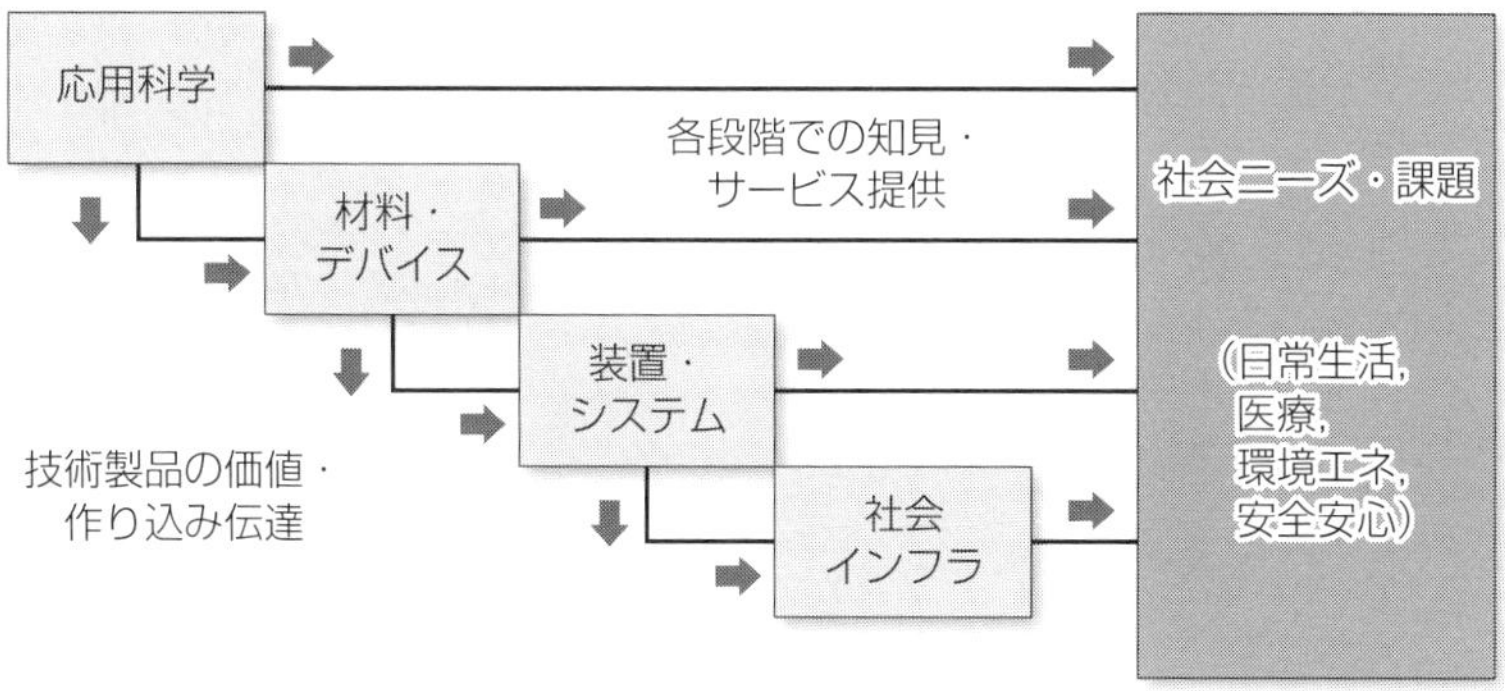

図表3-4　外部リソースとの連携モデル

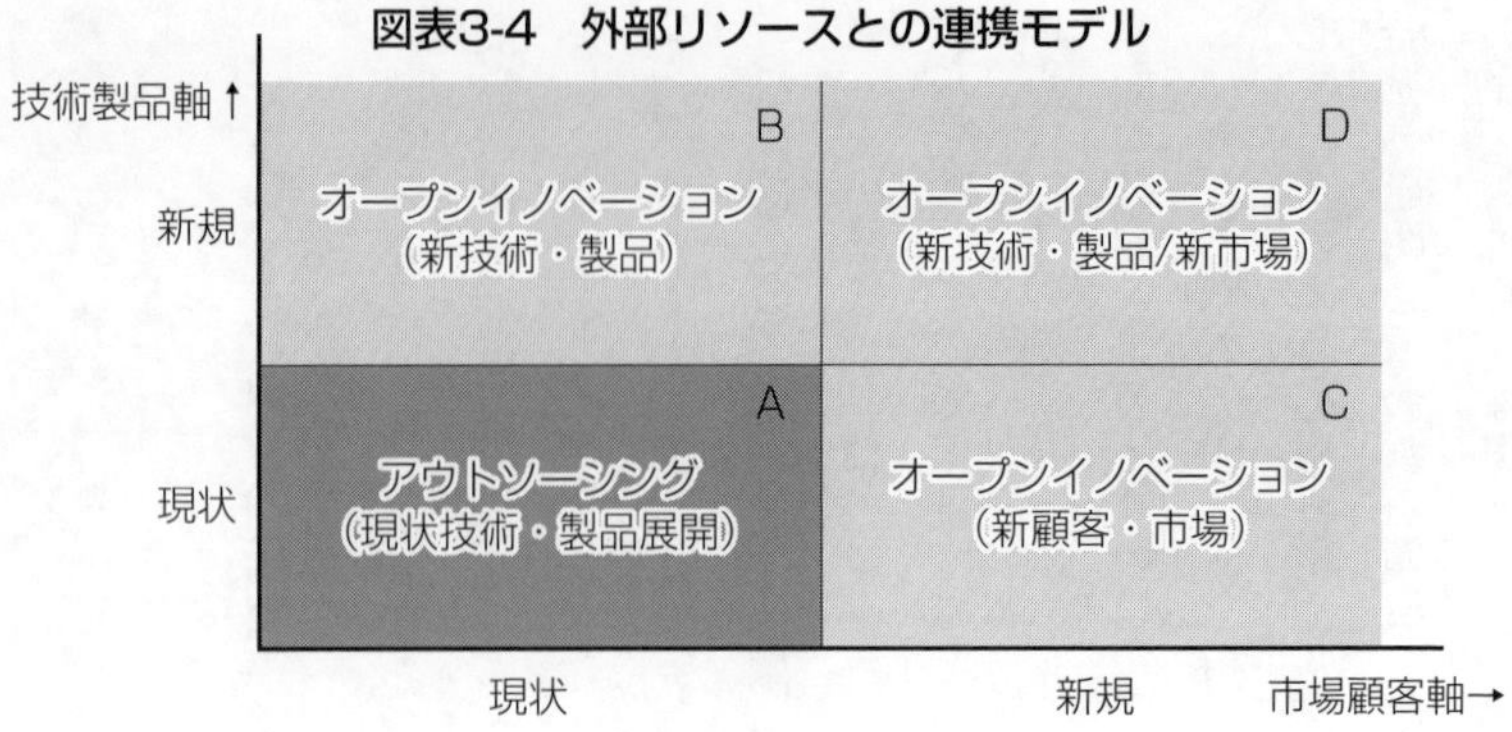

以上での担い手は、一般的に、応用科学から発する矢印部分が大学・基礎研究機関系で、材料・デバイス以降が一般事業会社における研究開発です。

この、「大学等の応用科学が直接、社会ニーズに関わっていく過程」とは、いわゆる産学連携を指し、基本的には、社会の根底からの変革ダイナミズムを促すプロセスです。要は、世の中にまだない要素技術やコンセプトの形成・普及競争です。そのレベルでの、国境も超えた科学技術と事業会社の関わりトレンド（いわゆるグローバルな産学連携）もますます高まっています。事業会社における内外大学からの要素技術知見の取り込み、逆に国内大学シーズの海外事業会社との事業化促進の双方です。

さらに、企業が外部リソースとの連携を図る際の動機・理由を整理します。図表3-4です。大手・中堅企業（合わせて大手企業）にとっての外部リソースとの連携モデルです。例えば、大手企業の現在の強力主力事業を支えている研究開発においては、通常、その技術面そして事業展開面で自社をしのぐ外部リソースは中々見当たらず、外部に依存するのは、中核でない、コアでない技術や業務・サービス領域になります。ないし、コア技術部分をブラックボックスにした上で周辺部分を製造委託する。それは、外部とのやり取りではありますが、「アウトソーシング」です。ファブレスとファンドリーの関係です。厳密な意味でのオープンイノベーションとは違います。よく混同されがちな部分です。米国企業とアジア諸国との関係は、ベースがコスト格差を利用したこの関係です。歴史的に古い順に、半導体なら台湾、ソフトウェアならインド、そして最近十数年では完成品組み立ての中国です。日本企業も、特にエレクトロニクス分野でアジア諸国企業と組んできている部分です。

日本国内においても、系列企業はもちろん、突出した技術を持つ外部の新興企業に黒子になってもらって開発を委託する場合は従来からある典型モデルです。米国西海岸企業で、日本企業の「系列」から見習った側面もあると思われる生産連携フォーメーションです。発注する方は、技術的に信頼できる、急な仕様変更、追加仕様等無理も受けてくれる、安定的なパートナーであり、受ける側にとっても、何より経営の永続化・安定化の基盤であり、作りこみ技術も磨かれるし、得るところは大きいわけです。

つまり、オープンイノベーションとアウトソーシングで価値観を挟む筋合いのものではない。ただ、成長志向の新興・中小企業から見れば、後者の関係だけだと、一般的には、自社ブランド・独自技術として打って出られない、従って成長の足かせになるという側面を併せ持つのは確かです。ところで製薬業界のように、受発注側双方で相手を絞って、安定的パートナー関係をここに来て改めて重視している領域もあります。この場合は、受ける側のレベルも高く、アウトソーシングとオープンイノベーションの中間的位置付けです。

一方、同じ大手企業において、本格的なオープンイノベーションに駆り立てられる理由は、図表3-4に示したとおり、現状を打開する、または積極的にフロンティアに進出するための以下の場合です。①新技術領域に打って出る、②新顧客層・市場に進出する、そして③新技術でかつ新顧客・市場に進出する、これらの3つです。端的に言えば、企業買収でも、技術、顧客市場、それらの双方を取りにいくにつれて、買収金額は高くなります。今ある技術・製品領域、事業領域でその技術力と事業展開力を極めていく過程は、図表3-4左下の現状技術、市場の深耕に相当し、自社（グループ）リソース主体の展開であり、かつ、外部企業との連携関係は、前述したとおり基本的にアウトソーシング型になります。

ここでの技術面でのイノベーション展開は、主に現状技術の精度・性能、製品開発スピードを上げる、コストを下げるためです。全く新しい技術・事業分野に踏み込むのではなく、図表3-4の「現状—現状」部分、つまり、現状技術・製品開発力（プロセス力）の補充・強化です。その意味でここは、新しい製品・サービスを生み出す意味でのプロダクトイノベーションというよりは、この製造開発プロセス力を磨くプロセスイノベーション的です。つまり、製造開発効率、作り込みの追求と言えます。

社会ニーズ創造・企画力が決め手

その一方で、ここでいうオープン展開は、さらにその先の話です。つまり、オープンなイノベーションにはさらに大きな、また違った可能性があります。「何を作るか」というテーマがまだ決まっていない、決めていない段階とも言えます。第1章でみたとおり、プロダクツの高度化を目指す展開でもありました。*9

問題は、この展開力を企業の中で組織的、継続的に培うためにどうするか。例えば人材という経営資源面から見ると、技術系・営業推進系人材入り乱れて製品開発そして事業企画両面に積極的に入ってもらうことです。

それと外部からの知見です。３ＭやGoogleの15％ルール（業務時間の15％は担当以外の領域について自由に考える）は有名です。よく言われるトップダウンはもちろん大切です。なぜなら、社内外の技術競合、現顧客とのしがらみを乗り越えてオープンなイノベーションをやる要はやはりトップのリーダーシップです。さらにこの件は、最終的に外部への発信も不可欠です。つまり、企画構想力と国際的なプロモーションへの戦略的な経営資源配分です。そして、そのような展開を根本的に支えリードしていくものは、先述のとおり、こんなものを創り出したい、こんな社会にしたい、というミッション（使命感）意識であろうと考えます。では、このミッション意識に裏打ちされた社会ニーズ創造・企画力は、具体的にどんな形で社内に培われていくかです。

つまり、オープンイノベーション展開において、２つの企業・組織が対峙した時、まず、「何を一緒に考え、やっていきましょうか」という相手側との摺合せ過程から入ります。もちろん、開発課題がどちらかに、ないし双方にすでにあるのが普通ですが、課題設定段階の結構上流から議論するのが、アウトソーシングとは一味違う、ここでのオープン展開の出発点です。そこでは双方の、技術のみでない発想・企画力が大きなウェイトを持ってきます。まずこの点を少し整理してみます。[*10]

順を追って言えば、①ビジョン形成、つまりあるべき姿、目標レベルの洗い出し、次に②そのための具体的な取り組み課題が設定され、③それを実現するための技術・製品・サービス開発がなされる。一般に、「技術開発力のみではだめ」、という場合、その一つ前のこの取り組み課題の設定が大切で、それは、突き詰めると、上記のとおり、お題（問題意識、ビジョン）の設定力に行きつきます。

そこからは通常、事業部（営業部門）が顧客ニーズを把握する作業になります。そのお題を顧客企業から明確なニーズとして発信してもらえるかと言えば、必ずしも単純には行きません。もちろん、最終顧客に直に確認できる場合はあります。病院や教育現場や環境、交通など、政府機関も含めて公的機関の場合がまず当てはまります。ただそういう場合は、その顧客情報は、プロバイダー側にはより偏りなく伝えられ、最終的に入札であったりします。

BtoC（一般大衆個人向け）であれば、同じマスメディアにさらされている大衆心理が収斂され、直接間接集まってくる市場ニーズは、各社でやはり似たり寄ったりのものになります。また、ヒットした他社の個人向け製品・サービスコンセプトは、早晩他社も追随しましょう。BtoB（法人向け取引）で考えても、いろいろ断片的、直截に、「こんなことはできないか」というリクエストを実際相手企業から言われても、それは他企業にも発している可能性があり、こちら側の持続的な製品差別化につながるとは全く限りません。結局、各社製品・サービス、アプリケーション内容は、大差ないものになります。もちろん、この他社並みをキープすることが競争上の必要条件であってみれば、痛し痒しではあります。

顧客企業はさらに、課題は抱えていても、より核心に迫る観点で、従って社会にとっても意味の大きい、当方（プロバイダー側）にとっては大きなビジネスチャンスになりうる内容であっても、当の顧客企業自身にも大きな変革を伴う、従って自社内を動かすこと自体が難しいレベルの内容であれば、当然外部にも発信できません。このような事例はよくあります。

つまり、意味のある顧客ニーズは受動的では把握が難しく、事業部（営業部門）による顧客把握・発信にも構造的に限界があります。ましてや、現業を支える中核製品の立ち位置を揺るがしかねない、いわゆる破壊的イノベーション（従来技術とは不連続な、真のイノベーションという意味で）的な声は、それが顧客発であろうとも、事業部としては慎重に対応することになりましょう。自社主力製品に対抗する台頭製品を持つ企業があれば、力ずくで潰す（買収する）のは、米国ではよくあるわけです。結局、本当に意味ある、画期的なことは、自分たちで、自分自身で考えるしかないということです。では、具体的にどうやって考えるか、検討するかです。

3 ▼ 戦略ポートフォリオ

そこで重要になるのが、一つ、全く違う環境・経緯で物事を考え経験してきたチームとのコラボレーション、パートナー形成です。もちろん、通常は企画立案してから、その内容に沿ってパートナー先も探すというのが順序ですが、ここでも、ある程度の方針は持った上で、各論としての企画を練る段階の手法の話です。かなり早い段階から、実績と各論を持つ潜在パートナー企業ポートフォリオの組成を図って、その相手たちとのやり取りの中から、各論を練り上げていくという、一種、帰納法的なアプローチがこれから述べる内容です。

企画立案のための戦略ポートフォリオ検討

第2章のＣＶＣ展開モデルでは、背景の発想はさておき、ＢＡＳＦのアプローチに形式上は符合します。図

図表3-5　企画立案作業を兼ねた戦略ポートフォリオ

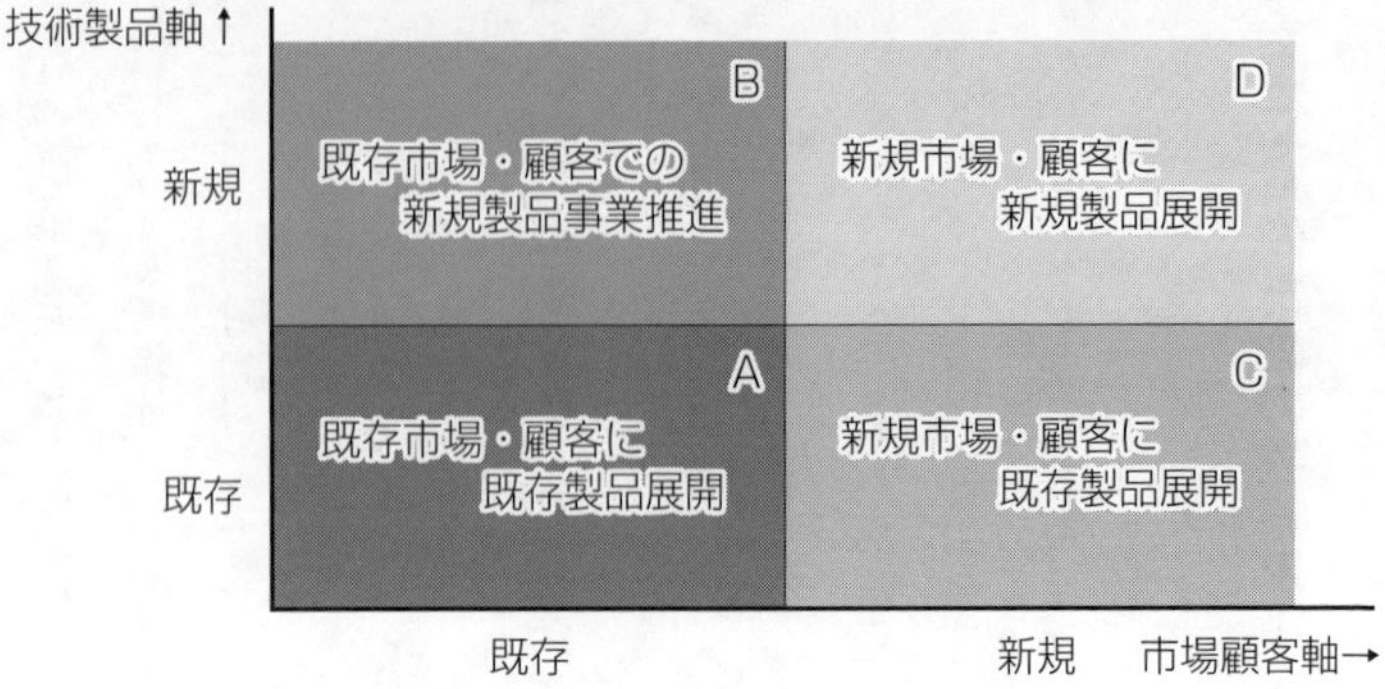

表3-5がその事例の場合に近い、戦略ポートフォリオマトリクスの一般モデルです。これは事業展開において、現状(A)に対して、技術製品領域を縦軸、市場顧客を横軸にとって、各々既存と新規に分けてイノベーション展開をモデル化したものです。我々が、かつて米国の大手企業のM&Aほか企業の戦略的投資事例を長年集計して、帰納法的にマッピングした結果でもあります。つまり、投資事例の事業側の狙いがこれら四象限のどこかに入っていたということです。現状補強そして新領域への進出を狙ったオープン展開志向の外部企業投資です。*11

例えば、検索エンジントップのGoogleは、2013年に自然言語処理（人工知能領域）の新興企業を買収しました。これは検索作業で、より我々が日常使う言葉・文章（テキストデータ）検索、つまりは数値化もしていない整っていないデータ（非構造データ）領域の検索力を格段に上げるものです。これは、A「既存市場・顧客への技術・製品補強」です。一方、同年、音声や画像認識の会社も買収。文字入力ではなく言葉を発して、また画像で瞬時に検索するわけですから、検索作業向けという同じ製品・サービス領域での新技術導入でありB「新規製品事業推進」です。

また、ハードウェア領域を事業中核とするシスコシステムズやGEによるソフトウェア開発の本格展開もB領域です。他方、Googleは最近、製薬領域、例えば糖尿病患者向けの治療分野で、医薬品会社大手のサノフィー社と組んでいます（２０１５年８月）。Google側の寄与が、今ある検索技術でのデータ検索サポートの範囲であれば、それはＣ「既存製品展開」です。もし、医薬品開発上、関連データを音声検索する、画像検索を駆使する、さらには例えばデータベース化するサポート、ないし自身でも医薬品開発により直接的に関与するとしたら、それはＤ「新技術・新製品サービス展開」です。

そして、企業内でこのような方法で企画検討する上での現実的な決め手・前提は、このマトリクスの各マスに埋まる自社に意味ある実例（ターゲット技術・製品、パートナー企業等）が現にある、またはある程度見えていることです。そうでないと、このような全体マッピング的方法論をとる発想さえ浮かびません。これは事業会社での実例（候補）をベースにした製品事業の企画検討にとっても大切な出発点です。そういう情報環境に実質的にいること、潜在情報を引き付けておくことです。腕組みをして考え込んでも限界があります。

Googleの場合でも、共同研究・開発、買収なり連携先の具体的な対象が全くなければ、少なくとも新事業領域展開においては、外部リソースと組む形での近未来の〝各論〟は描けない。同社のように、始めから「あれもやりたい、これはどうだ」と日々アイディアを戦わすこと自体を仕事としているような会社にとっては、発想にこそ強みがあり、「じっくり時間をかけて自社内で」とはなりにくいわけです。すぐやりたい。社内のビジネス・デザイン競争こそ厳しいでしょう。そこでまず最も求められるものは、事前の問題意識、そして、ある程度の「仮説・シナリオ」です。

再度確認すると、既存市場・顧客に既存製品を展開する領域(A)における戦略投資・M&A等は現状の足元固め展開です。その上で、既存市場・顧客領域で新規技術・製品を開発展開する(B)か、または、既存製品サービスで新規市場・顧客向けで展開する(C)、さらに、技術製品も市場・顧客も新しい分野(D)も加わります。例えば、これらのマスに実際の展開事例をマッピングしていき、各々の自社にとっての成功可能性をつぶしていく、そんな検討方法論です。ちなみにこの区分けで右半分（市場・顧客が新しい分野に、既存技術製品さらに新たな技術製品を持ち込んでいく）の方が成功確率は高いとの有名な報告があります。*12

オープンな技術製品・事業開発を志向して、実際に外部企業との連携を模索する過程も全く同じです。各ゾーンに属するパートナー候補企業をマッピングしていきます（戦略的ポートフォリオ）。ところで、このような検討、そして実際の展開での最大の、そして分かりやすい障壁は、社内外での技術バッティングです。従来技術を担う社内技術者の処遇でもあります。それは、企業内、つまり研究開発部門内またはそこと現主力製品を抱える事業部門、そしてこの社内と社外リソースとの間で起こります。そこで、前向きなイノベーションへの最大の決め手が、トップのリードを伴う企画力（Designing）です。

つまり、既存製品の機能追加、さらに、特に全く新しいプロダクツ領域に踏み込む際、技術的な優劣論議を超えた、違った判断が必要になるということ。既存の製品・サービスをさらにどうやって作るか（How）ではなく、今後どういうプロダクツをなぜ創るか（What）というコンセプト論議です。そこから、世の中にまだない、真に生活ニーズにも根差したプロダクト・事業発想が生まれ、今ある技術や事業領域に加えて、新しい領域にも自在に踏み込んでゆく原動力になります。

実際は、トップに進言する立場にある研究開発部門、技術者自身のコンセプト感覚・創造力が本格的に問われるとも言えます。そして実は、このような議論こそ、技術者冥利に尽きる仕事ではないでしょうか。これまで幾多の技術者・事業企画マンと接してきてそう感じます。そして上記の技術的なバッティングという問題も、そのような相互の創造性がかみ合えば解消される。つまり、「ところで、こんな新しい領域に一緒に踏み込んでいけるのでは」といった発展的なやり取りに道が開ける。開発目標の次元を上げることでもあります。

では、この新規の技術・プロダクツ領域進出を検討する際の成功確率を上げるための方策は何か。それは進出リスクを下げることを兼ねて、戦略ターゲット領域をしっかり自身で作った上で、分かりやすく言えば、以下の2つです。①すでにある各論、即効性を追及する、②選択肢を増やす。①は一見後追い的ですが、時間価値を優先した現実的な対応であり、M&Aが盛んになっている現在の主流的手法です。この対象企業の仕事が回っている、しっかりした相手と取引実績も出ていること自体が、どんなに厚い報告書以上に、「市場もあって、やり方次第で拡張性をます可能性」の証左です。②は対象候補先を当方主導で、戦略的に広くかき集めることです。この前捌き的な作業を経ずに、例えば特殊な狭い人脈、VCルート期待で、はじめから数少ない候補先にほだされ時間を費やしてしまう失敗は最もありがちです。うまくいく場合ももちろんありましょうが、ハイリスクです。意味ある代替案をいかに多く持ち合わしているかこそが、交渉力にもなります。

つまり、端的には、新興企業からのより多くの提案（技術・コンセプトシーズの将来的な事業可能性、拡張性）の取捨選択から入る形です。シリコンバレー系大手企業の利益率が高い源泉がその辺にもありそうです。選択肢が多いという地域的な優位性をフルに生かした、地の利を得た手法です。日本国内の大学発ベンチャーや新興企業の内容も、ライフサイエンス系、ＩＴ基盤系、それらの応用領域と、ますます厚味を帯びています。最近のＶＣポートフォリオ企業を拝見してそう感じます。国内外にわたって、自社リソースの補完に、外部の技術製品・事業シーズを取り込むことが、大手企業にとって必須かつ、ますます有効なイノベーション手法になってきています。

市場開拓の段階的な取り組みマップ

図表3-5は、フロンティア領域展開に向けた企画立案・各論形成を兼ねたマッピング作業を示したものでした。他方、より実際の事業推進、それも国際市場の開拓を念頭においたマッピング図例が図表3-6です。企画立案段階は終え、プロダクツ開発段階も進み、完成品の本格的な国際展開であり、そのための開拓パートナー企業を海外にも求めていく段階です。図表3-6の横軸は、図表3-5の市場顧客軸に代えて、ここでは、地理的横展開を想定した内外市場軸にしています。つまり、国内展開、そこから一歩出た海外市場（例：米国や近隣アジア）、広く米欧市場や広域アジア、新興諸国の本格展開といった形です。

ここでは縦軸も、技術領域の代わりに、開発段階がより進んだソリューション・製品（プロダクツ）と言われるレベルで捉えた現状とフロンティア領域で整理しています。そして、縦横軸とも、既存新規という二段階のみでなく、現状から少し出た段階も念頭に置けば、戦略立案は、より実感がわく、現実味を帯びたものになります。それは、技術開発ロードマップや事業計画作りでいう短期・中期・長期の時間軸にも符合します。つ

図表3-6　国際的な段階的な取り組みマップ

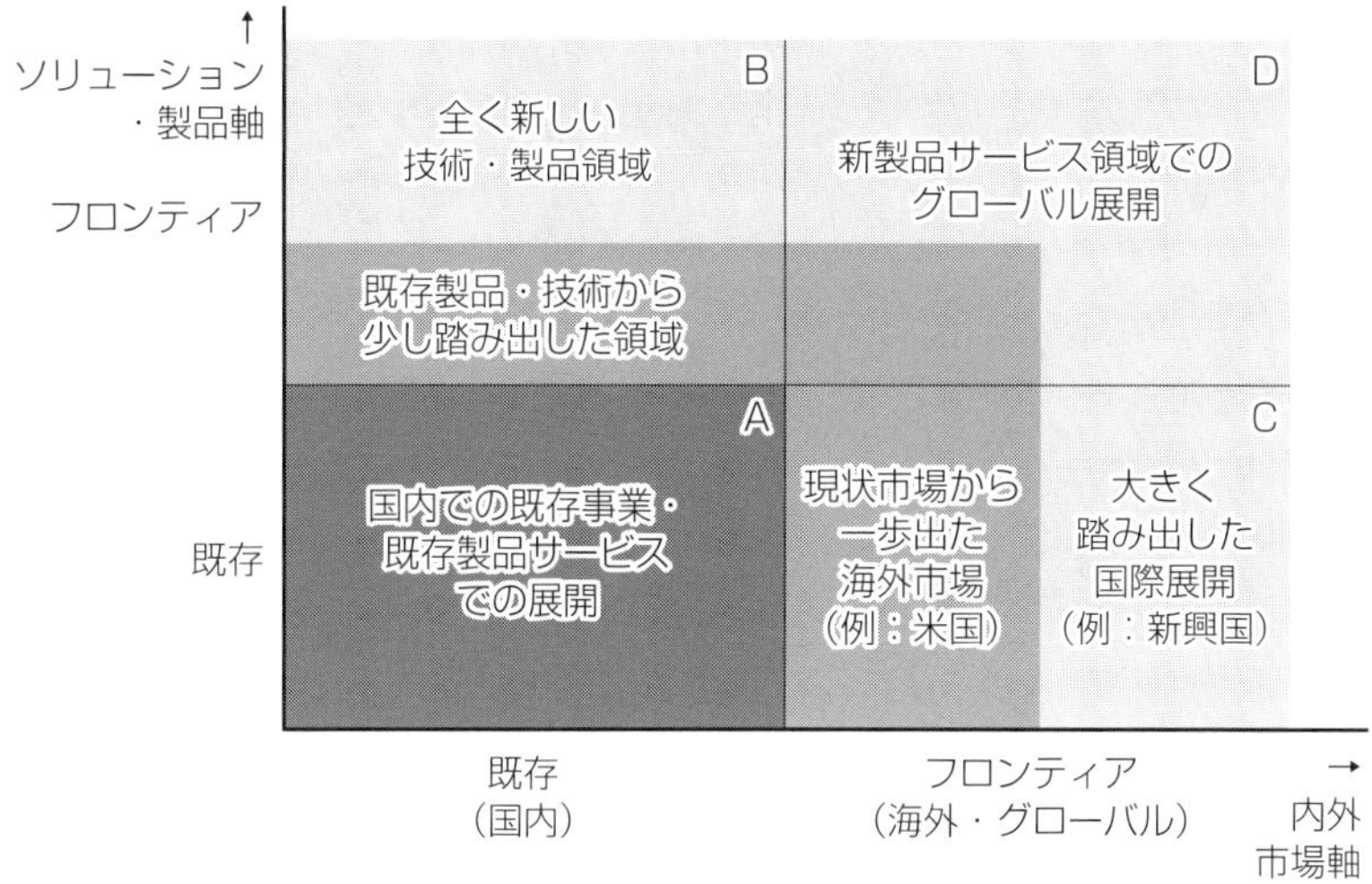

まり簡単に言えば、現状・既存の市場（顧客層）、技術・製品領域での競争力アップ・補強が短期であり、双方とも〝少し先〟を見据えた展開が中期、同様にさらに先・全体を押えにいく展開が長期です。この縦横展開において、よりフロンティア領域へ踏み込む上で、パートナー企業を探索しながら遂行していくことの重要さは、基本的に同じです。技術開発レベルで考えた場合と違う点は、パートナー企業の事業規模です。新規の市場を取りにいくわけで、すでにマーケットで売上実績のある相手と組む、買収先候補にもするという形です。ディールの意思決定も技術開発部門を越えて、よりトップ経営上層部が行います。

4▼製品事業企画・コンセプト形成

では、以上のような外部シーズの戦略的な取り込みを中核とした企業内での事業企画・コンセプト形成は、具体的に全体でどんな流れでなされうるでしょう。方法論的に、そして実際の企業組織も想定して見ていきます。かなり話を単純化したつもりです。

取り組み課題、事業機会の割り出し

現状把握、取り組み課題の精緻化・目標設定

事業企画開発における企画そして実施の過程で、まずは何をやれば良いかを決めねばなりません（図表3-7）。まずもって、現状の正確な把握です。この作業を経て初めて、現状も踏まえた、より的確な将来の目標設定が図れ、この将来像と現状を引き比べて（引き算して）、現時点での取り組み課題が見えてきます。全く当たり前のことです。ここでの現状把握作業も3つでとらえます。①直接の相手方の把握、②トレンドや他社動向などの環境把握、③自社内の把握です。

では、相手の何を知る・理解すべきか。様々な切り口がありそうですが、例えば、(a)現状、何を考え実行しているか。(b)将来に向けて何を考え、いま手を打っているか、と捉えます。そして、(c)その相手にとっての将来像としてどうあるべきか、そして、最終的には、(d)分かち合える将来像（ミッション・シェア）の構築です。

図表3-7　取り組み課題・事業機会の割り出し

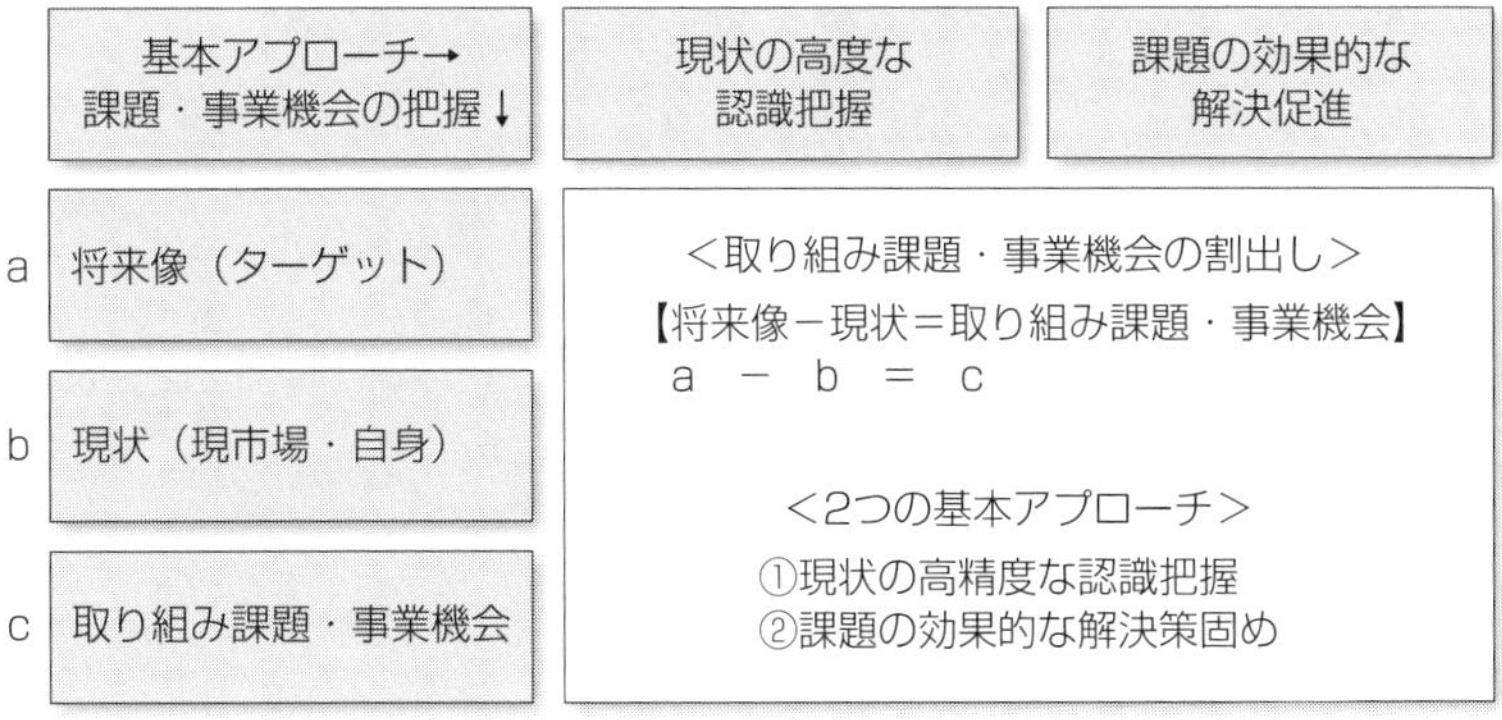

これは、より高く大きい方が吸引力を持ってきます。これこそが、現代の特に世界リーディング企業の方法論です。*13

上記は、顧客ターゲットとしての特定企業ないし企業群を想定した言い方になっていますが、ここでいう「相手」を市場一般と置き換えれば、BtoBtoC（企業→企業→個人）、そしてBtoC（企業→個人）というシーン全体をカバーします。

象徴的には、米国のゴア（元副大統領）が唱えた地球環境問題です。誰が見てもそうだと納得せざるをえないようなビッグ・ビジョンです。もっと身近な体験では、数年前、米国大手IT企業の〝アンケート〟資料に接した時です。自社の戦略・手の内を開示し、「そうは思いませんか」と畳みかける内容で、読んでいて確かに説得力あり、実際、賛同もしたくなるオーソドックスな内容でした。テーマは、「次世代のメインフレームからネットワーク、そしてモバイル端末に至る全体コンセプトのあるべき姿」でした。

そのミッション、ビジョンの共有を「アンケート」という手法で行っています。それも、このアンケート資料を送ってきたのは、その大手IT企業から、ないしその委託（または再委託）を受けた街のコンサルティング会社です。自身では手を下さないでメッシュ（網の目）展開する究極の営業・プロモーション展開モデルです！

この現状把握というキーワードで最近のトピックスから連想されるのが自動運転です。つまり自動車が、従来からのテレマティックス技術の流れで、周辺状況のセンシング、外部とのデータ交信をますます精緻化してきました。そこに最近の人工知能技術、特に中でも、その画像認識技術を柱の一つに持つDeep Learning（深層学習）技術も加わってますますＩＴ化が加速して、自動車が本当に自動で走る時代に突入しつつあります。[*14]その周辺把握そして近未来予知・予測の技術は、ここで論じる「現状の高精度な認識把握」と、その結果、そこから翻って可能になる「より精度の高い取り組み課題・目標設定」への応用を予感させるものがあります。[*15]

事業機会・アプローチの解明

その取り組み課題について自社にとっての勝算把握、さらに勝てる取り組みアプローチの解明です。いかなる技術基盤・製品・サービスがそこで求められるか、具体的に自社にとっての参入余地・可能性はどうか、というビジネス機会の解明・確認します。拡張性や応用性に富む科学基盤技術レベルの知見から、実用性・便利さを追求する個々の機器システム・サービス、広く包括的に生活産業空間を支える社会インフラ等、これらの組み合わせも含めて自社に引き付けた探索解明です。確かに、必要データを入れ込めば、ここでも、少なくとも戦略策定・決定補助役に、ここでもＡＩを動員するアプローチ、その方法論が少し見えてきます。[*16]

技術製品開発機会の解明……「技術企画」

なお、広い意味での事業企画に入りましょうが、テーマがより技術開発寄りになれば、「技術企画」という言い方になります。「自社で開発して目下展開中の技術・製品に関しては我々が一番知っている。問題は、今後何が来るか、伸びるかだ。そのためにいかなる技術開発をしておく必要があるか。自社ないし外のどんなシーズに目をつけておくべきかだ」という内容です。[*17] ここでは、最初の大きな関門が仮説の設定です。「市場トレンド・論調から見てこの辺りか。技術的にはこういうものがあれば」という市場ニーズ寄り発想と、「技術的にはここまでできる。確かにこういうものは創りたい」という技術者側の視点、開発意思から迫る技術発の発想があります。この点は、後述の「6 製品・事業企画の企業内サイクル」で具体的に述べます。

そして、以上の事業機会や技術製品開発の企画に際しては、例えば、また帰納法的な手法に則って、以下のような流れで作業を行います。[*18]

① ある程度の仮説は持ちつつ、そこから先は先入観を捨てて、関連情報を広めに収集する。それによって当初仮説の確認、補修を行う。

② 補修された仮説、つまり精緻化された設定目標、戦略的な筋書に即して、収集された情報の整理統合、情報追加を行う。

③ ターゲット事業・サービス領域の専門的知見を備えて、より現場向けの実用的な付加価値情報にすべく、分析・解析を施す。

事業展開のスピード化

取り組み課題、自社にとっての事業機会、そしてアプローチの方針も見えてくれば、いよいよ待ったなしです。以前から、折に触れて複数の特にシリコンバレーの大手有力企業と、その研究開発手法についてインタビュー・意見交換する機会がありました。各社で共通して伝わってくる印象はこうです。「技術開発の大切さは分かるし、我々自身も当然やる。ただそれは時間がかかる。事業経験・センスも必要だ。この競争時代にすべてスクラッチからやっていては生き残れない」と。そして、「技術は外部から買うもの」と言い切るところもありました。HP（ヒューレッドパッカード）社の系列会社です。HP本体ではない買収先のベンチャー、それもこの子会社自体がどの程度技術開発型だったかにもより、*19 この言葉を一般化して受け止めることはできませんが、彼らの言い分は分かります。研究開発そして事業拡大過程の『スピード化』、そのために最善の手段を選び実行するということです。

では、現実的に研究開発キャパを格段に持っている大手企業側のポジションはどうなるか、何をやるか。浮かび上ってくるのは、研究開発の方向性の検討・立案、その開発の手法検討、そして実際技術の内外からの結集・シナジー形成、その上での事業化全体の促進、ブランディングです。つまり、その開発方針（内容、時間、コスト）で実行するためには、社内社外を問わずに実行に移す。しかも、技術を取りにいく部分は研究開発本部自身で決定し、技術と事業を併せ持つ企業そのものを取りにいく場合は経営トップが決定する。

経営トップの決定は当然として、研究開発本部の決定権、背景にある意識・見識などには関心をそそられま

図表3-8　事業・製品コンセプトと製品開発・生産・販売の相互関係

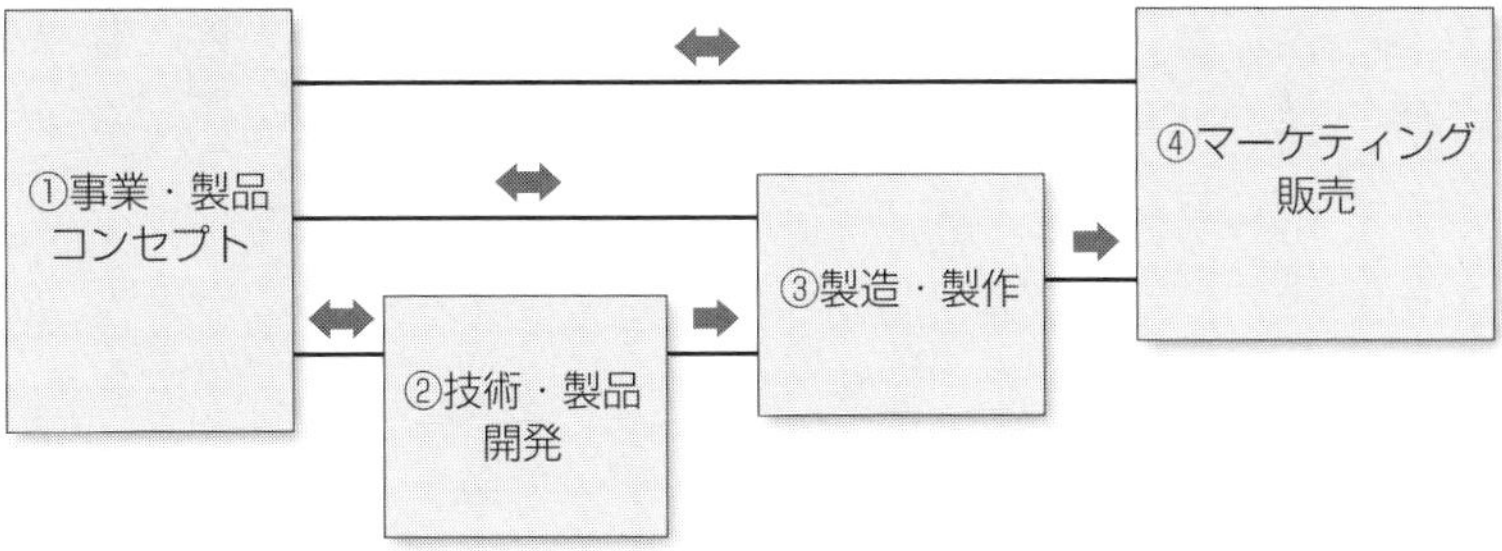

す。もし技術者に、製品・事業企画意識・センスが欠けていると、そのような意思決定はできない。ここでのオープンなイノベーションは、単に社外からの技術取り込みのみを意味しません。社内同士でも当てはまります。つまり、既存の技術（技術者）の存在を認め、なおかつ企業内に現れた、さらに新しい高いレベルの技術領域にも踏み込む場合も意識として含まれます。

ここで、研究開発、製造、販売の基本的な流れを図表3－8に示します。事業展開の全フローとして、上記の複数企業の場合も踏まえて整理を試みたものです。全体の流れはこうです。①内外の知見を合わせて事業・製品コンセプトをまず根本から考えて、②それに沿って必要な技術・製品開発手法を検討しかつ実践して、③この開発成果を使い、元々の事業コンセプトにも照らして製造・製作に入り、④そのプロダクツと、またもや元々のコンセプトと照らしてマーケティング・販売する。結局、この④による顧客・マーケットとのやり取り結果が①に反映されて、さらに②③のサイクルへと再び入る。そして、①と②の過程をより効果的かつ迅速にこなすために、今や自社、国内にとらわれない外部の技術・コンセプトシーズの動員が不可欠になってきたというわけです。

この繰り返し、立ち返り作業は、気が付くと、よく言われるPlan-Do-Check

（計画、実行、点検）型になっています。最近は、この方法による業務の効率アップ、スピードアップ手法もますます充実しています。少しコア概念を挙げれば以下のとおりです。進化細分化してきたＢＰＭ（業務プロセス管理）系手法中心に、一部ＩｏＴ系を含む最近のデータセンシングによるモニタリング、そのデータの収集・解析領域を加えました。意思決定は、最初の実行と再度の見直し段階で二度なされます。この意思決定のためのデータ処理に支えられた最近の方法論、そしてそのための具体的なデータ解析エンジン・ツール開発も目覚ましいものがあります。以下が代表的です。

〈企画段階〉
　事業デザイニング、顧客価値分析、業務工程モデリング、工程シミュレーション等
〈実行過程〉
　業務執行ルール・実行エンジン、ワークフロー管理、意思決定、人的モチベーション等
〈継続フォロー〉
　業務モニタリング、工程マイニング、経過データセンシング、データ集積・解析等
〈改良改善〉
　最適化再実行（オプティマイゼーション）、業務工程リエンジニアリング、意思決定等

図表３‐９は、図表３‐８に関連して、よりＩＴシステム開発に絞り、社会インフラ向けのシステム開発を念

図表3-9　社会インフラ向けシステム開発モデル

（日立製作所）

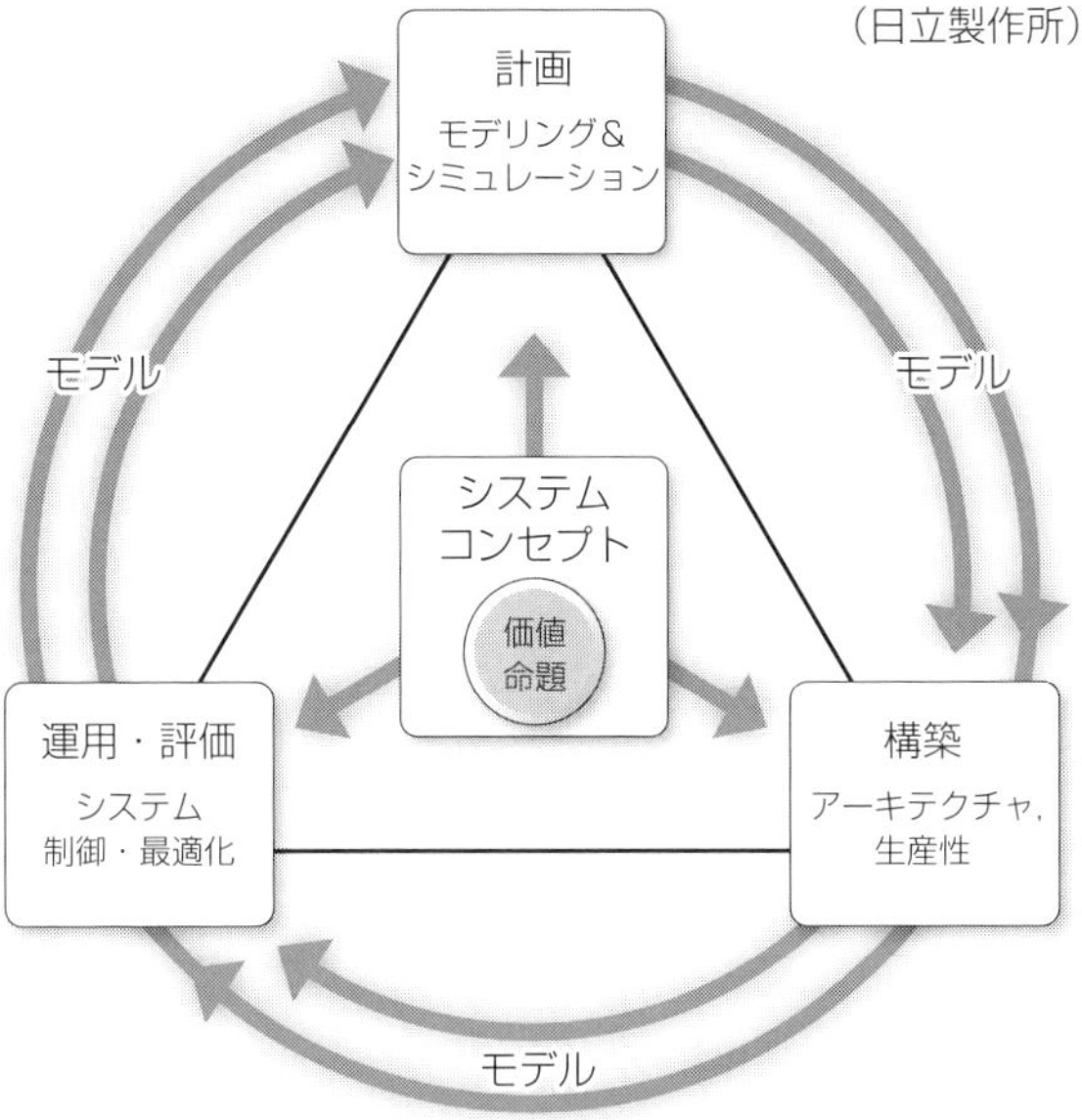

頭に作成された概念図です。「「価値命題」をコアとするシステムコンセプトをすべての中心に据え、計画から構築、運用・評価までのプロセスを一貫して支える技術の体系」です。[*20] 計画（モデリング、シミュレーション）から構築（アーキテクチャ、生産性）、そして運用・評価（システム制御・最適化）と展開し、各段階でシステムコンセプト（価値命題）に照らし合わせながら遂行されます。図表3-9自体は、システム開発における方法論ですが、イノベーション展開全体に置き換えても、そのまま当てはまる内容です。背景にあるのは、事業企画・コンセプト競争、つまりは事業企画戦略の立案・意思決定、実践遂行そして再評価サイクルの競争であろうと思います。

少し経営戦略的な言い方になりますが、特に、いまやっている既存の製品が少しずつ行き詰まり、製品シフト、業態変貌を遂げる必要に迫られている場合は、確かに、それまでの発想を超えて、新しい社会のニーズ・顧客を切り開いていくために、自社内リソースと同時に、外部リソース・知見も果敢に取り込みシナジーを模索することが不可欠です。先ほどのツール群も、そのためのものです。社内外関係ない総動員です。そして、見えない結果を前に、まずは事業展開のスピード化を図り、駄目なら修正します。

最善の解を探し実行していく上で、「ともかく急がないと……」という発想は、内外の様々な利害対立、思惑の交錯を超えて大きな目的に向かって組織を束ねる上で最も要になるでしょう。「スピード経営」は、もちろんよく言われることですが、最近改めて実感します。例えば、十数年前であれば、日本の事業会社における研究開発において、長期計画と言えば、現時点から見て10～20年先ないしもっと長いスパンを想定する場合が普通で、短期は同じく2～3年、中期が5～6年と相場が決まっていました。それがいまは、少なくともITの世界では、急速にそれが短くなり、短期、中期、長期とも各1～2年ずつ、つまり第1章の図表1-3「新興企業の成長・発展テーブル」（各18か月、1年半ずつ）に完全に沿うのが大手企業においても常識になってきた感があります。それだけ、新興企業との連携が前提になってきた、そこでのスピード感こそ、大手・新興企業を問わず、最近の動きの速い時代に適合する唯一の手段となっていると言えそうです。

SWOT分析的なアプローチ

それではここで、経営計画立案の手順例を示します（図表3-10）。まず、基本的な点として、事業展開の

図表3-10　SWOT分析的な点検マッピング

	製品サービス開発	マーケティング
事業機会		
自社強み・課題		
アクション		

基本構成を大きく2つに分けて、①「良いものを作る」と、②「それをスマートに売る」とします。当然に思えますが、「良いものを作れば当然売れる、売れて当たり前」という発想はありがちなことです。良いもの・サービス内容でも、売り方がまずいと実績にならなくて苦労します。つまり、この前後工程を両輪と位置付けます。以下、簡単に述べます。

(a)事業機会の探索：市場トレンドや競合他社動向からオーソドックスに、かつ最新事情を定期的にアップデートします。その際、漠然とではなく、市場の規模や伸び予想などもあればベターです。つまりは、製品やサービスの開発面でどんなチャンスが目の前にあるか。さらに、その開発品をどんな風に売れそうか。ターゲット市場・顧客や販売手法の面です。そして競合分析です。我々が主にチェックするのは、供給側の現状主力ベンダーと新規参入組、そして最新技術の担い手新興企業です。難しいのは、需要側の温まり具合の把握です。[*21]

(b)自社の強み・課題把握：上記同様、開発面と販売面でブレイク・ダウンします。ここでの作業を経て、(a)で見た事業機会から自社向けのものに取捨選択もできます。

(c)実行（アクション）プラン：以上で固まった開発、マーケティング両面での具体的な執行内容を固めていきます。もちろん短期中長期という振り分けにもなりましょう。

5▼フロンティア領域展開の2つのベクトル

それでは、この事業企画・コンセプト力の中身は何か。軸足をどこにおけばよいかです。特に、市場の成熟化や新興国からの追い上げ等で、構造的とも思える業界の不振・沈滞から抜け出す場合には、新規事業の企画・開拓は重要になります。そこまで行かない日常における競争激化、差別化のためも含めて、一歩、半歩先に出ることが、短期に加えた中期計画・アプローチとも言えましょう。そこでは、現状との連続性を重視するのは定石です。ここで少し立ち入りたいのは、この「連続性の重視」という件です。事業展開方針・指針として、以下の3項目を取り上げます。一見、意外なほど平凡かつオーソドックスなものです。Googleも他の項目と合わせて掲げています。

a．顧客のニーズを突き詰めよ

b．一つのことを極めよ

c．速くやれ

これら自体は、ごく一般的に語られ、そこに込める思いも企業によっていろいろでしょう。「言うは易く行うは難し」です。この3つの項目に即して、以下、事業のフロンティア展開というテーマに絡めて、一つずつ、私なりに、掘り下げて考えてみます。

a．顧客のニーズを突き詰めよ：顧客価値の徹底追求

「市場・顧客」概念は、図表3-5、3-6では横軸です。いわゆる、顧客価値（Customer Value）の追求です。常に顧客目線で、だれに何をできるようになるか。その一点に絞って、プロダクツ・サービスのデザインをします。そして、「顧客のニーズを突き詰める」ためには、その相手をよく知る関係に現状あることが不可欠です。つまり、既存の顧客層、主力客です。そのニーズを突き詰めるとは、その相手自身でも気が付いていない領域にわたって、その潜在的・先行ニーズも満たそうとすることと言えます。

それは、当方がまだ持ち合わせない技術製品領域にも及びます。図表3-5を踏襲した図表3-11で言えば、まずA領域（現在の市場・顧客・技術製品）を固め、その上でそこからB領域（技術製品の新領域）へのベクトルになります。事業開発・営業部門で顧客志向が本当に強く、かつ製品開発センスも持ち合わせていれば、このような発想に立てます。この開発部門への投げかけ、すり合わせに成功すれば、技術製品開発における新領域展開になります。これらすべて、顧客ニーズを突き詰めた帰結であり、社内において、事業開発・営業部門が起案し主導するイノベーション展開です。

ところで、「顧客のニーズ」と言った瞬間、顧客からの明確な顕在的にリクエストに忠実になり過ぎ、逆に何も明確に言ってこなかったらニーズなし、として、そこからの思考を止めてしまうことは、忙しい中ありがちです。そこでもうひと押しします。ここでいう真の顧客価値とは何か。

考え方の代表事例を提供する分野に印刷機器があります。プリンター、コピー機器、そのペリフェラル（周

図表3-11　フロンティア領域への展開ベクトル

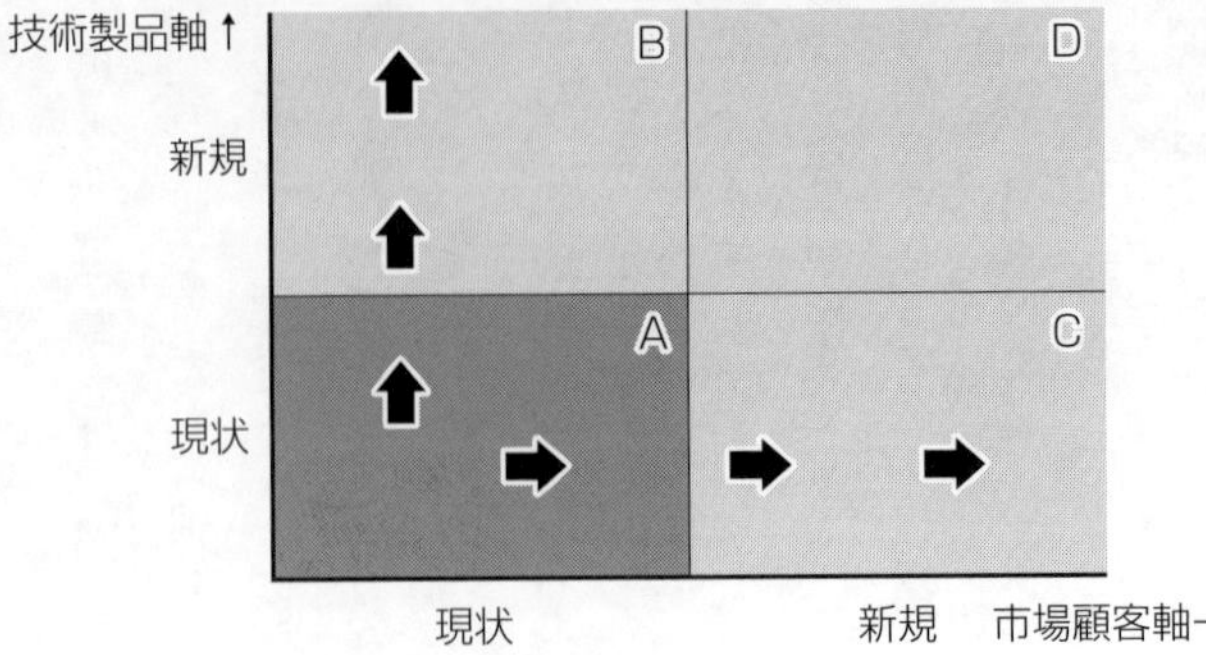

辺機材・プロダクツ）が提供されています。そしてそれは究極的には、文書管理というサービス、さらに広く見れば業務の中での情報・知見の取り込み、共有、発信という重要作業を担っている。だから、プリンター機器メーカーとしての今後の一つの大きな事業拡大の方向性としては、文書・コンテンツ管理ソリューションや、ノレッジ管理、データ情報管理、そのためのコンピュータや人工知能の駆使サービス提供等々と広がる。そのような発想に立ち技術製品サービス開発をするのが、顧客価値追求（Customer Value Proposition）ということになります。常に「背景にあるものは何か」に立ち返る。他社（他者）とミッションを共有する際の基本的アプローチでもあります。

つまりそれは、発想における物理的な「もの」からの解放も意味します。いまのGoogleやFacebookといった大学と企業の中間体のような存在は、元々ものから出発していないだけに、上記でいう顧客価値の突き詰めがベース、出発点にあって、Google-Xのような自由自在な発想の原点、基盤になっているとも理解できます。本書で想定するイノベーション展開の主要対象は、それよりはもっとハードウェアを踏まえた、それとITインフラ、専門サービス領域ですが、考え方は相通じる部分を潜めています。

b. 一つのことを極めよ：一点集中主義

他方、「一つのこと」とは、言うまでもなく、技術・製品でもサービスでも、一つのプロダクツということです。つまり、「一つのことを極める」とは、この場合、いま手がけている既存プロダクツ内容を、より多くの人、顧客・市場に広めること。図表3-11では、A領域、そしてそこからC領域（市場・顧客の新領域）へのベクトルになります。つまり、ある技術・製品開発に傾倒して、「社会的にはこういうもの（技術・製品）は絶対必要で、より広いマーケットに訴えるべきだ」というミッション意識も伴いながら、C領域に自然体で踏み込んでいく形です。これは明らかに、技術・製品開発部門が、ビジネスセンスを持って、新事業・顧客市場開拓を考え同じく主導する形です。R&D部門の人が、技術開発のみならず、事業感覚も備えてものを考え、事業部門に積極的に投げかけることを指します。

c. 速くやれ：スピード経営

これらを「速くやる」ということは、各ベクトルの伸び方を速めることです。さきほど述べたとおりです。その結果、B領域、そしてC領域での経験実績の積み上がりも早まり、結果的に、元々一番遠くにあった技術・製品、顧客・市場ともに新しいD領域でのプロダクツ力と事業展開力も、地続きの形でより速く備わっていく、という形になります。図表3-5、3-6で当初のA領域からの事業展開が、加速度を増してD領域をもカバーしていく。付言すれば、以上のことと、戦略投資・M&A等によるいわゆる落下傘展開を組み合わせればD領域展開はより強力になります。後者の空軍手法の方は、企業組織の中では、直接的には経営企画や技術・新事業企画部門の腕の見せ所です。

以上では、新技術・製品開発を起案するのは事業・営業部門で、新市場・顧客開拓を打ち出すのが技術・製品開発部門、さらに、これらを全体的によりドラスティックに遂行するのが経営・事業企画部門になっています。三者が一方的な関係ではなく、お互いが最も腐心する領域に、全く違う対極アプローチから積極的に関わります。その結果、開発部門は、技術シーズ発のみに陥って、例えば顧客ニーズから乖離《かいり》した作り込み過ぎリスクから解放され、事業営業部門は、相手先の個別ニーズ把握に加えて、技術トレンドや開発発想を持って顧客に臨み、潜在ニーズやその業種セクターに共通する製品サービス提供発想にも至り、営業に深みと拡張性が増しましょう。そして企画部門は、単なる調整役や、単に現場からかい離し浮いた存在から解放されて、格段に実効性を上げられます。

また、これらのフロンティア展開過程（a、b、c）では、「フロンティア領域」イコール「新規」の事業展開と特に意識する必要はなくなるということでもあります。その方が、社内各ポジションの強みも生かせ、モチベーションも高められ、相互のシナジー形成もスムーズかつ効果的になります。そして、何より、生み出されたプロダクツは、顧客に対して説得力を増します。

6▼製品・事業企画の企業内サイクル

最近は、技術企画部という名刺をよく頂きます。従来以上に、技術開発においても事業感覚重視、という流れと拝察します。先ほど述べた製品開発とビジネス感覚の融合です。それは、事業部・営業部門側にとっての製品開発センスということでもありました。ここで、これまで述べてきた製品サービス・事業企画を行う際の、社内でのフォーメーションを整理します。それはつまりイノベーション展開、新陳代謝実現のための方策です。

事業展開において、新陳代謝といえば、フロンティア技術・事業領域に踏み込む場合が当てはまります。ここではそれを、「ニーズ発」と「シーズ発」で整理します。つまり、製品企画やサービス提供モデルを考える際、図表3-11「フロンティア領域への展開ベクトル」に絡めて整理します。顧客・市場、従って事業部・営業部側の要求として「今のお客さんに技術的にこんなことまではできないか（同図表での「A→B」ベクトル）」という部分と、技術開発側から「他のお客さんにもこの技術・製品は提供できる（同「A→C」ベクトル）」という部分との持ち寄り作業です。例えば、スマートグリッドは、太陽光発電のように、材料技術に代表される再生エネルギー技術主導というシーズ発の部分と、定期的に起こる停電（電力供給を調整せざるをえない事情）対策というニーズ発との両面を持っています。現にカリフォルニア州では、季節ごとに他州との間で電力融通もしながらやりくりしてきた、そんな現実が出発点になっています。以下でコンセプト形成の方法論をまず整理します。

リニア・サイクルモデル

ハードウェア、それもハイテク系エレクトロニクス・IT領域では、「技術の事業化・産業化」の過程では、従来から、「技術開発↓汎用製品開発↓個別機能・アプリケーション開発↓カスタマイズ・量産」という流れのもとに、主にリニア（線形）モデルとして位置付けられ、実践されてきました。そこでは、基盤技術開発がまずあって、その実用化・用途開発がその後にくるというテクノロジー・プッシュ型が主流です。文字通り「技術」の事業化・産業化です。[*22]

同様に、個々技術の事業化・産業化がプロダクツ段階を跨いで展開されていく「プロダクツ（製品・サービス）の高度化」のプロセスにおいても、「基盤技術、材料・モジュール、機器・装置、システム・サービス化、社会インフラ化」というそのプロダクツ段階をリニアで理解し実践するのは実態に即しています。この領域で実際開発をやっている企業の方々の意識も同様です。

これに対して、ソフトウェアや最近ますますウェイトをますますサービス提供領域では、顧客・市場のニーズは即プロダクツに反映させせないと間に合わないし、上記のハードウェア領域と比べれば実際それができやすい。そこでは、需要サイドこそがプロダクツ開発をけん引していくとするデマンド・プル的発想が強いです。そうした動きは、最近のP2P（Person to Person）、パーソナルX、SNSといったトレンドによる双方向、相互対話型手法に沿って、開発者とユーザーとの直接的対話が容易になったことでさらに拍車が掛かっています。これは、リニア・モデル型に対して、ITソフトウェア、サービス提供領域への産業構造シフトを移した非リニア型のトレンドです。最近では、技術・知見を自在に持ち寄るオープンソースでのプラットフォーム型ソフトウェア開発手法が象徴的です。

この辺りのインターフェース性は、物理学では「サイクルモデル」(Cyclical Model) とも言われているようです(スタンフォード大学資料)。そこで、この非リニア型を仮にサイクル型としましょう。この場合、企業はまず顧客からのニーズを受け取り、そして開発生産に取り掛かる。しかもこれによって提供される製品・サービスは、顧客との対話を繰り返しながら改善・改良される。このプロセスは、まさに日常行われているコンシュマー顧客向けの製品開発改良であり、法人向けのカスタマイズド・システム開発的です。

そして、最近は特に、ハードウェアとIT・ソフトウェア、サービス領域との融合が進む中、上記2つの概念、リニア型とサイクル型も融合しつつあります。そのことをリニア・サイクル型とします。それはすなわち「時系列的にリニアで進んでいく開発段階の各フェーズで、その都度、市場ニーズに立ち返る」というスタイルです。実際の開発工程に則して言えば、例えば、開発本部と営業本部の情報共有によっていっそう促進されましょう。整理すると、①ハードウェア寄り(半導体、エレクトロニクス系、コンピュータ、通信ネットワーク系等)ほどリニア・モデルにマッチし、ソフトウェアやサービス提供系はサイクルモデル的です。また、②改良型の製品開発段階ほど、当然技術積み上げ型、リニア型で、量産・量販、加工・改良段階は、顧客のインターフェース過程が重要になり、よりサイクル型となる。

以上のことを、冒頭で述べた「ニーズ発」「シーズ発」情報・知見の取り込み過程と照合するとどうなるか。まず、「開発段階の各フェーズで、その都度市場ニーズに立ち返る」となります。図式化したのが図表3-12です。

図表3-12　リニア・サイクルモデル

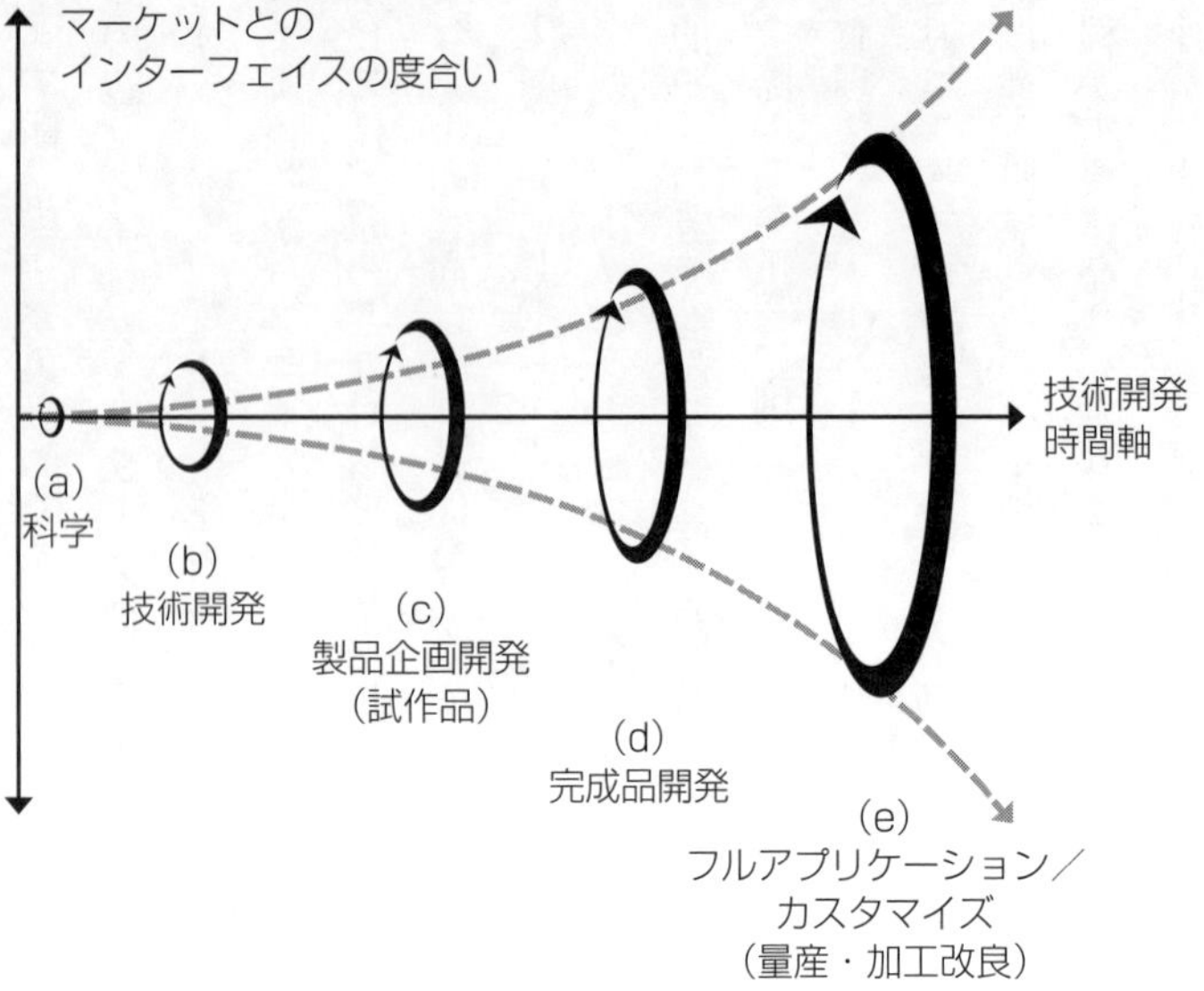

基礎研究（科学）段階から、製品開発、事業化（販売初期）、産業化（量産量販・加工改良）の各段階に進むにつれて、市場との関わり度合いを高めていく様を縦軸（上下）にしました。最終的にフル・アプリケーション、カスタマイズ（特注品）開発過程を考えれば分かりやすい。横軸は技術製品開発の段階区分です。まずはエレクトロニクス、それに関わるＩＴ領域での研究開発過程を想定しています。この分野の新興企業に対するＶＣ投資、企業育成プロセスも、この開発段階区分・流れの中で展開されています。

バイオ・創薬プロセスの場合にも相通じます。遺伝子解析や分子構造分析などのバイオ基礎研究段階は研究室、実験室の過程で、これが実際の創薬プロセスに入ると、患者に関する基礎的データの収集が行われる。そして、臨床試験段階になると今度は実際の患者、その予備軍へと広がり、ある意味でのマーケットとのインターフェース段階に入る。薬として売り出された後の副作用事例から改良を加えていく過程では、特にその色合いが濃くなる。全体を見ると、通常の場合、徐々にマーケットとのやり取り度合いを増していきます。

他方で、例えば科学技術や基礎研究段階での発見・発明が直接社会的に貢献していくように見えるケースも稀にはあります。iPS細胞、その周辺の再生医療、超電導材料などがそうです。[*23]ただその場合でも、市場に本格的に出ていく製品開発過程では、幾多の開発・プロダクツ工程を経て、かつ各々段階で事業モデルも構成します。

以上のことをシリコンバレーの代表的な企業向け研究開発機関の一つであるPARCで私から簡単に説明した際、基本的な概念整理面は即座に同意してくれた上で付言されたのは、彼らはこの図で、(a)科学はまだしも、(b)(基礎)技術開発や(c)製品企画開発の段階からすでに、(e)フルアプリケーション・カスタマイズ(量産・加工改良)段階と同程度に、特に最近は顧客との意見交換・摺合せに力を注いでいる、とのことでした。つまり、全体でラッパ型ではなくカマボコ型に近くなると。製品企画の上流に伝統的に強みを持つ、つまりはその段階からの顧客との本格検討に実績あるPARC(その時は、そういう説明でした)らしい示唆です。

それとは別に、応用科学領域から直接マーケットに大きな影響を及ぼすという、典型的な破壊的イノベーションモデルと思われる場合は、応用科学・基礎研究段階から現場と直接やり取りするカマボコ型が目指すべきモデルになりましょうか。再生医療(皮膚移植、角膜再生等)などの事例はよく紹介されるところです。

図表3-13　シーズ・ニーズ取り込み型の開発過程

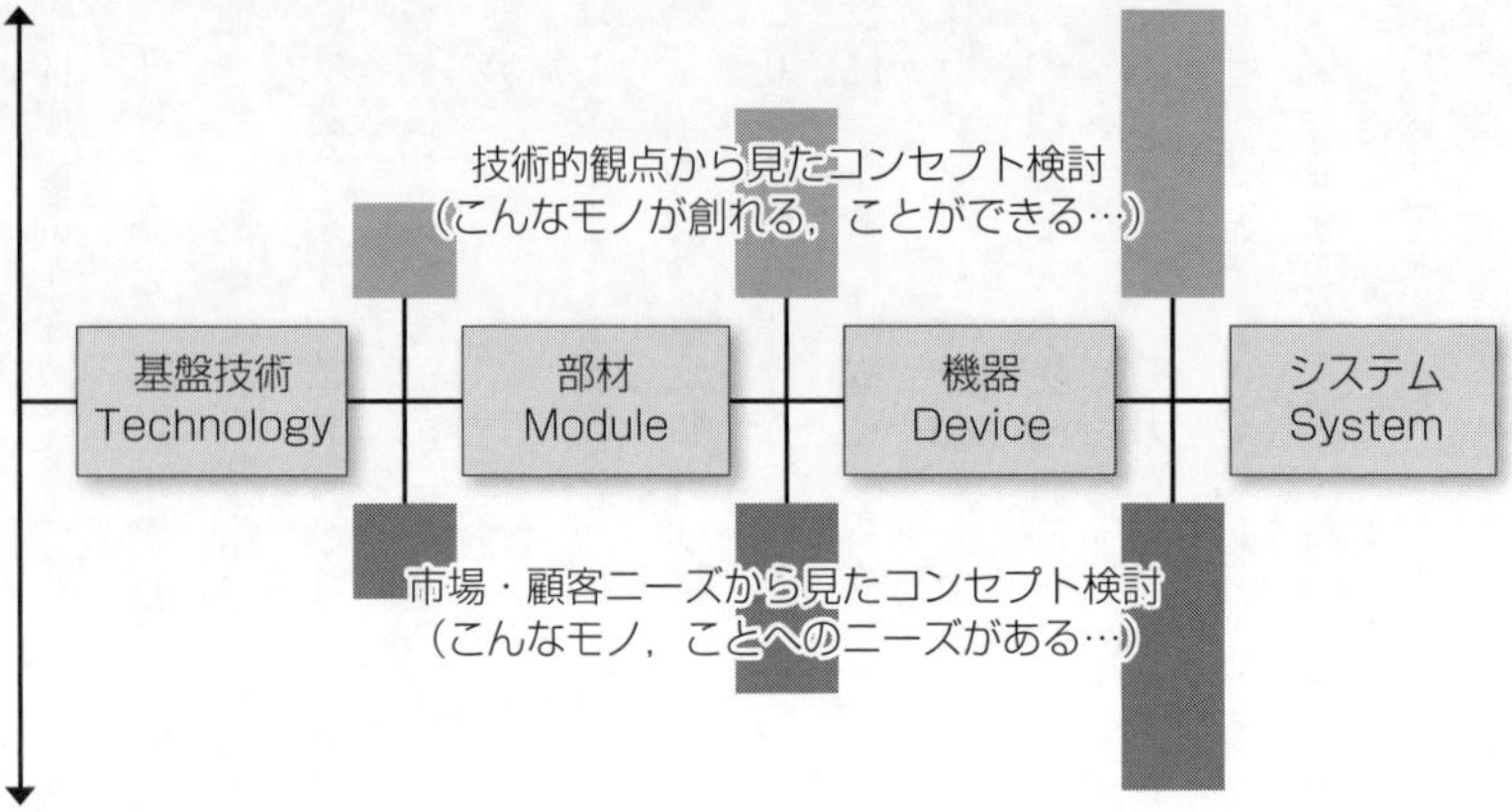

技術・事業企画検討フォーメーション

図表3-12と全く同様の考え方で、図表3-13は基礎的な技術（コア技術）から部品、機器、そしてシステムへとプロダクツが大掛かりになっていく開発過程をより現場に即して図解したものです。シーズとニーズの双方取り込み型の開発過程です。

つまり、あるコア技術から特定のコア・プロダクツ（部品・部材）を作る際、まず①開発側として、技術的な観点から見た達成可能な製品性能、それに伴う製品コンセプトを追求します。「ここまで技術的に達成可能になったからこんな製品に使える」という形です。シーズ発です。他方、②事業部側は、有形無形の市場・顧客ニーズからコンセプト可能性を整理します。「こういうものがほしい、ここまで作りこめないか」というリクエストです。ニーズ発。

これら①と②の知見が融合されて、一つの開発段階での製品レベルを上げる、またはさらにこの開発段階を前に（右に）進めて、より拡張性ある部品、機器、そしてシステムへとソリューション（問題解決型）化していく。お気付きのとおり、先ほど述べた図表3-11

に関する説明と符合します。つまり上記の①は、図表3-11の「A→C」に、上記②は、同じく「A→B」に対応します。

基本的にはこうですが、ここで問題があります。開発側にしろ事業部側にしろ、現状のコア技術、市場・顧客ニーズ発想を大きく超える、先取りしたアイディアが中々描けないということです。そのような不連続な発想、潜在ニーズは、顧客側も気が付かない、発信しない。逆に核心的な部分で気が付いているとしたら、外部に漏らすこともないでしょう。そこで、供給側のニーズ先取り・創造力という真価が問われます。これは100年前にシュンペーターも述べているとおりです。でも現実的には、狭く深く技術を極め、特定顧客の特殊ニーズの充足に走る日々からは、どんなにできる人でも現状をそう飛びぬけた発想は難しい。

さらに開発の現場では、「開発段階の各フェーズで、その都度市場ニーズに立ち返る」―これはシーズ側主導です―ではなく、往々にして「ともかく、こういう強烈なうねりが来たから対応しないと」「この規制をクリアしないと」「競合他社のあの製品性能・機能に勝るものを」と、ニーズに迫られて動く場合も多いのは事実です。現実的にこのような内部でのアイディア不足や差し迫ったニーズにどう迅速に、より確実に対応するか。「技術者発想を捨てろ」、「経営ができる技術者を目指せ」ということにも通じましょう。[*24] そして、そこでは確かに一つ、オープンなイノベーション展開は大きな答えになります。全く違った環境で経験を積みモノを考えてきた外部の人間とのオープンなやり取りには大きな意味が出てきます。外部の大学との連携、そして、関連領域の新興企業の厚みが大きく関わってきます。[*25] そしてこのプロセスを主導するのが、経営製品企画部門であることは言うまでもありません。

7 〝引力〟勝負―発信力・ブランド力の大競争時代―

本章の最後に、現在の世界における企業間競争の成否を左右するもう一つの根幹に迫れないかを考えます。それはブランド価値戦略です。①いかに素晴らしい技術・製品開発に漕ぎつけ、また、②いかに素晴らしい事業コンセプトを企画しても、最後にもう一つ大きな課題が残ります。③それらをいかにスマートに市場に、世界に発信するかです。その事業領域でのブランド力でもあります。この3つ目をもって、イノベーションの元々の意味全体をカバーする形にもなります。技術製品開発力、事業コンセプト企画力、そして、市場への発信・ブランド力です。

そして③は、本章冒頭で述べた「オープン・アーキテクチャ」を実現する大前提にもなると考えられます。つまり、良いモジュールが揃って初めて良いオープン展開に繋がります。オープンイノベーションの真の原動力は、周りを引き付ける力にある。ここのタイトルを「〝引力〟勝負」とした所以です。

図表3-14は、世界のブランド企業ランキング（フォーブス：2015）です。このトップ10社でかなり象徴的になっているので、この表で説明します。まず、長年コカ・コーラがトップの常連だったのに、いつの間にか、トップを明け渡し、しかも上位に水を開けられています。単年度の業績の良し悪しや個別要因もありましょうが、最近の趨勢も念頭に置けば、ブランディング価値要因として、この表のみからでも読み取れることが2つあります。

それは、価値が前年比で2桁伸びた企業群から分かります。彼らが共通して併せ持っている要素があります。

図表3-14　世界のブランド企業ランキング（フォーブス：2015）

順位	企業名	ブランド価値（億ドル）	前年比伸び率（%）
1	Apple	1,453	17
2	Microsoft	693	10
3	Google	656	16
4	Coca-Cola	560	0
5	IBM	498	4
6	McDonald's	395	-1
7	Samsung	379	8
8	Toyota	378	21
9	General Electric	375	1
10	Facebook	365	54

それは、①ＩＴドリブン領域にある、②個人・コンシュマー向けという点です。伸び率上位順に、Facebook、トヨタ、Apple、GoogleそしてMicrosoftです。この内、トヨタは、もちろんカンバン方式に代表される総合力という方が正しいでしょうが、電気自動車や自動運転のうねりで、従来以上にＩＴ要素を強めているのも確かです。他のこれらリーディング企業は、ネットまたは携帯機器、またはその双方で個人・コンシュマーに急速に浸透しています。しかも完全に国境のない世界で展開し、ブランドランキングを上げた形です。そう考えると、これら上位企業をここ数年でさらに上に押し上げたであろう背景が一つ思い当たります。中国ほか人口の多い発展途上国です。現に、例えばFacebookへのアクセス数の80％強は、米国外とのことです（フォーブス）。

他方、ＩＢＭはＩＴですが法人向け・プロ向けです。ＧＥも、一般個人にはその産業・医療等での革新的展開やけん引力は見えない部分が多いでしょう。ＩＴ要素を強めつつあるとはいえ、それも法人向け・プロ向けです。図表３-14の企業全部をカバーはしていませんが、トップ企業ブランドの趨勢比較を図表３-15に

図表3-15　企業ブランドの趨勢比較

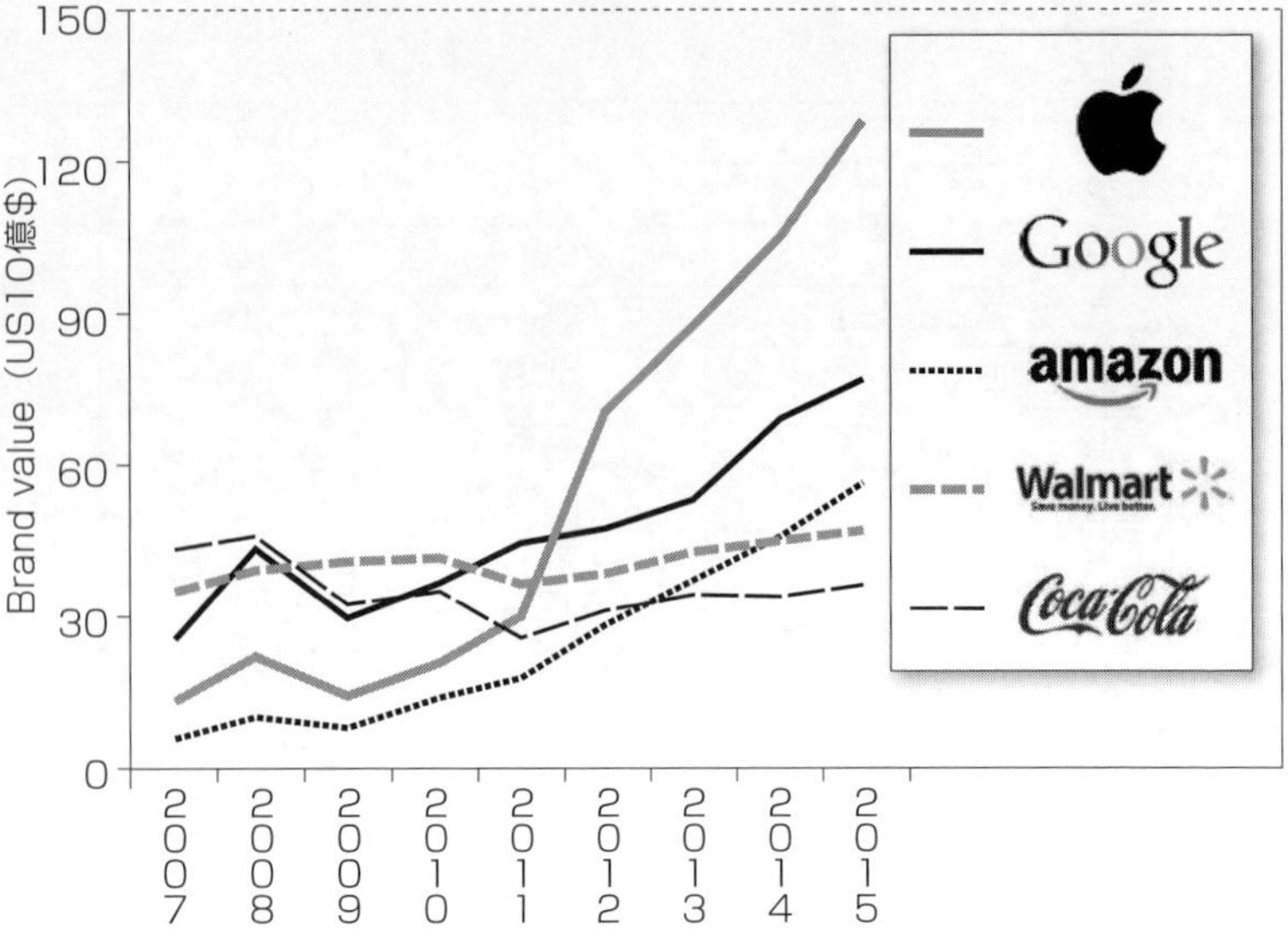

示しました。Apple、GoogleそしてAmazonの伸びに対して、Coca-ColaやWalmartの横ばいには、相対的な劣後が見て取れます[*26]。

個々人同士の直接的なつながり、ネットワーク形成で、個人レベルでも、いまやいくらでも社会全体に関わる問題への価値観は形成されやすくなり、企業の取り組み情報もいくらでも伝播します。そこでの、企業イメージ形成という意味では、従来型の法人向け（閉じたカスタマイズド開発・提案）、個人向けの汎用プロダクツを問わず、製品個々の性能やデザインのみならず、「この製品は良い」から、「それは面白い、大切だ、やりたい」、という価値判断にいかに訴えるかです。手元にある〝もの〟の査定を超えた〝概念〟への賛同です。「もの」から「こと」へと言われる件です。「これ」（This）から「それ（It）」へのシフトでもあります。広告コピー的になってきました。

例えば、〝中国のGoogle〟と言われる百度（Baidu）

を私が遅ればせながら知ったのはつい最近、彼らが、GoogleやApple、Microsoft、Facebook等と肩を並べて、最近、人工知能研究を北米（米国、カナダ）で本格的にやっている流れでです。それは、実際そのような研究開発をやっていて、かつその内容を、目指すビジョン付きで外部にしっかり発信した成果です。Baiduがそのディープラーニング（深層学習）研究から得られる直接的な収益・利益など見えにくい部分です。むしろ、先進技術領域での存在感を世界中に発することからくるブランド価値アップ効果の方が格段に大きいだろうことは、容易に想像がつきます。

また、図表3-14の、変化率上位トップ企業の中でも、Apple、Google、Microsoft、Facebook、そして図表3-15に出てくるAmazonなどの、最近の法人向けソリューション展開は象徴的です。個人向けプロダクツそしてサービス市場から入り、世界中、特に人口が多い途上国の個人もしっかり味方につけながらブランド価値を上げた上で、そのブランド力と資金力、そして人材集積力を武器に、より社会的な大課題市場にも徐々に切り込みつつある、という構図が見えてきます。そのような取り組み自体が最大のブランド形成戦略でもあります。マーケティング、ブランド戦略面でも、急速に法人向け、個人向けの垣根が取り払われつつあります。以下、Googleが未来志向プロジェクトとして世界に発信中の有名なGoogle X[*27]項目です。

〈GoogleX〉
ロボットカー（自動運転車）
ARヘッドマウントディスプレイ

無人配達飛行機のプロジェクト〝ウィング〟
従来の風車よりも効率的な発電を可能とする空中風力発電*[28]
血糖値を管理するコンタクトレンズ
気球を成層圏まで飛ばしてネットワーク接続を提供するプロジェクト〝ルーン〟
人工神経*[29]を応用した音声認識
人工知能の開発

本章の最後に一言。一番分かりやすい説得力ある、もう一つのブランド形成手法についてです。それは、他でもありません、業界・分野、そして産業全体での売上ランキングです。自分の仕事領域以外の世の中のほとんどすべての分野に対して素人である一般の人にとって、最も簡単に存在感を伝えてくれるものは、その業界での今足元での売上ランキングです。特に若い世代から見れば、業界ごとの歴史にはなおさら疎い。その点、日本企業の今後を考える際、相当のドラスティックな合従連衡、業界再編を行って、ともかく、世界のその業界での売上トップクラスにしっかりいるか否か、それが死命を決することは明らかです。その上での国際展開、海外市場でのプロモーション拡充です。そうでないと、国内市場の領分再編、境目変更に終わってしまいます。

インダストリー4・0の件で、ドイツの中小規模企業の国際化がいかに進んでいるかが話題になっています。企業規模に関わらず、国際展開こそが活路となるのは日本企業も同様です。最近、東芝メディカルシステムズ（株）の企業売却の記事で、国内での独占禁止法との関わりという言及があり、違和感を覚えました。医療機器では国内トップの同社売上$3・9 billion（約4300億円：2014年）も、世界ランキングでは22位。トップのジョンソン・エンド・ジョンソンは$28・7 billion（約3兆2000億円：同）です。[*30]

〈ブレイク〉「言葉」から迫る有望コンセプト探し──脳機能・AIの出番──

以前、「世の中にまだない、これから大当たりする製品な何か。かつ、そこで必要になる技術は何か」という某社テーマに預かりました。何とも直球・真ん中ボールです。「今すでにあるものの改良版ではだめ」という付帯条件付きです。私自身で本稿内容まであれこれ模索して、結局、正式提案・作業には至らないで、そのまま数年お蔵入りしていました。

スタンフォード大学やUCバークレーにおける、哲学や言語学と、テクノロジー領域の融合の動きは、2000年頃から肌で感じていました。両大学にその趣旨の講座やコンソーシアムもあり、私も幾度かお邪魔していました。スティーブ・ジョブスもスタンフォード大学のあの有名な講演でそのようなことを語ったと記憶しています。以下の内容もそんな融合領域に入るのかもしれません。ただ、本人（私）的には、ともかく手掛かりはないかと様々足掻いた結果であり、途上に過ぎません。

1．人間行為概念は他動詞

私が考えあぐねて出した一つの方法は、この、今後大当たりしうる、今まで世の中に全くない概念・製品のコンセプト概念、それに相当する「言葉」を何と辞書から探し出すということでした！　技術とは、結局、「人間の機能・行為概念を落とし込んでいくもの」という基本的な考え方は持っていました。米国大統領教書に常連の「人間中心……（Human Centered……）」という科学技術政策の言葉にも馴染んでいました。「人間の機能・行為概念のすべて、できれば、まだ実現できていないものもすべて辞書に載っているかもしれない」。まじめにそう考えました。そこで、日本語辞書と、ついでに英語辞書も買い直して、めくり始めました。そして気が付きました。まずもって、人間の機能・行為の概念は「……である」ではなく、「……する」であるということ。つまり自動詞ではなく他動詞です。完全に国語の復習です。そこでまず、すべての他動詞を拾い上げました。ここではア行のみ記します。以下同様です。

会う、遊ぶ、与える、集める、歩く、表わす、暗示する、言う、生きる、急ぐ、移動する、入れる、受ける、打つ、移す、写す、促す、生む、選ぶ、置く、行う、教える、押す、思い出す、思う、憶える……

では、これらは本当に人間の行為を落とし込んだもののみなのか。各々の言葉がどんな人間機能・行為カテゴリーに入るかを割り振りしました。そして同時に、各人間機能を代替する代表的な技術・プロダクツ概念は何かも整理しました。まず、近い概念の言葉をグループ分けして、最後にそのグループに相応しいこれまた他

図表3-16　他動詞の人間機能カテゴリー分類

●頭脳＝コンピュータ，ソフトウェア	
考える（的確に，速く，深く）	考える，気付く，比べる，感じる，洞察する，予知する，評価する，試す，解る，探る／共に考える，解り合う，探し合う
記憶する（正確に，大量に）	記憶する，思い出す，知らせる，教える，繰り返す，比べる，記録する／知らせ合う，教え合う，比べ合う
計算する（正確に，大量に，速く）	計算する，計る，集計する，検査する，調べる，検索する／調べ合う
促す（ポジティブ判断）	促す，選ぶ，決める，買う，導く，早める，増やす，受け入れる，与える，助ける，強める／同意する，助け合う，共同する，認め合う，選び合う
抑える（ネガティブ判断）	抑える，減らす，禁じる，防ぐ，和らげる，弱める，消す，止める／抑制し合う，防ぎ合う，和らげ合う
●言語＝通信・コミュニケーション	
話す（やさしく，手軽に）	話す，表す，電話する，読む，警告する，答える，説得する，説明する，助言する，伝える，命令する，要求する，示す／話し合う，討議する，伝え合う
●視覚＝デジタル家電	
見る（きれいに，鮮明に）	見る，探す，見つける，透視する／探し合う，見つめ合う，共に見る
●手＝ネットワーク，製造・家電機器	
渡す（早く，しっかり）	渡す，伝える，集める，結ぶ，配る，つなぐ，引く／引き合う，つなぎ合う
作る ほか（速く，うまく）	作る，直す，育てる，握る，触る，取る，投げる，持つ，打つ，混ぜる，固める，掃く，押す，使う／合作する，奏でる，育て合う，持ち合う
●足，脚＝車ほかの交通機器・機関	
歩く（速く，確実に）	歩く，移動する，急ぐ，走る，飛ぶ，運ぶ，登る，跳ぶ，渡る／同行する，伴走する，共に登る，持ち寄る，会う
●全機能・総合＝医療ほか	
生きる（快適に，生き生きと）	会う，遊ぶ，生きる，住む，直す，治す，練習する，泳ぐ，起こす，守る，保つ／共同生活する，共に守る，保ち合う，練習し合う，競う

動詞をトップに持ってきました。これらの作業結果を一覧にしたのが図表3-16です。この表では、人間同士での共同作業・行為も入れています。「共に考える」とか「教え合う」とかです。

その結果、他動詞と人間の機能・行為概念との関連性、その網羅性が見事に浮かび上がってきました。その時の私には、このこと自体かなり感動的でした。また、この図表、何とかしたくなるような汎用プロダクツコンセプトのキーワードが満載で壮観です。

元より重複概念も多い点は勘案頂いて、まずは改めて頭脳をベースにした領域が大きいことに気が付きます。頭脳機能領域は、抽象概念が多く、コンピュータやソフトウェアに確かに置き換わりやすい。また、言語や視覚などの中枢神経系も、最近の人工知能の再発達（自然言語処理、画像認識等）で、より先進コンピューティング領域に組み込まれつつあります。一方、手、足・脚の機能を代替・飛躍させているのが各種の機器・装置、いわゆるハードウェア領域です。また、これらの領域でも他者と連携してことを為す部分では、上記の頭脳領域でのツールやインフラも不可欠になってきたのは最近見てのとおりです。機器同士の連係・連携、データ通信、サービスコラボレーション等です。そして、最後の「全機能・総合」は体全体を使って、または存在そのものとしてことに当る、他者とここでも連携することです。行為するためのインフラ側でも行為連携時でも、やはりハードウェアに加えて、コンピューティング・IT系が組み合わさっていきそうです。

しかしです、他方で重大は事実に気付かされました。これらの言葉がすべて、「人間の機能・行為概念」にリンクしているということは、つまり、そこを超えた、はみ出した言葉はないということです。つまり、「人間は有史以来、自身の体で直接または道具を使って実現・実感できた事象を概念化し、行為動作を表す言葉（他動詞）に落とし込んでいった」という、感心している場合ではない結論めいたものが見えてきました。ちなみに、自動詞は、自然現象・事象の観察結果の表現領域、時に人知を超えた自然科学領域に関する認識概念であるようです。ともかく、辞書には、人間がまだ認識できていない、この世にまだない行為概念を表す他動詞は載っていない、ということです。期待の一つは大きく崩れました。仕事が進まない、いや至らない！　がっかりです。

２．人間機能との関わりで見た技術革新マッピング？

気を取り直して、再度これらのジャンル別になった他動詞を睨んでいきます。主語を人間に置く（人間中心で考える）場合です。個人的に、「物事、常に二元論で割り切れないことはない」、という変なこだわりを持っていまして、この場合、元々人間機能として可能だった内容と、可能でなかった内容、です。

さらに辞書を睨んでいて気になったのが副詞です。他動詞を修飾してくれています。一般には、形容詞は名詞を修飾し、副詞は形容詞や動詞などを修飾します。この副詞で、人間の行為レベルが増幅したり、飛躍したりする様も示しています。つまり、上記の他動詞の２つの概念と合わせると、下記の４つになります。かつ相互に、①→②、③→④という関係です。

①人間が元々できたことを大きく飛躍させた　⇒　②さらに改良・高性能にした

③人間ができなかったことを可能にした　⇒　④さらに改良・高性能にした

そして、これらの中で、日本語の文構造として、③のみが、目的語＋他動詞になっていて、①②④は、目的語＋副詞＋他動詞になっています。もちろん、①は人間の元々の能力を飛躍増幅させている副詞、②は①で達成している機能・機器の性能をさらに高めている様を示す副詞です。③④の関係も同様です。技術革新という視点で見れば、これらの②④には実に様々なレベルがありえ、こちら側からも例えばクリステンセン教授の「破壊的な技術」リスト（第5章図表5-5）にも載るレベルも十分入ってきます。以上の内容のカテゴリー別と、各具体的な技術・製品例は図表3-17です。

では、肝心の「世の中にまだない、大当たりするもの」、「それに必要な技術」の割り出しはどうしましょう。直接的には、図表の①と③のカテゴリーが「世の中にまだない」ものです。それに、②④領域での可能性も加味して、全体を通じて、以下のような概念整理ができそうです。ここでのテーマに対して、望みがありそうな場合がビンゴ（対象）です。

a.「①→②」の領域

人間機能が、すでに機械等に置き換わっている。それによって、人間機能が大きく飛躍し、またはできなかったことが可能になった。

(i)ほぼ完璧に、究極まで置き換わっている場合 ⇩対象外

(ii)まだ一部しか置き換わっていない。今後ますます大きく改良する、革新の余地を残す ⇩対象

↓それは何で、実現にはどんな技術が必要か

図表3-17　人間機能との関わりで見た技術革新内容分類

①人間自身の機能を補強し飛躍させた 「飛躍的に…する」 目的語＋副詞＋他動詞	②さらに改良し高性能にした 「より…に（で）…する」 目的語＋副詞＋他動詞
手計算→飛躍的な速さで計算記憶 =計算機，コンピュータ	大型コンピューター→スパコン，PC，PDA，モバイルコンピュータ
歩く・走る→飛躍的な速さで移動 =汽車，自動車	蒸気機関車，ガソリン車→より速く，手軽に＝電車，電気自動車
泳ぐ→同じく海上移動=船	手漕ぎ船→より高速に進む ＝モーターボート，高速船
文字で書く→よりきれいに多く書く ＝筆，ペン	アナログペン→よりきれいに書く ＝ワープロ，ワード
画に描く→見たものをより正確に写す=カメラ	アナログカメラ→より手軽に写す，記録する＝デジカメ
火おこし→飛躍的に明るくする =ランプ →電球→飛躍的に温まる =ストーブ	裸電球→より明るく省エネで照らす ＝蛍光灯，有機EL 化石燃料ストーブ→より安全に ＝電気ストーブ・電熱器
見る→小さい，遠くのものを見る =顕微鏡，望遠鏡	光学顕微鏡→より小さいものを見る ＝電子顕微鏡
③人間に不可能だったことを可能にした 「こんなことを…する」 目的語＋他動詞	**④さらに改良，高性能にした 「より…に（で）…する」 目的語＋副詞＋他動詞**
空を飛ぶ・移動する=飛行船，飛行機	プロペラ機→より速くに飛ぶ ＝ジェット機
人体を透視する=レントゲン	レントゲン→より鮮明に写す ＝CT，MRI
遠隔で音・文字を送る，聴く・読む =ラジオ，無線電信	アナログ→より広く高速通信 ＝デジタル，ネット
映像・音を記録再生する =レコード，録音テープ，ビデオ	8ミリビデオ→より手軽に記録再生 ＝デジカメ，CD，DVD
遠くで起こっている映像を受け取る，見る=テレビ	白黒TV→よりきれいに見る ＝カラー・液晶TV，HVT
遠くの（そこにいない）人間と会話をする=電話	固定電話→移動時手軽に電話 ＝携帯・ウェアラブル電話
エネルギーを生み出す ＝蒸気機関，火力発電	火力発電→もっと省エネで発電 ＝太陽光発電

b. 「③→④」の領域

元々、人間機能にないことで、機械等に置き換わっている場合と、そうでない場合がある。

(i) 機械等に置き換わっている場合

・aと同様

(ii) 機械に置き換わっていない場合

・厳密に科学的に見てできない場合 ⇩対象外

・同じく、できる可能性はある場合 ⇩対象

↓それは何で、実現にはどんな技術が必要か

ここから先の作業としては、例えば、主語を人間にして、目的語、他動詞、副詞の組み合わせをいろいろ膨大に試みて、意味解析的に、ともかくメイク・センスな組み合わせを探し出し、そこから科学・技術的に追い詰める？　結構、最近よく言われる、自然言語処理の人工知能（ＡＩ）の可能性を感じます。

ところで、技術・製品開発の姿勢として、「目指すところは、『あれば便利』を超えて、『ないと困る』レベルです」という言葉がありますが、図表3-17の各項目は、ほぼすべて、『ないと困る』レベルです。そして、各々をさらに詳しくみると、画期的な発明で達成された部分と、時間をかけ改良を重ねてきた部分との双方があります。今となっては、実に、どちらも有り難いです。

＊注

1　その時期は、確かに、ヘンリー・チェスブロウ『OPEN INNOVATION ―ハーバード流イノベーション戦略のすべて―』（２００４）が出た少し後の頃と合致します。当然ながら、海外ではこのような本は手に入りにくく、仕事をしながらですから、なおさらゆっくりチェックしないのが常です。
2　国領二郎氏『オープン・アーキテクチャ戦略（ネットワーク時代の協働モデル）』の明解なる説明です。
3　青木茂樹氏『最近の研究開発投資の動向』（価値総合研究所 "Best Value", 2013 Summer）参照。
4　ＣＲＯ：医薬品等の臨床試験及び製造販売後調査等の依頼及び管理に関わる業務（受託業務）を委託者（治験の依頼をしようとする者または製造販売業者）から受託する企業。
5　ＤＩＣＯＭ：医用画像のフォーマットと、それらの画像を扱う医用画像機器間の通信プロトコルを定義。
6　ＨＬ７：病院内の患者の情報、検査オーダー、検査報告などを交換するための規約。
7　第1章の図表1-4、6を受けて、その最上段に小さく示した因子部分をクローズドアップしたもの。
8　「データバリューチェーン」については、第4章参照。
9　プロダクツの高度化：第1章で、システム化、社会インフラ化志向、社会ニーズ創造・企画志向について述べた流れです。
10　氏家豊『事業企画・コンセプト力の時代 ―「技術＋コンセプト」で日本企業はフル稼働する―』（２０１０）参照。
11　『産業革新の源泉』（原山、氏家、出川）の第4章「イノベーション・エコシステム」（シリコンバレー・モデル）に、実際の各M&A事例内容の説明があります。
12　クレイトン・クリステンセン著『イノベーションのジレンマ』参照。
13　Carmine Gallo, *The Innovation: Secrets of Steve Jobs,*『スティーブ・ジョブズ 驚異のイノベーション』の第

5章「ビジョンをシンク・ディファレント」冒頭に、「小さくまとまった計画など立てるな。そんなもので人の血は騒がない」ダニエル・ハドソン・バーナム（建築家）の言葉があります。

14 Deep Learning：従来からの機械学習（Machine Learning）の範疇で、より、人間の幼児期知能発達モデルに近い。人工知能技術のブームとして60年代、80年代そして今回と、第三波を形成しつつあります。

15 この点は、同じくDeep Learningのコア技術であるニューラル・ネットワーク技術や、データ処理の領域でいう非構造データの膨大処理技術なども加わって、今後の研究開発が期待されるところです。

16 主に北米で開発が進みつつある「意思決定・判断補助」ツールの展開が注目されます。

17 本章の〈ブレイク〉「「言葉」から迫る有望製品コンセプト探し」のテーマ設定がまさにこれです。

18 これは、第4章の図表4-1「データバリューチェーン」に通じるものです。

19 経営者が偶々ビジネス系の人物であれば、会社全体のスタンスも事業開拓重視になりえます。

20 『日立評論』２０１１年12月号より。

21 クラッシックな教科書で代表的なのが、マイケル E.ポーター「競争の戦略」です。競争環境の分析では、「新規参入の脅威、業者間の敵対関係、代替製品・サービスの脅威、買い手の交渉力、売り手の交渉力」とあります。需要側の件は、第1章の〈ブレイク〉「新しい展開に向けた土壌つくり」も参考まで。

22 第1章図表1-6の「イノベーション・マトリクス」の同一プロダクツ段階における縦軸。

23 第1章の2つのイノベーション・マトリクス（図表1-4、6）で、応用科学（工学）フェーズからの成果因子②が、その後の各工程にも飛来する部分がこれです。

24 大阪ガス実践的ＭＯＴ研究会著（永田秀明氏監修）『技術者発想を捨てろよ！』参照。

25 Langdon Morris. *Permanent Innovation.* ランドン・モリス『イノベーションを生み続ける組織』参照。

26 ブランド・ファイナンス社資料「Global 500 2015」。

27　Googleの機密施設によって、次世代技術の開発を担うプロジェクト。

28　空中風力発電：「上空で受ける強い風をプロペラで発電し、電線を通じて地上に電気を送る。飛行機を旋回させる事で普通の風力発電と同じ働きをさせようとするもの。試作段階ながら、その発電能力は、通常の風力発電機の2倍以上なのにコストは半分以下になる見通し」とのこと（Googleが買収したマカニパワー社発表）。

29　人工神経：人工ニューロン（英：artificial neuron）とも言われ、人工知能において、生物学的神経を参考にして考案されたニューラルネットワークを構成する基本単位。人工神経は一つ以上の入力を受け取り（一つ以上の樹状突起に相当）、それらの総和から出力（シナプス）を生成する。通常、各ノードの総和には重み付けがされ、活性化関数（英：activation function）もしくは伝達関数（英：transfer function）と呼ばれる非線形関数に渡される（ウィキペディア）。

30　http://www.mddionline.com/article/top-40-medical-device-companies

第4章

データ・IT・システム基盤

本章では、企業にとっての新陳代謝・イノベーションを支える基盤としてのITを考えます。イノベーション・ドライバーズ第2弾です。第1章のイノベーション・マトリクスにおける〝横軸マトリクス〟発想、そしてITを駆使して競争戦略を展開する第2章の内容を受けています。最近の目まぐるしいIT周辺のうねりの背景をなす基本的な考え方・方法論の解明です。キーワードは顧客価値のまっとうです。そして、ITにおけるデータ処理フェーズ区分を、この顧客価値を漏れなく実現するためのベンチマークとすることもできます。狭い領域での部分最適を、掲げるビジョンにより近い全体最適に押し広げるものでもあります。

1▼ データバリューチェーンと顧客価値

第2章で、ハードウェアとITの融合トレンドを述べました。では、その融合を裏打ちする、製品・サービスの企画段階で、常に立ち返れる価値基準は何か。この点で、目下、最も重視されている概念が「顧客価値の最大化」です。これ自体は言われれば誰も否定できない基本的なテーマです。再度いま重視されています。他方で、デジタル化に貫かれたITの世界では、データバリューチェーン（Data Value Chain：データ価値連鎖）というプロダクツ価値フローがあります。[*1]

データ処理プロセスは基本的に、「データを集めて、処理して、組み合わせて、分析した上で、実用に供する」という流れです。各データバリューチェーン段階に対して、データ処理とサービス提供の流れを一般化して描くと図表4-1のようになります。[*2] この中で、流れ図の下側は、データそのものの処理加工段階とその後工程への伝達フローです。そして上側ですが、実際のITサービス現場では、上流データの収集以降、中身によって、各段階に

図表4-1　データバリューチェーン

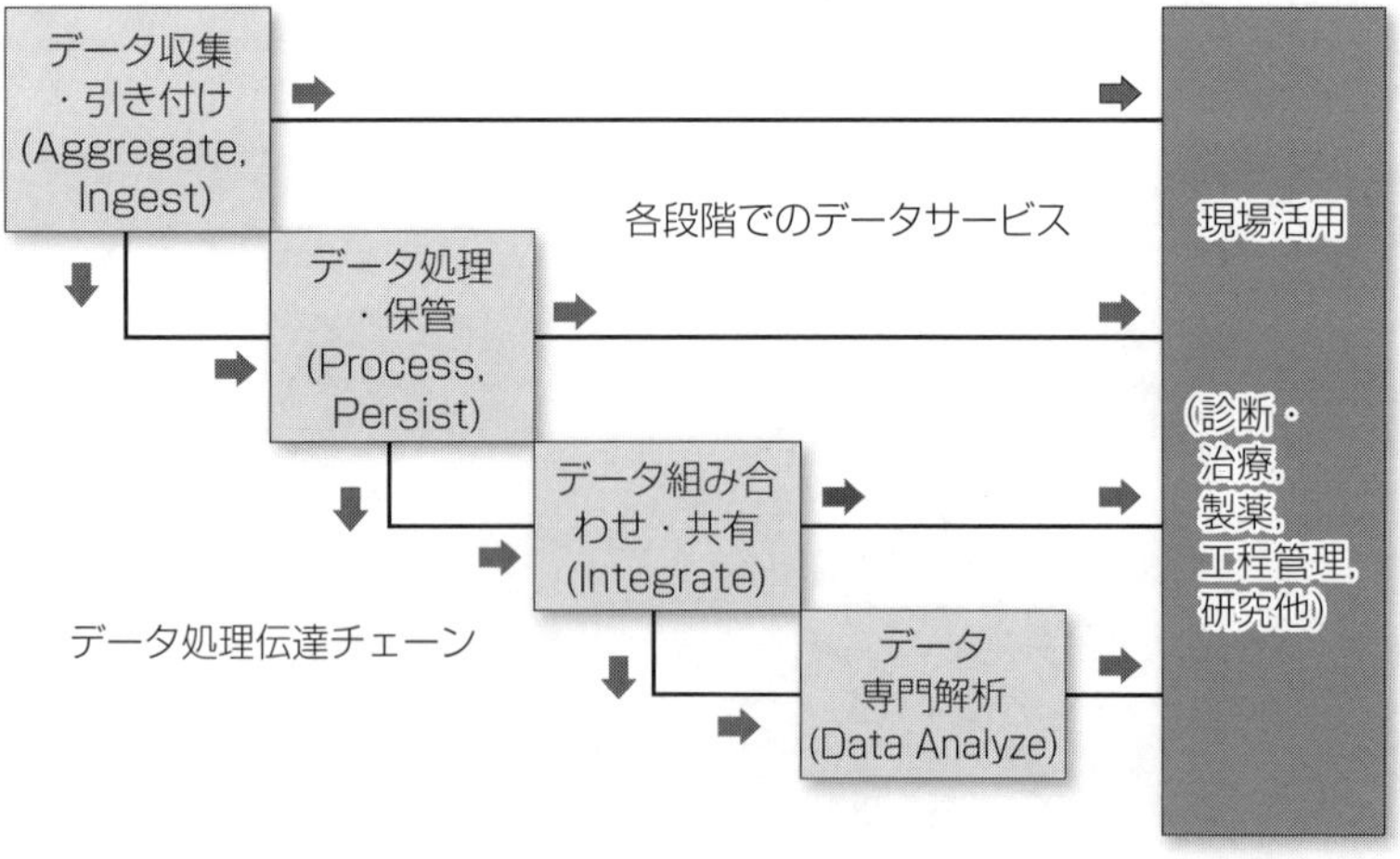

応じてデータサービス提供形態が様々ありえることを示しています。

そして、プロダクツ提供において、データ処理フェーズの違いを確認し合うことで、各々の最終顧客との距離感、立ち位置が分かりやすくなり、全体のプロダクツ提供（事業サービス）モデルが描きやすくなると同時に、企業間も含めた相互の連携もしやすくなります。逆を考えれば明らかです。各自でこれらデータ処理フェーズのすべてを自身でやろうとする企業内、企業チームの間にシナジー効果は決して生まれません。[*3]

ちなみに同じ流れを、データサイエンスのさらに精緻な過程として細分化したものが図表4-2です。[*4]

図表4-2　Predictive modeling process

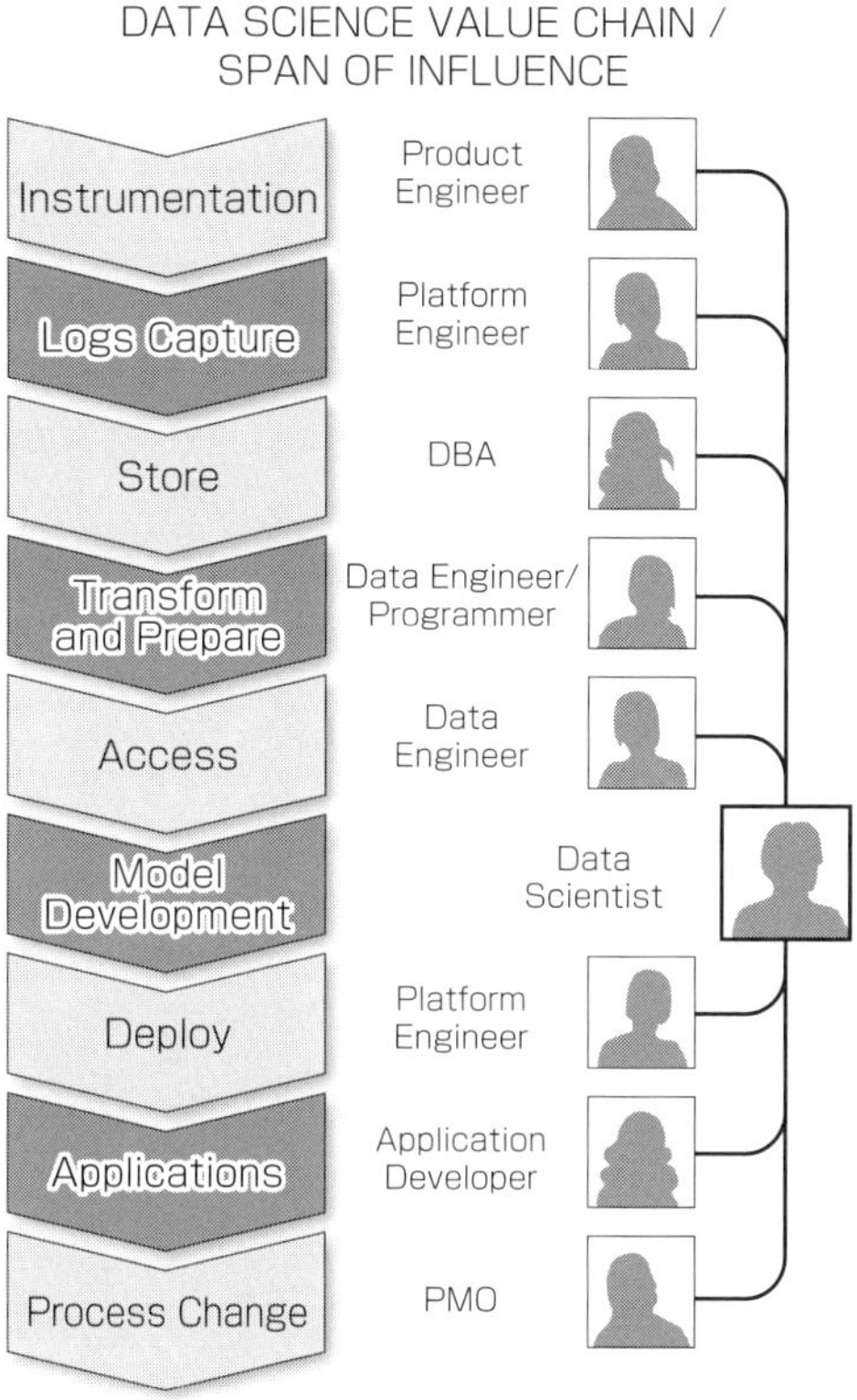

物事に対してより早めに手を打つ〝Predictive modeling〟（予知的なモデリング解析）のデータサイエンス・バリューチェーンです。ここでの議論は、そのビジネスフィールドです。

なお、ここでいう〝データ〟は、即、厳密な意味での〝ビッグデータ（大量・膨大データ）〟とは限りません。この点は重要ですので、以下、簡単に整理します。まず、IBMの〝Watson〟（超高速データ処理コンピュータ）に象徴されるデータITベンダー側がいうデータ処理能としてのビッグデータです。その最近の飛躍が、ディープラーニング（深層学習）に代表される最近の人工知能の進化・再ブームをもたらし、その延長線上で、「こんなこともできそうなんです」、という流れです。往々にして、こちらが先行します。ＩｏＴという、「世界のモノをすべてつないでデータ処理に持っていく」という、途方もない発想自体、このデータ処理能、併せてストレージ能の飛躍があって湧き上がってきた面は大きいと思われます。ここまでが、図表４-１の工程で言えば前半の、よりＩＴ領域です。

他方で、同図表の後工程、より専門性を帯びた現場においては、少なくとも日常業務では、正確な意味でのビッグ（膨大）データ解析に立ち返るというよりは、もっと常日頃馴染んでいる業務フローに根差した勘所データ・情報のキャッチ・収集と即時の判断の連続です。保管の都合もあって、必ずしも後々までそのデータを残すとは限りません。むしろ、特に専門サービス領域では、そのピンポイントでどんなデータが今は必要か、ということの見極めこそが決め手にもなります。例えば、目の前の患者の診断が最も分かりやすいでしょう。

また、同じ病気でも、感染症などの公衆衛生（ポピュレーション・ヘルス）領域では、逆に、匿名ベースの不特定多数データの解析が大変有効であることは、最近マスコミでもよく取り上げられるとおりです。消費者行動分析なども同様です。それに、航空機やブルドーザ、各種事務機器などにおける機器・部品のデータセンシングから、足元の機器資産管理や近い将来の修理必要性などを予知し、早めに対応する、といったデータ解析の各論がますます加わってきました。自動運転における周辺との距離確認や近隣情報の即時収集、遠隔情報交信（テレマティクス）などもそうです。図表４-１の後工程のアプリケーション創出が加速してきました。

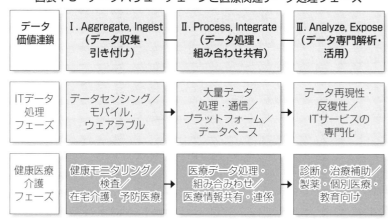

図表4-3　データバリューチェーンと医療関連データ処理フェーズ

データ価値連鎖	**Ⅰ. Aggregate, Ingest（データ収集・引き付け）**	**Ⅱ. Process, Integrate（データ処理・組み合わせ共有）**	**Ⅲ. Analyze, Expose（データ専門解析・活用）**
ITデータ処理フェーズ	データセンシング／モバイル，ウェアラブル →	大量データ処理・通信／プラットフォーム／データベース →	データ再現性・反復性／ITサービスの専門化
健康医療介護フェーズ	健康モニタリング／検査／在宅介護，予防医療 →	医療データ処理・組み合わせ／医療情報共有・連係 →	診断・治療補助／製薬・個別医療・教育向け

そこでは、そこそこのデータ量処理と、もう少し多くのデータ、ITインフラもさらに関わってくる大量・膨大データは、境目なく入り混じり、ITとハードウェア、サービス提供も混在しています。構造化データと非構造化データという面もあります。[*5] 以下の話でいう〝データ〟フローは、その局面における各々の厳密な意味と同時に、少し離れて、業務における付加価値の流れとも位置付けしていきます。[*6]

以下、再度図表4-1で話を進めますが、これが医療における健康管理や症状モニタリング、画像診断など、また環境エネルギー領域でも環境監視、省エネモニタリングなどの局面で、実によくフィットしていきます。それは、社会的テーマへのIT／エレクトロニクス技術・機器システム、そしてサービス提供によるアプローチです。のみならず、そこでは新しいハードウェア領域が創発されつつあります。具体的なテーマ解決に向けて、ハードウェアはソフトウェア・システム、さらにはサービス提供モデルとトータルで組み合わせて「デザイン」されています。つまり、データバリューチェーンに応じて、より深く「顧客価値の提案」（Customer Value Proposition）内容が検討され提供されていきます。図表4-3は、図表4-1をより医療分野に絞って整理したものです。患者の状況と実際のデータ処理内容の連動の様子を表しています。以下、そのフェーズごとに説明します。

健康医療データの収集・引き付け

病院における各種の検査・診察機器（血圧計、レントゲン、血液検査、MRITなど）、さらに生体情報センサー（ペースメーカー、血糖値など）、モバイル機器（心電図など）を駆使した、定期健診、初期的な検査・診察、日常での健康・症状モニタリングからのデータ収集・取り寄せ、それを電子カルテ（EMR，EHR）に代表されるシステムに秩序立てて集積する過程です。早め早めに病気に対応する予防的な医療を支えます。この一連の流れでは、よく言われる予防医療、病棟治療、通院治療、在宅地域医療といった区分けもない、人（患者）主体のデータ管理・連携が求められます。

データ処理・組み合わせ・共有

電子カルテや他の個々人の健康医療データも、生データ（ローデータ）のままでは、医師や看護師、または医薬品開発、長期的な疾病研究などへの活用は難しく、そのような医療・ライフサイエンスの専門・現場向けに、ＩＴ側の立場でデータの前処理、お膳立て過程がここです。必要に応じた大量データの高速処理、データ通信・シェアツール、インフラを駆使して、数値構造データ、画像や文書などの非構造なデータの処理、組み合わせ、医療情報共有・連係を支えます。そして、目の前の患者対応にとどまらない、将来患者への早め対応に備えたデータベース化までできれば完璧です。ここまでが、ＩＴ業務領域です。

データ解析・活用、意思決定補助

救急対応、慢性疾患治療を問わず、以上の過程でもたらされたデータは、さらに医療の専門知見を加えて解析され活用されていきます。つまり実治療や医薬品開発過程での各種判断、意思決定過程に組み込まれます。そこでは、ＩＴデータという性格からくる再現性・反復性を駆使して、臨床診断・治療の補助、医薬品開発、個々人向けの医療、予防・予知的な、早め早めの医療へと活用可能性を広げています。しかもこの過程は、最近のビッグデータ解析、それを支えるマシーン・ラーニング（機械学習）や、その一部であり先端領域であるディープラーニング（深層学習）といったＡＩ（人工知能）の進化・本格活用の流れで確かに加速されつつあります。この段階、そしてこの後に控える実際の治療や各種の専門的なモニタリング等実施過程が、専門サービスの過程となります。

2 ▼ ハードウェアとデータITの価値連動

ここに来て、冒頭で述べたハードウェアとITが融合してきた、その価値連鎖の連動・シンクロ性が見えてきます。本章図表4-1と、遡って第1章図表1-6各フェーズ間の相関性です。実際に相互のどのフェーズがリンクしているかをチェックしてみると、①データセンシング・データ収集は、センサー・デバイスで行われ、②そのデータの処理・保存はそれ用のソフトウェアを備えた装置・システムで、③意味あるデータの組み合わせやその後の専門的分析、解析・研究等の実用段階は、個々装置・システムに全体でさらに目的性を持って結集させた大掛かりシステム（社会システム）と連動させて行われます。人社会の生活営みに最も近い領域・レベルです。以上を整理すると図表4-4のとおりです。つまりは、技術製品事業サービス各段階とデータバリューチェーンとの連動になっています。ハードウェアとIT、最近はさらにサービスを組み合わせることで、全体での顧客向け価値（Customer Value）が格段に増す、不可分の関係になっています。

再度、図表4-3「データバリューチェーンと医療関連データ処理フェーズ」に立ち返ります。一番上のデータ価値連鎖に沿って、できるだけ忠実に「ITデータ処理」そして「健康医療介護」の各フェーズを当てはめたものです。例えば、医療介護サービスの提供側（病院・療養介護施設等）から見て、外部の医療機器や付随するITインフラ等の導入を検討する際、最も確認したいのは網羅性です。限りなく実際の医療現場を漏れなく想定せねばならない。しかし、現場は得てして混沌としており、個々の患者向けに個別の医療介護、時に救急対応を迫られる。立ち止まって体系的俯瞰的に全体を見る余裕はない。そんな現状に対して、一つの網羅性、

図表4-4　ハードウェアとデータITの融合・価値連動

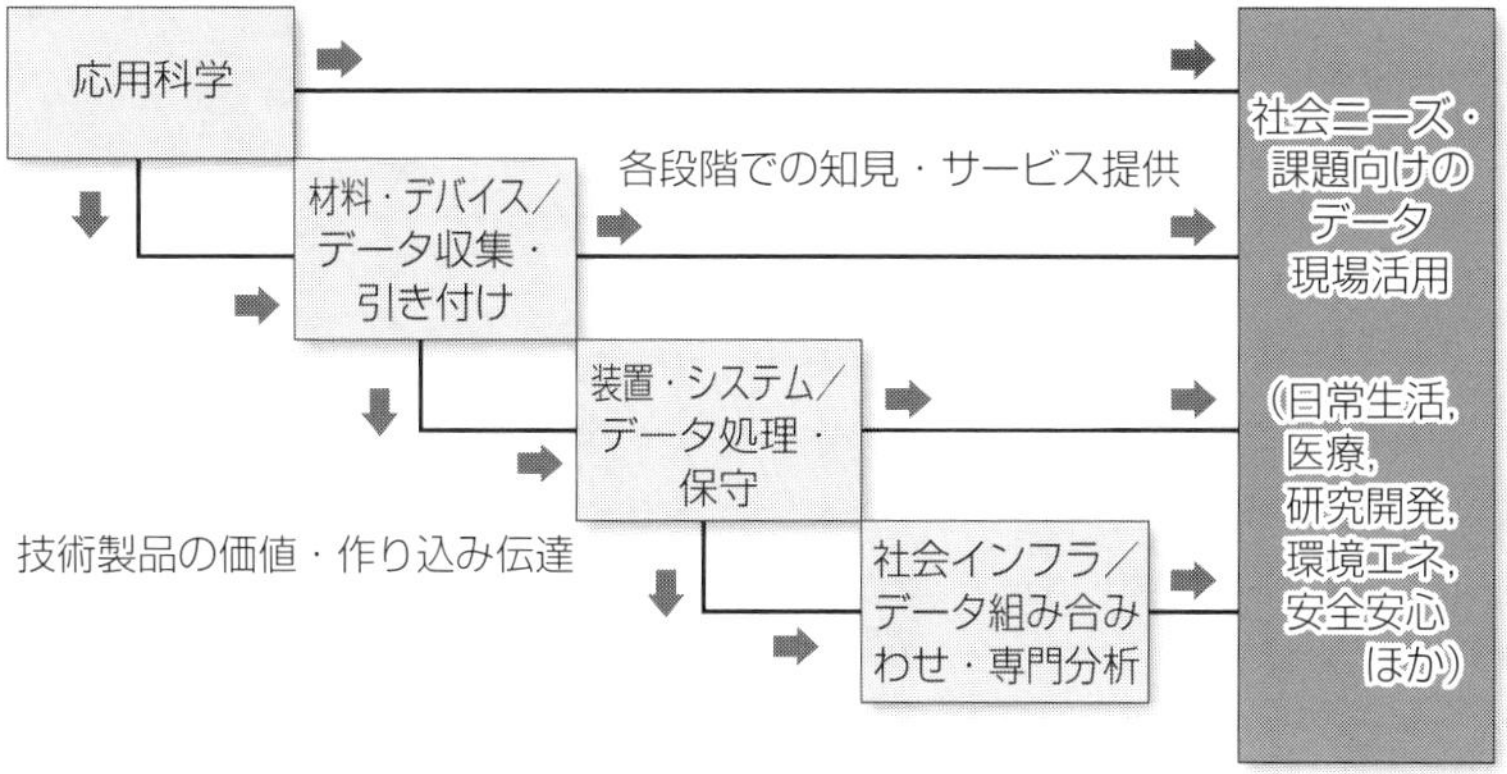

一貫性のベンチマークがあれば、大きな説得力を持ちます。データ価値連鎖の考え方、アプローチは一つ、その部分を充たすものです。

以上のことは、後述するＩｏＴ（Internet of Things）として最近注目度を増す領域、そしてハードウェアとＩＴ、正確にはデータＩＴの融合領域全般で言えます。このデータ連鎖を背景にした顧客価値のシナリオ創りは、プロダクツ全体（ソリューション）の価値を高め、ブランディング上、そして販売プロモーション上で、またパートナリング形成上でも、説得力・交渉力を増し、多大な価値（従って最終利益）を生み出します。よく論点になる、技術モジュールの先にあるビジネスでの勝負の分かれ目としても、ＩＴ視点で見た場合、以上のことは大きな意味を持ちます。

先述もしたとおり、以上の突き合わせ作業（図表4-1と第1章図表1-6の比較）を通して、応用科学・サイエンス領域は、その後の価値連鎖の起点になっている一方で、当然ですが、各段階のプロダクツとデータバリューチェーンの対応関係の前にあって、かつ直接、「社会ニーズ・課題」と言われる領域・レベルに関わります。最近の再生医療研究・技術開発や以前からある超電導材料研究・技術開発などが典型かつ分かりやすい例でしょう。通常の企業では、段階を経た顧客価値を形成させ、それをきめ細かく提供していく、それによって産業セクター・顧客ごとのニーズによりつぶさに対応させる競争を行います。その結果、全体で見ると、開発工程積み上げ型のいわゆる線形モデル型の価値連鎖になります。他方、応用科学としてのサイエンス領域は、いわゆる線形モデルは経ないで、社会の大問題により根本的、直接的に関わる場合もあります。価値連鎖段階や技術・事業領域ごとに細分化される前の段階である分、一つ一つの知見がカバーする概念・領域は広くなり、そこで発せられる内容が及ぶ社会的影響も大きくなります。応用科学に比較的近い産学連携や、大学発ベンチャーとの連携の意味もここに一つ出てきます。

3▼医療・製薬、防災領域のIT可能性・対応

ではここで、具体的な領域として医療・製薬、そして救命救急・防災という分野を取り上げ、また図表4-4の「材料・デバイス」「装置・システム」「社会インフラ」を意識して、トレンドの一端を紹介します。

デバイス、ソリューション、そして社会インフラ・サービス―半導体デバイス・アプローチ―

半導体デバイスは、医療／医薬研究における伝統的分野へも大きく参入してきています。微量の試薬を用い

て幅広い試験を行うという概念は、薬剤開発研究や高騰する医薬研究開発費を懸念する研究開発担当者にとって魅力的です。例えば、ヒトゲノムのマッピングやその構造理解における歴史的な躍進ぶりは、生物発生研究開発における全く新しい分野を切り開いてきました。しかし、遺伝子配列構造の解析・検出・マッピングを行うには、極めて多くの実験の実施と大量データの操作が必要です。最新の半導体デバイス技術は、性能がよく値段も手頃な大量の実験装置製作に極めて適しています。さらに電子データ収集能力も高い点で、チップベースのマイクロアレーラ・ボラトリはますますゲノム志向型医療研究や薬剤開発にとって必須テクノロジーとなっています。

この「ラボ・オン・ア・チップ（Lab-on-a-chip）」概念は、研究開発を迅速化し、実験装置を小型化することで研究室として必要な土地建物、機器、材料費全体を節約します。例えば、小型化された高密度のオリゴヌクレオチドを用いて遺伝子情報へアクセスする場合です。通常方法と比べて１００倍の速さまで迅速に血液や組織サンプル内の適合を検出すると言われています。数千の遺伝子配列を含むキーホルダーサイズのＤＮＡチップを作るために半導体製造プロセスも改変します。

ＭＥＭＳ（マイクロマシン、Micro Electro Mechanical Systems）は、センサー及び作動装置アプリケーションと位置付けられていました。それが今日、ＤＮＡ配列から、ワイヤレス通信や光通信信号のルーティングまで可能にする技術となっています。その中で、医療におけるバイオＭＥＭＳ分野も大きな注目テーマです。様々なセンサーから既存及び新型装置におけるすべての領域に及び、例えばノズル、針、ポンプや上記のラボ・オン・チップ（実験室チップ）など。例えば、これまでの実験方式の場合、分析用ＤＮＡ増幅には高価な装置に

図表4-5　医薬品開発の一般的工程

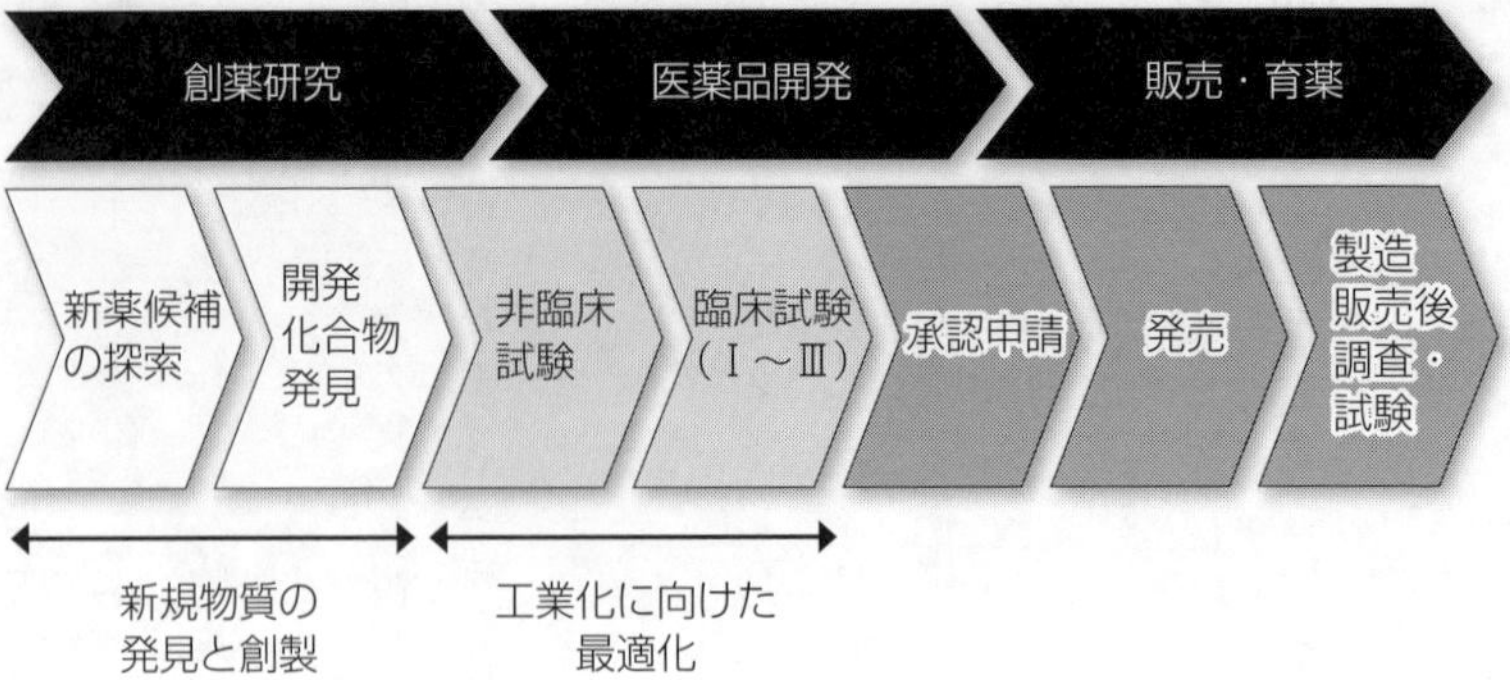

加えて数時間という処理時間も必要。そこで、ＭＥＭＳデバイスを応用すると、もっと短時間でかつ高価な試薬を少量しか必要としない小型で携帯可能な分析装置の製造が可能になります。

システム・ソリューション、データ処理―創薬プロセス管理―

様々なＲ＆ＤプロセスをＩＴスキルも駆使してより効率的、効果的にできないかという取り組みがなされて久しいです。例えば製薬プロセスにおける主要過程は次のとおりです（図表4-5参照）。(1)基礎データ収集―新薬開発のため、医師や患者から直接の情報を収集する、(2)前臨床試験―新薬試験をヒト以外の生物で行う、(3)臨床試験―新薬試験を患者で行う、(4)申請手続き―米国食品医薬品局（ＦＤＡ）などの政府規制機関の指示に基づきＲ＆Ｄ過程の報告を行う。

これらのプロセスの効率化に対するＩＴ技術のアプローチは以下の観点です。つまり、デジタルデータ・ドキュメント管理技術を利用して、(a)新薬開発に必要な、医師または患者から直接の基礎データ収集をより効率的にできないか、(b)臨床試験に漕ぎ着けるまでの新薬開発過程をより促して製品の市場化までの時間を短縮できないか、(c)ＦＤＡ登録、臨床試験の効果測定、登録申請過程等の臨床試験後の生産性を向上できないか。

この一連の規制遵守（Regulatory Compliance）プロセスに対して、特にＩＢＭ等の大手や、新興企業の中で文書管理（Document Management）製品を製薬産業に提供している業者がこれまで続々とソリューションを提供してきました。このプロセスは、臨床実験の実施や結果報告に関する高度なコンサルティング力を問われる部分であり、薬剤、医療の専門家がしっかりＳＩ側と連携してはじめて可能になります。米国でも数々のＷｅｂ上サービスが、ＦＤＡ管轄下のCenter for Drug Evaluation and Research（ＣＤＥＲ）によって発表された規制要件絡みの情報や他の最新状況を提供しています。

また、遺伝子データや開発化合物実験データ、各種の非臨床・臨床データ、薬の販売後のモニタリングデータ等、データの蓄積、その専門知見からの解析という形で、データサイエンス的なアプローチと親和性が良いのもこの製薬に関わる基礎研究・開発過程です。

医療インフラ・ネットワーク―広域Ｅヘルスケア―

Ｅヘルスケアは、米国ではテレメディスン（Telemedicine）とかテレヘルスケア（Telehealthcare）とも言われます。言うまでもなく、医療提供者が、「接続された（connected）医療機器」を駆使して、遠隔にいる患者に対して、病状を診察して、データベースと照合しながら必要措置を施していくプロセスです。通信、ネットワークコンピューティング、ビデオ会話システムがインフラを支え、医療向けアプリケーション、個人データベース管理ソフトトウェア、電子カルテデータ保管機能付き医療機器が具体的な仕事を行います。これらすべてがEヘルスケアのキーコンポーネントです。

自宅内に設置したテレヘルス用ホームサーバーを使うことで、もっと費用のかかる臨床医本人による直接訪問の必要性は減少し、またその移動時間も省ける。また、医療介護提供者と頻繁に連絡をとることで、患者は自分の体調をよりよく管理できるようになり、このことは患者の医療効果の維持改善につながる。このように、在宅テレヘルスケアの最大のメリットは、従来の手段（医者による患者訪問、逆に週に一度の患者本人による直接病院訪問）の場合よりもずっと頻繁に患者と連絡を取り合えるという点です。患者（ないし要介護高齢者、その近親者）は、自宅においてより多くの情報を医療関係者に伝達し、医師側は患者の状態をより正確に理解できれば、患者は結果的に、手軽に必要措置を自分で講じることもできる。このような医師と患者のやり取りスタイルは、単に医療行為の効率性・費用対効果という側面を越えて、例えば、「従来型集合医療」の持つ院内感染リスク、さらに物理的に限界にあるベッド数ほか、現在の医療現場が抱える構造的問題点に対する大いなる解決策になるというわけです。

遠隔診断におけるテレビ電話を介したやり取りやデジタル画像送信の利用例の多くは、テレラジオロジーや通常の電話を介した（trans-telephonic）周辺機器を使用する形が中心です。米国では、国土が広い、そして90年代のIT普及で、この領域の実績も積んできました。つまり、双方向性テレメディスン・プログラムが急増し、遠隔血圧モニタリング、患者データの保存／転送システム、テレラジオロジー用ビデオディスプレイ装

図表4-6　生体現象とそのデータ，関連疾病

生体現象	モニタリングデータ	疾病例
脈波	脈拍・血圧	心筋梗塞　不整脈　急性心不全
血中糖分	血糖値	糖尿病　動脈硬化　心筋梗塞　脳卒中
血中酸素	同飽和濃度	急性肺炎　気管支炎　中枢性呼吸不全
脳波	δ，θ，α，β波	脳内出血　くも膜下出血　脳梗塞
身体運動	体動加速度	認知症　核上性麻痺
足圧分布	足圧中心・接地面積	認知症　核上性麻痺

置、遠隔ECG（心電図記録）はますます一般的になって、国民の多くの保健福祉に不可欠な存在となっています。地域の医療情報システム、プラットフォーム形成につながります。図表4-6は、参考として、人間の様々な生体現象をどんなセンサーデータ（モニタリング）形式で把握し、各々のデータがどのような疾病領域に関わってくるか一覧にしたものです。[*7]

最近はさらに、予防的のみならず予知的な医療に向けた技術・経験が加わってきました。健常者の日常健康管理から、初期検査・診断、重病化を防ぐ早めの治療、個々人向けの医療、退院後の再発防止モニタリング、回復・リハビリ促進、介護見守り向けの各種センシング・ケア等向けです。そして、ここでも個々のセンサーデバイス、集めた個々人のある程度集積したデータ（公衆衛生領域も含めて）、電子カルテほかのITインフラによるデータ・情報のシュア、データベース化、それらの専門知見による解析、治療過程への実用化です。特に画像や自然

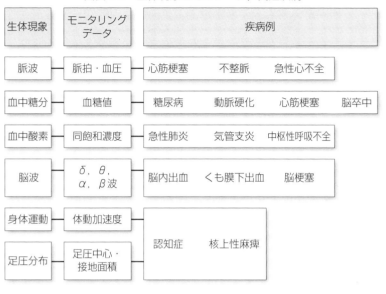

言語、つまりは、通常の文書・テキスト情報の解析（人間の視覚や聴覚・言語認識機能）に強みを持つＡＩ機能が再度見直され、進化して、積極的にその実用化領域の研究がなされています。上記の医療各段階との親和性が期待されています。[*8]

ところで、日常の健康管理サポート、そして要介護者・高齢者、広域での在宅や養護施設でのケアにおいて、実際に様々な先進技術・ツールを組み合わせても、それ自体のみではサービスモデル・提供体制の確立が簡単ではないという現実があります。これは米国でも同じです。モバイル、ワイヤレス、遠隔、ウェアラブル等の個別技術・コンセプトを駆使して、在宅系患者向けに機器・インフラを提供している新興企業群を数年、それ以上にわたってワッチしていて、特にしっかり事業拡大している企業群の共通点が一つあります。それは、一言でいうと、『医療機関とつながっている』ことです。

健常者段階から、初期診断、本格治療、老後、リハビリ回復期と段階によって、分けて考えがちですが、通院治療や予後段階にあって入院していない〝患者・要介護者〟も、症状モニタリングの視点では、かかりつけ医（地域の医院・クリニック）はもちろん、地域の中核病院の医師や看護師とも、より直接的継続的につながっていることが理想です。少なくとも、必要に応じて、直接的に医療・介護ケア情報を交信できる体制、インフラです。ここにこそ、データＩＴインフラによる院内・院外データ連携、広域医療情報ネットワークというニーズがあります。つまり、医療・モニタリングデータを、病院と、院外の療養施設や巡回・遠隔医療系施設、そして在宅との間で、できるだけつなげる。この領域で持続的成長を遂げている企業は、ＦＤＡの認可を得た上で、このような体制で医療・ケアを展開している、さらにこのような体制をＩＴ領域から支えている企業群です。[*9]

さらに、未病段階そして予後段階の個人は、相対的にみて、健康・症状モニタリングに大きなおカネは払いません。従って、個人の健康・疾病情報の管理面も考え合わせれば、このような状態の個人を業としてサポートし続けることは、なおさら簡単にはいかないことは、例えば、Googleが２０１１年6月に、Google Healthを中止した、その時の理由書きからも分かります。医療機関側も、特に日本の場合、〝医療点数〟にならない段階での対応は一般的に難しい。このように、在宅系の医療ケアサービスの継続基盤は弱くなり、公共サービスに負うところ大となります。

では、より公的負担も軽くする、持続的なケアサービスはできないか。先ほど言った、うまくいっているケースにおける〝医療機関とつながっている〟もう一つの意味は何か。それは、顧客を、個々人（そのケアを担う公共機関を含む）ではなく、より組織化された（more organized）法人組織・機関にしていることです。その意味での医療機関です。それも医療自体に加えて医療経営側の視点・利害に立つことです。あるべき良い医療と同時に、持続的な医療提供を全体で見据えている目線に立って、そこをサポートする。患者の日頃からの症状（データ）モニタリングが、早めの対応を可能にして、病気の再発や悪化を未然に防いで、病院への再入院や大手術に伴う医療コストの負担拡大を防ぐ。それは医療経営側、その背景にいる医療保険会社の利害に合致します。つまり、医療・ケア提供業者が、予防医療意識で医療機関とつながることです。

この点は、元々、医療機関経営に関する米国特有の事情（医療保険組合）にもよりますが、[*10] それも、世界的な高齢社会化の中で、病院の収容力、医療者対応力の限界、公的サポート側の限界というテーマの前に、基本的な医療制度の違いを超えた共通課題になってきた感があります。

災害時・防災に向けたIT対応・可能性

以上は、いわゆる平常時の対応です。ここで災害時対応、備えとしての防災領域に関わるＩＴの対応、その可能性について述べます。

まず下記は、私が２０１１年3月11日の東日本大震災から10日ほど経った時点で、萎える気持ちを振り絞って書いて、連載に寄稿した短文です。

「私の周りにも、医療関係者の皆さんで、被災地への緊急医療に向かわれつつある先生方が多いです。東北大学病院のある先生によると、『一つの地域を継続して任せることができる長期間活動型のチームが必要です。同一メンバーである必要はなく、一つの医療施設・地域の医療を継続的に担えるような形であれば良い』、とのことです。地域ごとの対応は目下、各地の拠点病院または県の医療インフラ整備担当部署が取りまとめつつあり、今後もそうなりましょうが、上記のような体制は個々の医師・大学・地域での対応のみでは極めて難しく、確かに、各地の実態を踏まえ情報収集して、緊急医療を行き渡らせるための広域災害医療情報センター的なものの設置が待たれます。すでにあればその機能アップを。」

それくらい、医療現場の方々の切迫感が伝わってきました。実際、例えば岡山の医療チームの先生方が、周り回って東京にいた私にもお問合せ頂き、上記の現地の先生におつなぎしました。全くの災害現場では、この通信・情報インフラから壊滅した様は、あのころの状況、その後の報告で我々も記憶に新しいところです。当時の医療現場の状況についいては、『今を生きる―東日本大震災から明日へ！』（２０１３）[*11] をご参照ください。

石巻や仙台等での当時の救命救急、その後一連の医療・ケア対応、そして普段ならあって当たり前のものがなくなった現状を支える、特に高齢者向け中心の福祉現場、こころのケアなど、貴重な経験が書き残されています。福祉面では、福島県の状況にも触れています。当時、大学の付属病院長として現場を指揮された里見進東北大学総長、そして歴代・現役の医学部、附属病院の先生方が中心になって執筆されています。

被災現場、被害の時系列・実態に即した整理

当時私がまとめておいたメモをベースに、かつ同書（『今を生きる』）でも確認して、災害時での①被災現場における必要性・ニーズと、②そこで求められる機能・技術、について図表4-7に簡潔にまとめました。概要を対比して掲げます。機器通信等インフラと人の対応の双方です。

求められる機能・技術の項目整理（ITプラス関連機器・システム）

次に、本表の「求められる機能・技術」（右欄）を、技術や機器システムの性格、レベルに応じて、以下のとおりグループ化しました。

・センシング、計測、解析システム
　人間所在の感知センサー（声、温熱、ＧＰＳ…）
　身元確認：歯形情報の照合・解析、データベース化など
　空中、土壌、草木等の水質、放射能ほかの環境センシング

図表4-7　被災地現場ニーズと必要機能・技術、インフラ例（東日本大震災時メモ）

①緊急性高い現場ニーズ	②そこで求められる機能・技術、インフラ
災害時の緊急避難、救命救急	
警報、避難徹底	情報ネットワーク、通信インフラ確保（特に携帯）。
緊急避難先の確保	緊急時避難、受け入れ可能情報・意識の事前共有。
早期救助、捜索	人間の所在・位置確認の感知センサー（声、温熱、GPS…）。
犠牲者の身元確認	歯形情報の照合・解析、データベース化など。
救命救急医療体制	要治療者の所在把握、医師グループ組成、薬、医療機器の手配・配備体制。
災害時情報通信インフラ	医療情報システム、携帯通信機器・インフラ、コールセンター等の体制、対応マニュアルなど。
避難所、ほか災害時生活	
電気（電源）	バッテリー、自家発電機能。太陽光ほか多電源供給体制。
冷暖房	冷暖房機能（ストーブ、クーラー）、緊急時空調対応、遠隔コントロール等。
生活通信インフラ	無線通信用緊急コンパクト基地局、携帯機器の配布、充電体制。
生活環境の安全性確保	水資チェック、放射能ほかのモニタリング。
瓦礫処理、土木工事	遠隔操作も含む土木工事作業装備・インフラ。
架設ベッド	各種付属機能（体調管理センシング…）付きベッド。
煮炊き	太陽光自家発電も駆使した簡易で安全な調理機能。
外部との交通手段	簡易移動機器・車両システム（ガソリン、電気なしで移動できる機器・インフラ）。
感染症等対策	公衆衛生の確保、関連データモニタリング。
持病/高齢者対応	定期通院、要介護者等向けの見守り、定期服用薬等の確保、確実配布・サポート体制＊12
安心安全な住空間確保	高台居住地つくりを含む防災型スマートシティー等。

その他の公衆衛生の確保、関連モニタリングなど

・単体機器・作業車両・システム

バッテリー、自家発電機能、太陽光ほかの多電源供給体制の完備

冷暖房機能（ストーブ、クーラー）、緊急時空調対応

簡易な移動機器・車両システム（ガソリン、電気がなくとも移動できる機器・インフラ…）

遠隔操作可能な土木工事作業、現場撮影

その他特殊・危険作業用の各種作業対応インフラなど

・防災システム、広域通信ネットワーク、運用サービス

地震関連の情報ネットワーク（テレビ等がなくとも情報・警告を徹底できる強靭インフラ）

緊急時対応型の広域医療情報網システム、関連サポート体制つくり

無線通信基地局機能、コンパクト型非常時用基地局インフラ

大型バッテリー・自家発電・グリッド機能など

・その他救急医療、現場ケアほか生活一般

定期通院者、要介護、高齢者等の見守り体制維持

各種付属機能（体調管理センシング…）付きベッド

電気による簡易で安全な調理機能、太陽光発電等

緊急時の継続治療・服用薬等の記録・情報シェア、確実配布

高台居住地つくりを含む防災型スマートシティー等

これらは一部に過ぎません。各項目は、決して、大災害時にのみ通じる内容ではなく、かつ、あれくらいの事態だったからこそ見えてきたものも多い。普段、あって当然過ぎて気が付かない、安全安心な住空間を根底で支える項目群になっています。特に災害の多い日本においては、インフラの常時確保、更新は欠かせず、さらに海外からの提供期待も多いでしょう。

医療、ウェルネスーITマッピング—健康医療における顧客価値—

以上の、個々人患者と医療機関の関係に関して図表4-8をご覧ください。これは、米国、一部欧州の医療・健康領域のIT領域新興企業のVC投資事例を収集・集計してマッピングしたものです。各新興企業が、その持っているIT技術でこの医療・健康ケア領域で貢献できる具体的な技術・製品、そしてサービス内容をつぶさにチェックして、その使用シーンに即してグルーピングした結果です。各項目（①②……）のサブセグメント(a)(b)等及びその右側コメント）の内容で、どんな日常、治療ケア段階でどんな医療機器・システム、サービスがなされるか、むしろ患者や地域住民の立場から実感頂けると思います。医工連携領域であり、前述した広域Eヘルスケアは、本図表の③④⑤に含まれます。

図表4-8のカテゴリー分けを項目のみ以下に示します。これらの項目順は、元々は単にVCからの投資事

図表4-8　医療・ウェルネスITマッピング

(a)(b)…は代表的シーンと具体的項目例

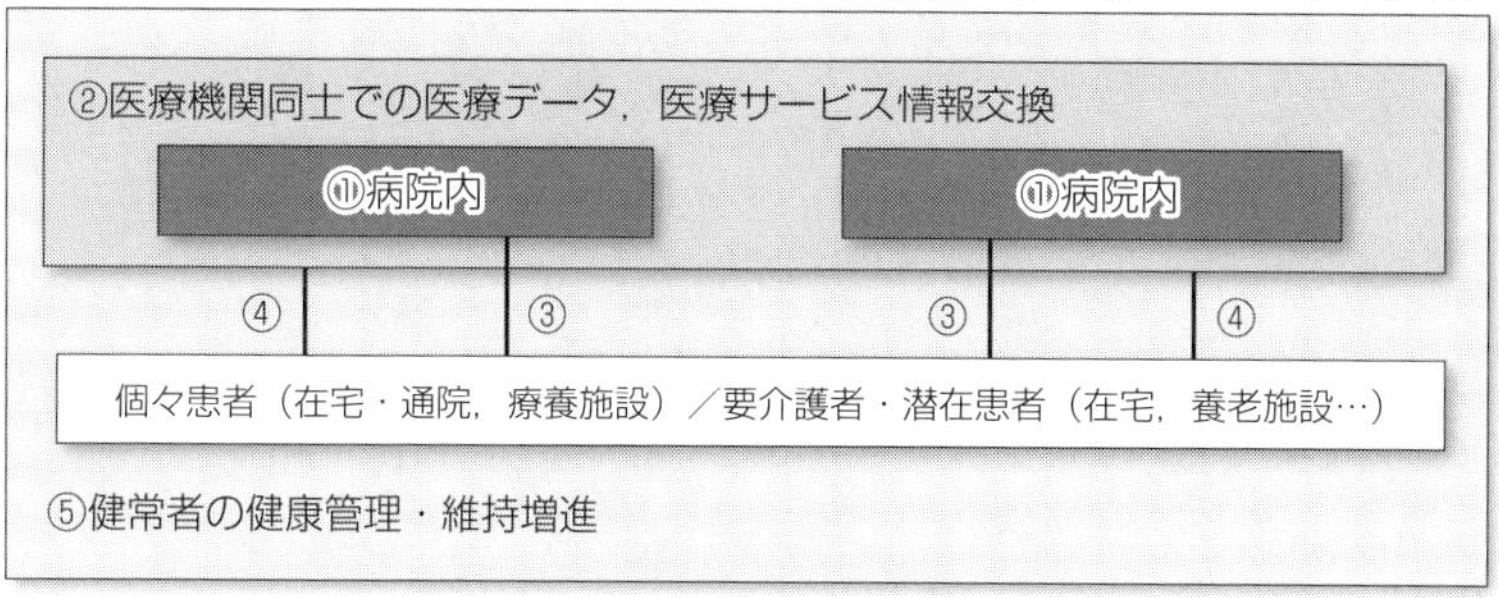

①医療機関内の医療機器・システム，受け入れインフラ

(a) 医療機器・システムの高性能化…………… がん検査・治療，画像撮像・解析
(b) 同デジタル化，データ管理通信…………… データ管理，通信，データベース
(c) 医療インフラ・サービス高度化…………… 患者ケア，治療プロセス管理・教育
(d) 患者データ分析，治験・製薬等…………… 治験マネジメント，臨床データ管理

②病院同士での治療ほか医療提供データ交換インフラ

(a) 医療診断用の画像通信インフラ…………… データ・ファイル管理，データ通信
(b) 常時の医用データネットワーク…………… 広域PACS連携システム

③病院と，在宅や療養施設等にいる個々患者・要介護者間のインフラ

(a) 患者症状管理・モニタリング……………… 遠隔モニタリング・データ通信
(b) 遠隔治療，巡回医療………………………… 遠隔・巡回型治療の同インフラ

④病院と広域住民（在宅，要介護者等一般）間インフラ

(a) 日常での最適医療機関情報………………… 医療機関選定，患者受け入れインフラ
(b) 救急・災害時医療体制……………………… 救急医療技術・サービス，ネットワーク

⑤健常者向けの健康管理・維持増進インフラ

(a) 日常の健康管理・モニタリング…………… 日常の予防医療モニタリング
(b) その他健康快適住空間インフラ…………… 高齢者見守り・日常サポート等

例の多い順に並べたものでした。それが結果的に、①から⑤へ行くにつれて、医療機関内の段階から日常生活ないしそれに近い状況に移っていく様に沿っています。

① 医療機関内の医療機器・システム、患者受け入れ
② 医療機関同士での医療データや医療サービス提供情報の交換
③ 医療機関と、在宅の患者や要介護者（介護者含む）間をつなぐ
④ 医療機関と広域地域住民（患者予備軍、被介護者・介護人含む）をつなぐ
⑤ 病気以前の健常者向け健康管理

図表4-8の事例は、事業としての医療を手掛ける新興企業であり、VC投資事例が多い順というのは、カテゴリーごとで、市場としてもより大きめの順になっていることを示唆するものになっています。実際、我々健常者、患者予備軍から見ても、健康な段階ではカネはかけませんし、病院に行くようになる、本格的な治療段階になればカネもかかる、かけるということになります。

この中で③と④は意味合いが近いですが、③の方は、個々人と医療機関との関係です。通院治療や予後のケア、在宅治療などで、何らかの疾患や要介護状態にある人向けです。その意味で、よりパーソナルな症状モニタリングデータの個別管理が原則になります。④は広域医療インフラ、救急医療体制であり、感染症、高齢者ケア、いざという時のためのセイフティー・ネット、自治体マターと言えます。公衆衛生（Population Health）的な

側面もこの領域です。一方、①②は医療機関内での診断、治療、モニタリング、⑤は未病と言われる健常者、または予後から回復して健康を取り戻している人々が対象です。

順序を遡って、この⑤日常生活における健康診断、定期健診、③④の日常的、救急時での症状モニタリング、初期診断、見守りデータなどをセンシング・収集する過程が、図表4-3「データバリューチェーンと医療関連データ処理フェーズ」の「Aggregate, Ingest」でも、普段からの予防医療的な意味でのデータ収集です。各種の初期検査・診断機器（レントゲン、血圧計など）から最近注目のウェアラブル（装着型）のデバイス・センサーといったハードウェア領域です。ここで得た医療情報データは、IT情報機器システム・データ処理・集積インフラによって、次の本格的な医療段階に向けて、同じく図表4-3の「Process, Integrate」（データ加工・組み立て・下準備）がなされます。そして①②段階に医療情報データが渡され、各種手術用機器や内視鏡等による本格的検査や治療・ケア（医療行為）や製薬などの研究開発、医療教育等（図表4-3「Analyze, Expose」）に資する。

なお、実際の医療現場では、外科手術や救急現場などで、一々上記のようなITデータ処理を介さない、デジタル化・データ処理を要しない場合は多く、目の前の患者をともかく治す。それが元々は基本です。そこに特に、放射線系そして病理系にわたる医用画像データ処理領域に代表されるITインフラ・データ処理技術、知見が加わることで、電子カルテなどの普及と相まって，情報データ共有も進み、最近はデータベース化、テキストデータ解析、診断補助、予防そして予知的な医療技術手法も促されつつあります。まさに、目の前の患者に加えて、未病段階、つまり将来の患者への対応とも言えましょう。このような全体モデルを旗振りする例

図表4-9　医療機関における医用画像データの統合・共有

（GEヘルスケア）

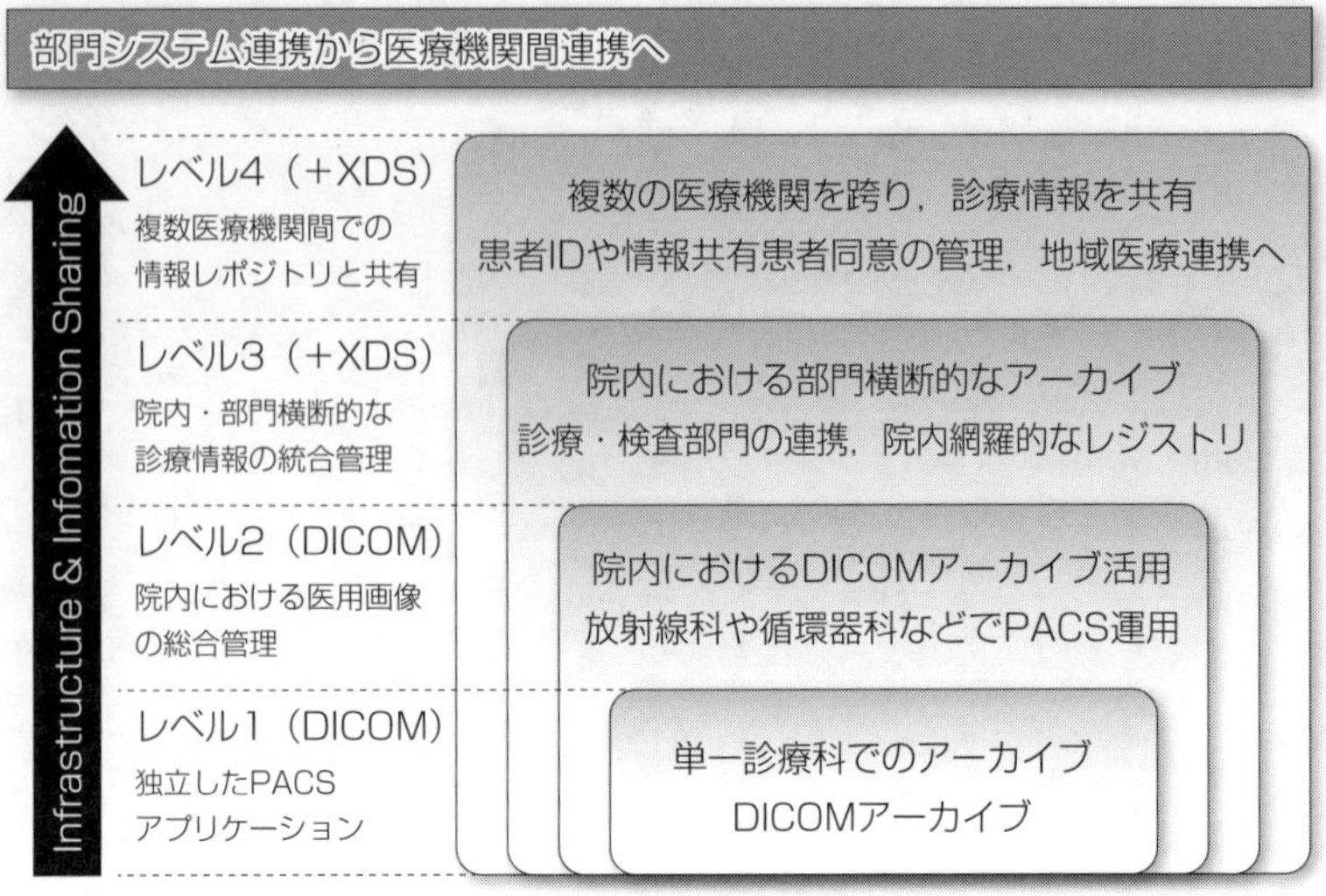

えば米国のＮＩＨ（National Institutes of Health）、欧米そして日本の大手医療機器・ＩＴベンダーは、これらの流れを「あるべき医療を支えるインフラ」として謳います。確かに説得力を感じます。

ここで、図表４‐８に対応する実際の大手ベンダー等の展開事例をみます。図表４‐９は、レベル１から４にかけて、医療機関内部での医用画像データの部門間統合、そして複数医療機関間での共有システム概念を示しています。図表４‐８における①から②に対応します。ＤＩＣＯＭは医用画像データの通信・共有用の国際標準規格、ＰＡＣＳは同画像の共有・管理システムです。*13

そして、図表４‐８の③④⑤に対応するインフラスキームが例えば図表４‐10です。ここでは、地域の中核総合病院、地域病院そして街の外来専門医療施設をＩＴクラウドでネットワーク化して、かつそれらのデータを個人ごとに「一元的に収集・保存・活用するための情報サービスの創出」を目指しています。そして、２０１３年か

図表4-10　地域を跨ぐ医用データ共有・連携インフラ（「どこでもMY病院」（内閣府））

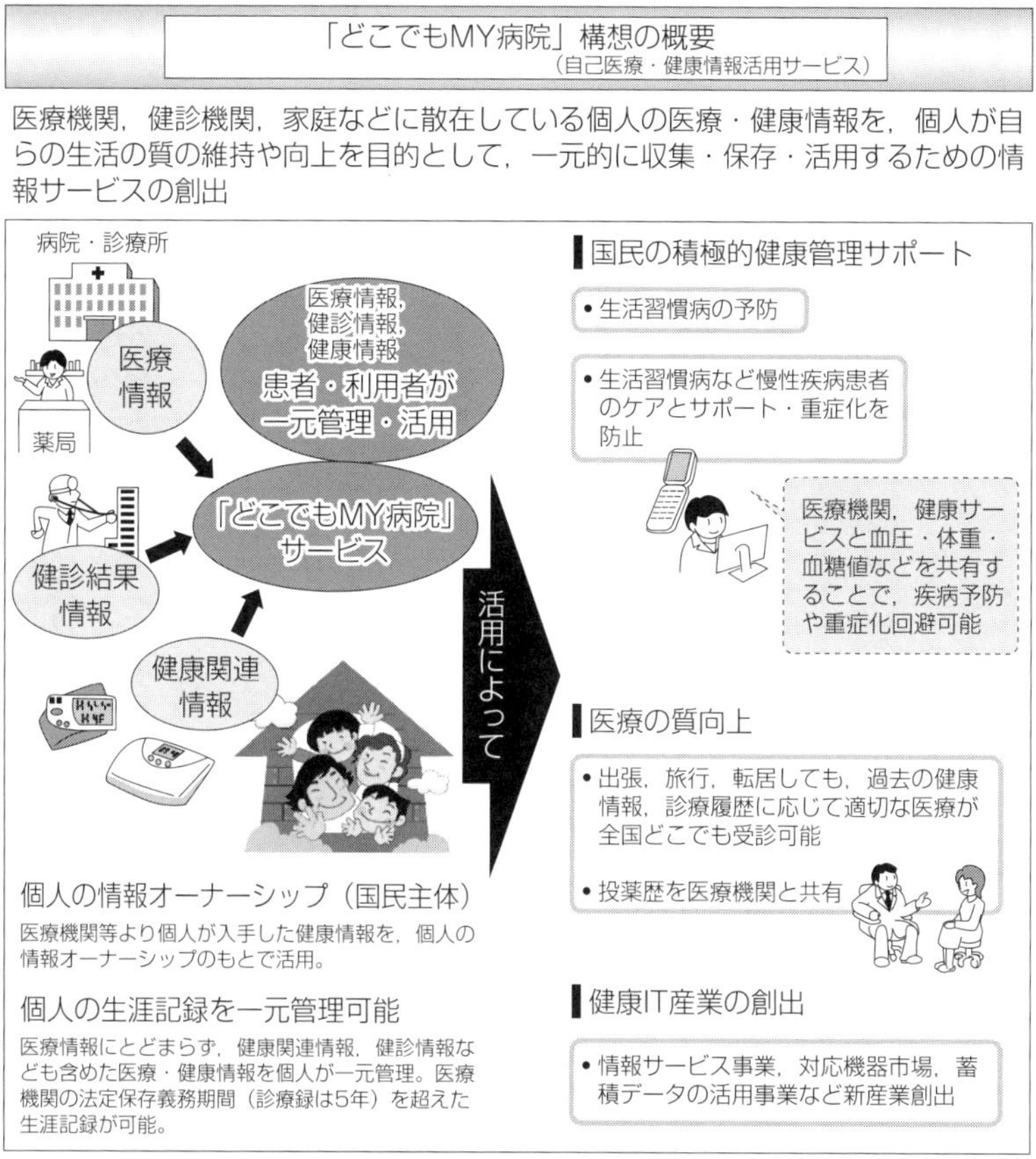

ら、健診情報や本人提供用退院サマリー、検査データ（尿、血液検査、CT画像等）などの電子的医療健康情報の整備と個人への提供情報の拡大がなされつつあります。

4 ▼ データIT時代の企業競争力、収益力

では、以上のような各論を帯びて進行するIT、その中でのデータITトレンドにあって、ITエレクトロニクス分野企業の競争力、収益力にどのような変化が起こりつつあるか。

ITインフラと専門サービスの融合

遡って図表4-3「データバリューチェーンと医療関連データ処理フェーズ」のデータ価値連鎖（バリューチェーン）において、Ⅱ. Process, Integrate（データ処理・組み合わせ）まではIT業務領域であって、Ⅲ. Analyze, Expose（データ専門解析・活用）とその後の具体的な治療等の専門サービス領域とは、元来、業務内容・業態を大きく異にします。つまり、ITベンダー側は一歩医療分野に入れば、規制も厳しくなり、敷居が高くなります。機器が体の中に入る領域はなおさらです。あえて、自身のプロダクツを医療機器と位置付けないのも一般的です。医療従事者側も、ITマターとは関わりなくともかく患者対応に追われます。実治療段階、それも外科や救急医療は特にそうです。一方、診断領域そして術前術後の継続モニタリング段階は、患者データの把握・解析そして治療への反映というプロセスはよりIT系企業にマッチし出番もあって親和性が良いと言えます。

他の分野でも例えば、第3章で見たIoTによるデータセンシング以降の流れを改めて書くと下記です（図

表4－11）。工場での製造工程、品質チェックを想定しています。ここでも、フェーズⅢは、それまでのデータ処理・管理段階以上に、より現場の工程管理に関わる専門性を帯びたフェーズです。人による従来からのＴＱＣ（トータル品質管理）活動なども行われ、製造するものや、その工程、工場による特殊性は大きいとされます。

それにも関わらず、ＩＴインフラビジネスと専門サービス領域の融合が進みつつあります。一つには、ＩＴベンダー側は、インフラ提供のみでは差別化がますます難しくなってきたことがあります。ＩＴ通信インフラ、アプリケーション内容はますます収斂し、クラウドモデル（汎用共通プラットフォーム）によるビジネスモデルのサービス化がさらにこのトレンドに拍車をかけています。サービス内容での差別化です。いかに顧客側の業務自身を理解し中に入れるかです。

他方、相手側の医療や工場側も、その提案で業務効率とコストが下がるのであれば拒む理由もない。自身たちの知見も落とし込めればなおさらです。むしろ、可能な範囲でＩＴ化に遅れるリスクは取りたくない。つまり今後、専門サービスまで踏み込まないＩＴハードウェア・インフラ提供のみ、逆にＩＴインフラから生み出される情報・知見を組織的に活用しない専門サービスは共に、ますます成り立たなくなっていきます。ますますその傾向は増し、それこそが、データＩＴ革命とも言えるうねりの本質です。

図表4-11　IoTセンシング，データバリューチェーン

図表4-12　ハードウェア（製造業）とサービス（非製造業）の関係

ハードウェアとサービスの全体融合―支えるソフトウェア全体系―

そして、ここでのITと専門サービスの融合の前に、もう一つさらに前提になる融合トレンドがあります。それはすでに第1章から触れているハードウェアとITの融合です。そして、IT自体、さらにその専門サービスとの融合領域は、ハードウェアとの対比で見れば明らかに「サービス」です。従って、これら全体をまとめると図表4‐12になります。ハードウェアのサービス化です。

では、そのような全体の〝融合〟を推し進めているものは何でしょう。それがデータITです。つまり、ITの中核をなすデータ処理領域。具体的には、引き続き医療分野で言えば、ITベンダーは医療従事者（医師・看護師等）が使えるようなデータ集約・通信インフラ（電子カルテ等）、データ処理・解析ツール（X線画像解析等）を提供し、医療側もその付加価値データやツールを治療、患者症状監視に活用して、課題・改善点をITベンダー側にフィードバックする。そのような相互の連携・歩み寄りプロセスでもあります。この意味でのデータITプロセスの基盤をなすものはソフトウェアです。その全体が図表4‐13です。

全米ソフトウェア協会の分類・考え方を踏まえ、アップデートしたソフトウェア・キーワード一覧です。全体的に、ハードウェア制御、汎用基盤、そして各種業務向けアプリ

図表4-13　ソフトウェア体系

1. ストレージ・サーバー，データセンター

ストレージ・サーバーシステム管理，SDx
バーチャライゼーション（仮想化）
アプリケーション・ホスティング
パブリック・プライベートクラウド，SaaS
データセンターソリューション

2. ネットワーク管理，インターネット

ネットワーク監視・モニタリング
ネットワーク・プロセッサー・ソフトウェア
セキュリティー管理，アクセス管理
インターネットインフラ，LTE，OpenFlow
ウェブアプリケーション，サービスツール

3. ワイヤレス，モバイル，IoT

ワイヤレス通信システム，アクセス，NFC
VoIPソフトウェア，IPv6
モバイルプラットホーム，デバイス，BYOD
位置認識，音声認識，感情認識等
IoT，ウェアラブル，フォグコンピューティング
ICタグインフラ，アプリケーション，M2M

4. データ処理解析／人工知能

インメモリー，データ・ウエアハウジング
オープンソースBI，意思決定補助
データ・マイニング，マシン・ラーニング
非構造データ解析，ディープ・ラーニング
超高速処理，エッジコンピューティング
情報データ検索技術，エンジンソリューション
データの可視化，予知・予測，アラート

5. デジタル・業務コンテンツ，取引管理

グラフィックス／画像・コンテンツ管理
3D／バーチャル・リアリティー
ブロードバンドコンテンツ配信インフラ
テキストマイニング，セマンティックWeb
業務文書管理・検索／変更管理
ブロックチェーン（業務取引・データ管理）
生体認証／ファイアウォール，暗号化

6. 業務プロセス，コンプライアンス

業務プロセス・パフォーマンス管理
R&D，製品開発プランニング
PJ，EA，ITIL，アウトソーシング管理
コラボレーション，情報共有インフラ
ガバナンス，リスク管理，コンプライアンス

7. 開発ツール，プラットフォーム

EDA，先進開発ツール（アジャイル等）
Ruby，PHP，Pythonほか
シミュレーション，最適化／テスティング
オープンソース／言語 (Linux, CASE)
開発プラットフォーム，オフショア開発

8. E-コマース，顧客管理・サポート

CRM／SRM（戦略関係管理）
SFA（Sales Force Automation）
ウェブポータル
インターネットブランディング
顧客購買行動解析
デマンド管理，マルチ・オムニチェネル

9. その他業務アプリケーション

SCM／電子調達
SRM（サプライヤー業者関係管理）
ライフサイクル・マネジメント
自動支払い，取引管理
人材管理，モチベーション管理
各種ITサービス
SNSおよび各種インターネットサービス

10. 業種アプリケーション

医療，健康管理インフラ
生産管理，需要予測，修理予測・予知
製造プロセスのデジタル化，SCADA
環境監視，エネルギー・配線システム
製薬プロセス管理，開発補助・CRO
金融，財務取引・フィンテック
小売り・物流，教育・研究ほか

ケーションの3つに分けられます。「ITと専門サービスの融合」も「ハードウェアのサービス化」も、これら全体で推し進められます。最新キーワードも盛り込んでいるつもりですが、まだ漏れもありましょう。ただ、ここで何より汲み取って頂きたいのは全体の構成、その考え方です。

ハードウェアとソフトウェアーTの融合領域:「1.ストレージ・サーバー、データセンター」、「2.ネットワーク管理、インターネット」、「3.ワイヤレス、モバイル、IoT」で、コンピュータとそれらを繋ぐ通信というハードウェア系ITインフラを支えるグループ。

汎用基盤ソフトウェア:まず、「4.データ処理解析/人工知能」、「5.デジタル・業務コンテンツ、取引管理」、「6.業務プロセス、コンプライアンス」で、デジタルITにおける根幹業務系を支えるグループと、「7.開発ツール、プラットフォーム」というITインフラの中のソフトウェア開発自体の汎用基盤です。これらのグループが、米国のIT産業の強味です。

汎用業務、業種アプリケーション:「8.E-コマース、顧客管理・サポート」、「9.その他業務アプリケーション」で、各種の業種横断で共通の業務遂行向けの汎用アプリケーションです。そして「10.業種アプリケーション」です。ITビジネス市場に限らず、産業全体での社会的課題解決・ミッション志向がますます高まる中、さらにITビジネス付加価値源泉も、専門知見によるサービスやコンサルティング領域にますます移行する中、それを支えるアプリケーション機能、そこへの期待は高まるばかりです。

図表4-14　IT製品・サービスのポジション図

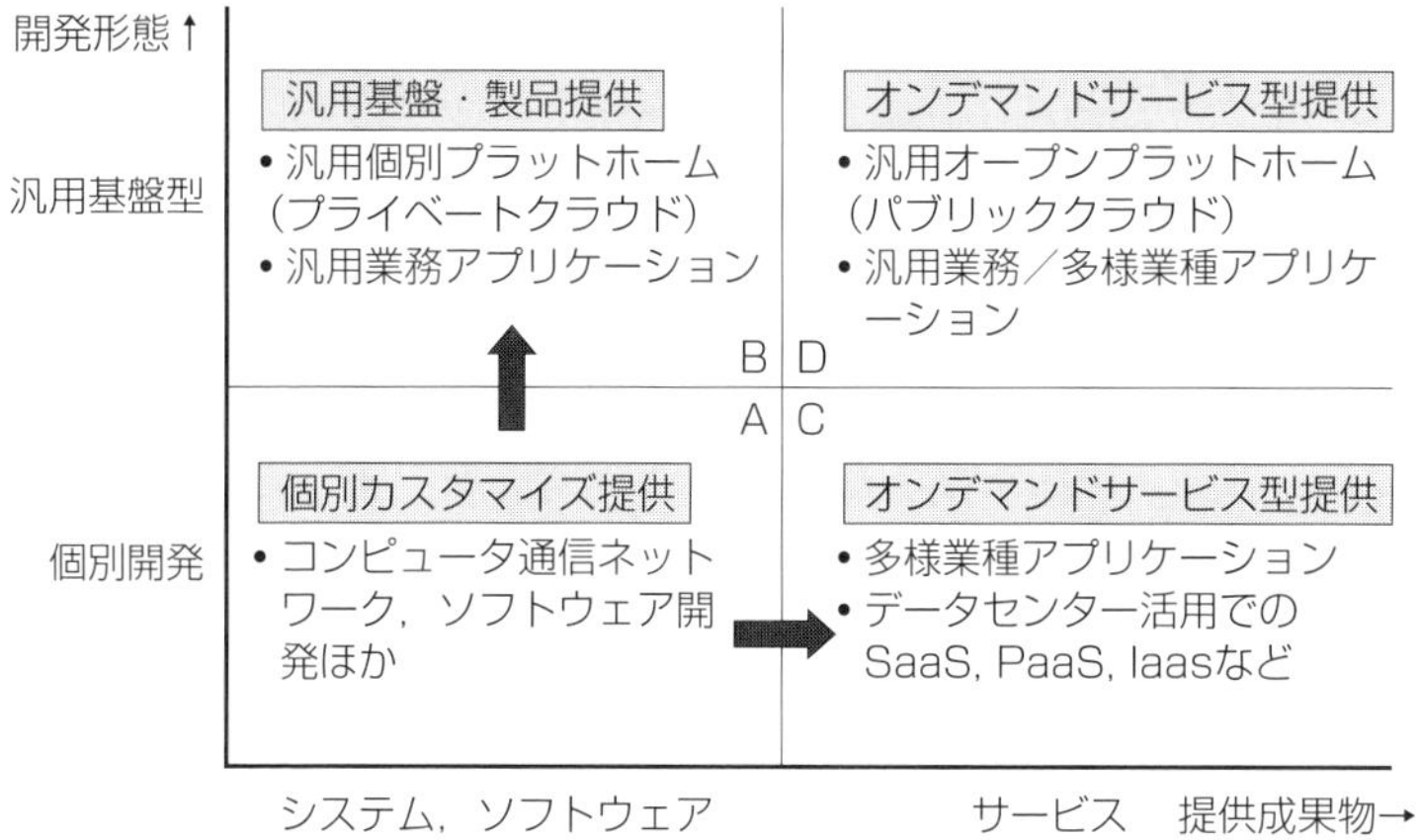

IT企業の競争力、収益力マッピング

図表4-14は、図表4-13の分類を受けて、このデータITトレンドの中で、IT企業が、どのような製品サービスポジションを取って、競争力・収益力を維持、強化しようとしているかを整理したものです。

競争力・収益力の源泉を2つの軸で考えます。「開発スタイル」と「提供成果物」です。この内、横軸は、従来からの開発システム売りから、サービスとしての提供に移っていくプロセスです。

通常の受託型システム・インテグレーションと言われる業態は、A「個別カスタマイズ」型の開発を主体にしています。顧客ごとの個別受託開発で、コンピュータとその周辺機器、通信ネットワークなどのハードウェアとそれらを制御するソフトウェア開発他が中味です。これは、機器装置開発における顧客向けの「特注」対応と共通します。言うまでもなく、位置付け的には、相対《あいたい》開発でのクローズド開発が基本になります。従来から、顧客の横展開ができにくいのが課題です。

2000年頃、シリコンバレーにSavvionという新興企業があり、私も創業者と会いました。BPMの件で先に述べました。インド系アメリカ人で今でもネットで繋がっています。彼が開発した内容は、開発基盤を、土台となる汎用部分と、顧客の特殊ニーズに対応するアプリケーション開発レイヤーとに分離するというものでした。当時、大変斬新に受け止められ、業界から表彰もされました。図表4-14では、AからB（汎用基盤・製品提供）への移行です。そしてD（オンデマンド・サービス型提供）へ移行・発展して、今のクラウド型開発プラットフォームに繋がるのはもちろんです。

他方で、先ほどのA業態企業による、現在顧客の同業種他社向け、そして他の業種ごとにおける共通システムコンセプトを形にし、それを基盤にして横展開を図るのがC（多様な業種向けアプリケーション提供）です。しかもここでもオンデマンド提供です。開発効率化、コストの軽減・スピードアップ、そして収益力アップです。そして、このBとCを組み合わせるとDになります。代表的なベンダーとしては、Bのプライベートクラウド、さらにパブリック型との組み合わせ領域がIBM、日立、富士通、Microsoftなどで、Dのパブリッククラウド領域が、Amazon、Oracle、Salesforceなどです。さらに、その汎用オープンプラットフォームを携帯機器の開発基盤や個人向けアプリケーションやコンテンツに置き換えると、Google、Apple、携帯機器向け半導体デバイスとしてのインテル等も当てはまります。なお、利益率は第5章の図表5-1「米国主要企業の利益率比較」で見ると、ここで挙げた米系企業は、ほぼ20～40％です。

以上を、ソフトウェア分類表から再度確認します。そのハードウェアとの関わりという意味では、まず既述のとおり、ハードウェアとソフトウェアITの融合領域部分で、コンピュータのみならず、各種通信機器、デジタル家電、監視カメラ等までは進行中。今後ＩｏＴセンシング、ロボット、自動車など、なし崩し的に、まずこの「ハードウェアとソフトウェアＩＴの融合領域」項目（「1．ストレージ・サーバー、データセンター」、「2．ネットワーク管理、インターネット」、「3．ワイヤレス、モバイル、ＩｏＴ」）のソフトウェア群がさらに進展し、そのあとに、これまたコンピュータ、通信機器等で急進展するであろうように、他の装置機器領域で、汎用基盤ソフトウェア領域（「4．データ処理解析／人工知能」「5．デジタル・業務コンテンツ取引管理」「6．業務プロセス、コンプライアンス」「7．開発ツール、プラットフォーム」）が、ハードウェアとＩＴ領域の垣根を低くし、ハードウェアをますますコンピュータ化させていく。これが、いま足元で本格的に起こりつつある現実です。

そうであれば、なおさら事業サービスモデルが重要になります。そして、今すでに起こっている「ハードウェアとソフトウェアＩＴの融合領域」項目の次に控えている「汎用基盤ソフトウェア領域」の筆頭が「4．データ処理解析／人工知能」です。

序章で、中国はＩＴ領域への取り組みが、キーワードアンケートで、米国と全く同じであると述べました。クラウドとデータ・アナリシスです（図表序-1「欧米・アジアにおけるテクノロジー・キーワード」）。結局、大車輪で「途上国」を脱する大作戦の中で、後発メリットとして世界を見渡して、良いものを貪欲に取り込んでいるところです。中国におけるこの「4．データ処理解析／人工知能」や「5．デジタル・業務コンテンツ取引管理」辺りでのＩＴアプローチですが、分かりやすいところでは、紙文書からの急ピッチな電子化・デジタル化も真っ盛りです。例えば中国のGoogleと言われる前にも述べた百度（Baidu）のみならず、中国側の例えば画像解析企業も順調に成長しています。

世界の最先端を取り入れないとまさに間に合わない、中国内での競争に勝てない。技術力にはまだまだバラツキがあるものの、「10．業種アプリケーション」領域の開発もますます進んでいるようです。2000年少し過ぎたころ、米国で一端ITバブルが弾けた時、また9・11事件以降、ただでさえ多い中国人への米国での滞在は制限され、大量の中国人が母国に帰っていったが、米国で鍛えたITスキルと事業の流儀を遺憾なく発揮していった結果が現状であり、その延長線上です。インダストリー4.0で、製造業そして海外との新たなるIT領域での連携にも火がついていきそうです。IT領域でも中国独自仕様での体系構築を目指していて、協業は簡単にはいかないようですが、量から質への転換は結構早く進むものです。その「独自」仕様が、どの部分からかメジャーに見えてくる時期が来るでしょう。

5▼ 製品サービス企画力の飛躍

データITは製品サービス企画力を飛躍させます。「製品・サービスモデルの数は、単体製品のデータ連結先の数の累乗的に拡大する」、という可能性があります。これはもちろん仮説ですが、「データをいろいろ繋いでしまうと、製品サービス企画仕事が増えて仕方がない」と言われれば納得もいきます。そこで増えてしまう仕事内容（実は企画立案チャンス）は、つなぐことで生じる、①直接生まれるサービスモデル、②ハードウェアＩＴ機器モデル、そして③知的財産管理面、④データ管理・セキュリティー面の担保仕事などです。最近、特に①とセットになった②の可能性に気が付きました。

最近、やはりデータ確認・解析による人間の様々な業務における判断・意思決定の補助機能が大いに注目され、北米中心にソリューションも急増中です。本章でフォーカスしてきた医療分野における各種の診断補助は典型ですし、各種の物性や強度他の専門分析サービスは、ますますレベルの高いかつ現場に即した需要が求められています。ここで気にしたいのは、供給側の計測機器メーカーにとっての事業モデルです。彼らにとって、ＩＴソフトウェアや周辺ＩＴサービス自体はもちろん本分ではありません。主戦場はやはり元々得意とする単体機器・装置そのもの及びその付随サービスです。

橋のＩｏＴによる強度診断監視を例にしましょう。始めは少ない件数、量で、ＰＣ上でもやっていたのが、量が増え、データ管理面でもアプリケーション面でも、ますます専門的な仕様も求められ、「専用分析装置」的なニーズに繋がっていく。そして実際、そのような形で、元々の計測・診断器具（画像撮像、データセンシング等）に加えて、別途の各種専門データ解析装置群が製品ポートフォリオとして形成されていく。そこに、ＩＴインフラを駆使した複数専門家によるデータ共有・専門解析サービスも並行していきます。これらの流れは、当初の、個々の現場使用のみを念頭に置いた段階で想定していたものではなく、あくまで使用頻度、多彩な使用場所、そして結果的に生まれるデータの集積の帰結です。ただ翻って考えると、これらすべては、始めに採ったデータを残して、それらを積み上げ、繋いでいったことによる機会（opportunities）の拡大です。機器提供会社にとっては製品ラインの拡充、それら製品のユーザーにとれば計測・診断サービスの拡充です。

つまりここでは、ビッグデータというキーワード（ビジョン）は、より多彩な計測診断系機器システムを生み出し、それらをよりスマートに社会に浸透させていくために不可欠な出発点、土台になっています。[*14] そして逆に、そのようなビジョンを構築するのに、データを繋いでネットワーク化することで、結果的も含めて、製品企画・サービスモデル形成が促されている、という相乗効果です（図表4-15）。

図表4-15　製品・事業企画とデータITの相乗効果

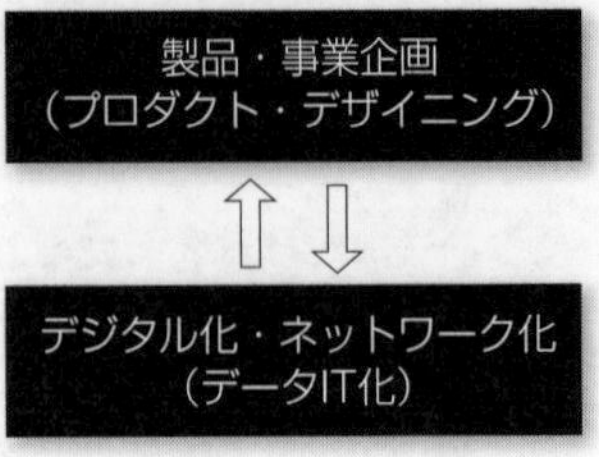

そして、この製品企画・サービスモデル創りを考えるとき、次の定義を思い出します。「複雑系とは、多数の異なる構成要因の間の、複数の相互作用の存在する系のことである」（D. Rind）。[*15] 例えばプロダクト開発で、個々の製品・サービス、全体構成の企画検討部分は、上記したとおり、錯綜するユーザーニーズを反映して、むしろここでの概念に近いです。それは、先に見てきた（特に第1章）モジュール開発、機器・システム、その組み合わせ実用実践、これら各々の段階で必要となるコア作業です。

そして確かに、本章図表4-4でも、データバリューチェーンにおいて、その各段階でのデータ収集・解析・専門分析は、錯綜する社会事象と直接関わっていきます（上段）。これは、多岐にわたる顧客、社会のニーズに対応する拡散的なプロセスでもあります。[*16] 事例代わりに、図表4-8「医療・ウェルネスITマッピング」を再度ご覧ください。それらは検査診断・治療データを残し、相互に繋いだことによる医療機器・システムモデル、さらに進んだ治療やモニタリング方法の広がりを感じます。そして、何より、この①から⑤までの医療・ケアの体系です。院内、病院間、病院と院外患者や地域住民、そして完全な院外（健常者）という、医療データ・情報のありうる流れから想定されるマッピング通りに各論が並んでいます。ただ実際は、この中での、院内（①）が最も充実していて、図表の下の方に行くほど、相対的に手薄になってきます。つまり、医療データ・情報のあるべき所在や連結関係と現状を引き比べることで、今後の課題、さらに充実すべき医療・ケア内容が見えてくる。その結果、そこで必要な医療機器・システム、データのつなぎ、関連サービス等の潜在ニーズも描けてきます。少なくともIT側の視点として浮かび上がってきます。図表4-9の場合も同様です。

以上は、医療機器や医療従事者（病院）寄りの製品・事業（医療サービス）企画効果でしたが、これが医療ITないしIT専門ベンダーでの同様効果、相乗効果も起こってきます。簡単に言えば、医療分野でのデータIT化が進めば、これらベンダーにできる部分が増えて、結果的に、良い医療機器の拡販・普及や、然るべきデータ共有によるあるべき医療・ケアをITインフラ面から促すということです。医療機器メーカーではないMcKesson社（サンフランシスコ）が、PACS（Picture Archiving and Communication System）という医療用画像管理システムの有力ベンダーになっていることなどが象徴的です。

つまり、データIT化は、医療分野に限らない各種の社会課題を担う専門サービス領域で、ハードウェアと専門サービスそのものの展開、浸透のための触媒機能を果たしているとも言えそうです。そして、今までの議論は、あくまで製品やサービスの企画側面でしたが、ここに至って、少し広げて考えれば、〝バリューチェーン経営〟と言えるものにも通じてきます。バリューチェーンとは、そもそも、原材料の調達から製品・サービスが顧客に届くまでの企業活動を、一連の価値（Value）の連鎖(Chain)としてとらえる考え方で、マイケル・E・ポーターが提唱した理論として有名です。そして、MBAの教科書には、「事業活動を機能ごとに分類し、どの部分（機能）で付加価値が生み出されているか、競合と比較してどの部分に強み・弱みがあるかを分析し、事業戦略の有効性や改善の方向を探ること」、とあります。[*17]

6▼先進IT・エレクトロニクス事業領域

ここで、以上で述べた領域を含めて、現在のIT分野における基盤技術、その産業応用の先進領域の代表例を挙げます。ソフトウェア寄りから、センサー・機器装置、サービスまで入り交じり不可分になっています。各々が、データ処理・解析、その現場応用というシーンを内包していて、従来の業種の境がますます低くなる領域です。そして、これらすべてを通して、ITの強みを生かした社会インフラ的、ミッション性の高いテーマやアプローチが目立ちます。完全にテーマがまず先行し、そのために必要な技術やサービスを結集するという順序がうかがえます。そこでの個々技術の水準の高さは、もちろん前提条件です。ITが、高い目的への結集を促しています。ビッグデータという言葉はその象徴です。以下、大きくITインフラと産業センター別で先進領域をみていきます。

ＩＴインフラ、データ通信

データ処理解析、ＢＩ、先進ＡＩ

データ処理能力の飛躍的向上、その人工知能（ＡＩ）技術・知見との連携も相まって、ＢＩ（ビジネス・インテリジェンス）、データマイニング・機械学習、さらにはディープラーニング技術手法です。漠然とした「ビッグデータの活用」ではない、切実かつ高い目的意識に向けたＩＴ・データの活用可能性を探る。医療・ウェルネス現場での医療画像データ通信や予防予知医療・健康管理、最適配電・送電ネットワーク（スマートグリッド）での発電、使用電力量のデータ解析、各種ビジネス・住空間監視、環境保全のための監視システム等も含めて、意味あるデータの意味ある処理システム・サービスであり、かつ、ソフトウェアをベースにした（Software defined）ＩＴ領域です。[*18]

データセンシングシステム、車載向けテレマティックス

センサー技術の発達も相まっての、右記した医療ウェルネスを通した生体情報の収集管理を支えるハードウェアデバイス・システム領域。同様に、普段からの産業汚染管理、環境モニタリング、さらには、災害時の地震津波などの予兆や伝播状況の検知、人命救助過程。車載向けでは、車単体での性能向上という側面から、ますます車同士、さらには車と外部（道路ネットワーク、地域情報等）といった、社会インフラとしての側面。自動運転に象徴されるように、前記の人工知能、それもディープラーニングでの画像認識等につなげるデータ収

集用デバイス領域。

ロボティクス、ＩｏＴプラットフォーム

これらの積み上がったモバイル・ユビキタスインフラに、ますます開発が進むロボティックス分野と相まって、ＩＴインフラと半導体チップ、そしてＭＥＭＳ等も含むセンサー技術が融合する最近のＩｏＴ（Internet of Things）領域が象徴的。[*19] ハードウェアとソフトウェアの壁を超えて、人間活動、情報・知見を結集するという壮大なビジョンであり、今後、データ集積解析技術、人工知能等と連携融合して、ますます社会基盤インフラ化が進みましょう。[*20]

産業セクター

以上のインフラＩＴ技術で述べたセンター横断的な内容を、分野ごとにブレイクダウンします。

医用データ収集管理解析、高齢者見守り

医療従事者間において、診断・計測機器によって検出されたデータ、撮影された画像データの管理・保蔵、そして伝送、出力、共有、解析等へのニーズはますます高まっています。典型的には、遠隔画像診断、医療教育などの領域への応用実践。また、病理画像情報の集積によるパーソナル医療、日頃からの生体情報（バイタルデータ）収集、その後の在宅治療段階も含めた予防予知、予後医療、高齢者向け介護・見守りインフラなどが含まれます。[*21]

・医療データ管理・通信、医療に意味ある情報にするためのデータ解析
・医用画像技術・ＰＡＣＳなど診断系、患者病院管理の情報系、これらの連携融合
・予防医療、従業員の健康管理・メンタルヘルス管理
・高齢者向けの介護・見守りインフラなど

バイオエレクトロニクス、医薬品開発

初期診断において、血液検査に代表される各種バイオデータをとる。より踏み込んで遺伝子チェックは、根本的な病因分析であり、個々人向けのより早い、かつ誤りのない治療に向けたプロセスです。これらの情報をデータベース化し社会共有する動きも広まっています。医薬品開発でも、各種培養時のデータ観察、臨床試験過程、販売開始以降の安全性管理など、データ管理との関わり領域です。

・初期診断時のバイオデータ検出、継続的集合体としてのデータベース化、解析遺伝子検査、病理情報の集積によるパーソナル医療
・バイオ基礎研究、医薬品開発における培養状態チェック、関連計測装置
・同じく臨床試験、医薬品販売後に安全性管理等におけるデータ収集解析など

環境・再生エネルギー、自動車

先進二次（蓄）電池、省エネ技術、最適配電送電システム（スマートグリッド）、これらをインテグレートした次世代の多電源電力システムとその関連周辺サービス、防災・環境監視向けインフラ等です。デバイス材料面、そして制度対応面を見据えながら、風力発電ほかと合わせて、今後の展開に引き続き注目されます。さらに、低炭素社会に向けて、効率の良いCO_2回収・貯留（CCS）、燃料電池自動車、自動運転、次世代効率照明などはますます大きなテーマです。[*22]

・燃料電池、先進バッテリー、ほか各種電子材料・素材
・エネルギー管理、最適配電送電システム（スマートグリッド）、多電源次世代電力システム
・環境監視センシング・モニタリング
・効率の良いCO_2回収・貯留（CCS）、燃料電池自動車、自動車運転技術・インフラなど[*23]

製造生産工程のデジタル化、インダストリー4・0

製造生産現場における工程管理、そのデジタル化領域（インダストリー4・0）。[*24] 生産プロセス管理、需要予測ツール、プラント管理、画像解析技術による品質管理、データ処理能力を高めた監視カメラシステム、ICタグ・RFID等を駆使した在庫管理も従来どおり。設計・組み立て・試験まで生産システムを一気通貫する工程（MES：Manufacturing Execution System）管理であり、設備の稼働率を維持しながら多品種少量生産を目指す。その国際間の標準化競争。

・ＭＥＳ（Manufacturing Execution System 製造実行システム）管理
・製品のライフサイクル管理としての生産プロセス管理、需要予測ツール、工場他プラント管理
・研究開発、製造工程、品質管理段階での各種先進計測技術・機器、画像解析技術
・データ処理能力を高めた監視カメラシステムなど

金融取引ーＴ・フィンテック、分散型の業務取引管理インフラ（ブロック・チェーン）

ＩＴ化、グローバル化が進む社会での金融資本市場取引、さらに実貿易の円滑執行・管理面です。つまり、投資銀行業務の広がり、特にグローバル投資、情報分析・ＢＩ、ポートフォリオ管理などのナレッジ・データ交信や超高速取引（ＨＦＴ）、自動取引対応インフラのさらなる充実、さらにＴＰＰに象徴される国際取引の新たな拡大に伴う円滑決済、そこでのデータセキュリティー確保、不正防止などに伴う、大量データの高速処理、関連アプリケーションの充実などです。

・グローバル投資、情報分析・ＢＩ、ポートフォリオ管理ツール
・超高速取引（ＨＦＴ）、自動取引対応インフラ
・国際的取引の円滑執行・管理、ブロック・チェーン（分散型の業務取引基盤、データベース）
・データセキュリティー管理、マネーロンダリング取引ほか不正取引監視

ところで、図表4-16は、経済産業省製造産業局化学課が「機能性素材産業政策の方向性」として作成したもの

図表4-16　AI・ビッグデータの活用が求められる重点分野 [*25]

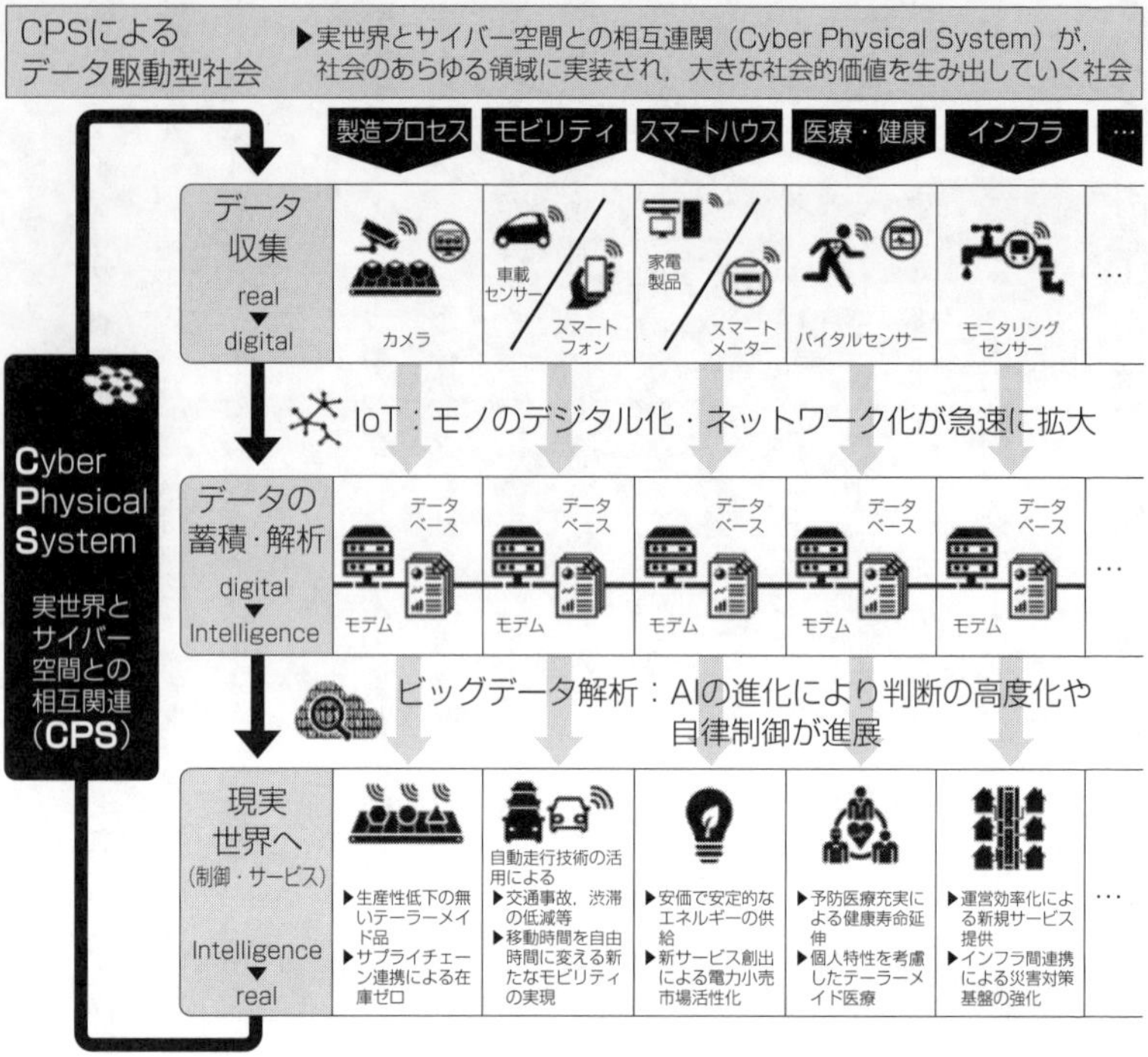

です（２０１５．６）。つまり、元々原材料の物性上、ＩＴとは一番遠い領域と思われがちな機能性化学品管轄部署からのものです。最近のトレンドセクターごとに、前記したデータバリューチェーンに即したマッピングを行っています。縦軸で例のハードウェアセンシングによるデータ収集、それらデータの蓄積・解析、最後に、高度な判断サービスや自動制御等の分野でのデータ利活用段階が示されています。そして横軸で、目下の社会的な課題を抱える注目セクターを挙げています。ＩｏＴやＡＩ要素も新たに盛り込まれています。全体で、本章図表４-３（医療分野例）他にも符合します。

　なお、以上様々な分野でのデータ解析価値を論じてきましたが、データＩＴインフラを担うＩＴベンダーでもない限り、実際の事業展開の上では、このデータ分析・解析に関わるサービス業務自体は、中々売上が立ちにくい面もありました。データ解析に関わるコンサルティングサービスというのも、どの程度の拡張性があるか、見えにくかったりもします。最近話題の、データ解析による業務フローにおける「予知・予測」の件も、米国でも本格化はこれからです。加速度はつくでしょう。では、データバリューチェーンの真価とは何か。世界の特にハードウェア領域をしっかり持つリーディング企業が陰に陽に気にする背景は何かです。

一つには、先述したとおり、それが結果的も含めて、最近のプロダクツ・デザイン検討の一つの大きなコアベンチマークになりつつあることです。データをつなぐことで、汎用機、専用機とも、データ収集やストレージ、解析用の機器、サービスが生まれます。その前に、先取りした検討を迫られます。データ接続をつき詰めることで、第3章図表3-11の「Ａ→Ｃ」ベクトルにも相当します。第2章の「7ＩoＴパラダイムシフト」で示したＩoＴ的なデータ収集、業務管理が今後見込まれるアプリケーション項目群が、その機器・サービスデザインの膨大な可能性を一つ示しています。

そしてもう一つ。このＩoＴ項目群は、現状あるセンサーで実際やっている、ないしニーズと可能性がある程度見込まれる領域であるのに対して、まだはっきりした機器・サービスモデルが見えていない、もう一つはっきり掴めない先例も、発想もない領域があります。今後、新しく出ても来ましょう。そこで突き詰めるべき対象は、フィジカルな意味でのデータを超えて、顧客価値そのものです。同じく第3章図表3-11の「Ａ→Ｂ」です。ここでも、事業・サービス様態に応じて、一つのベンチマークとして〝データバリューチェーン〟を位置付け、それに沿って検討していく。漏れのない検討作業にもなり、周りへの説明上も説得力を増しましょう。

いずれにしても、世界中のデータの90％は、過去2年間に生まれたものと言われるくらい、データ量が急膨張しています。[*26] データITセンスと、そのデータ処理の自社に引き付けた各論つくりが、今後のビジネスの根幹をなすのは間違いなさそうです。

〈ブレイク〉アジアとのIT開発連携

企業にとってのイノベーション展開を考える際、その国境を超えた領域は、今後ますますウェイトを増していきます。以下ではこの点を、海外の相手方の視点からまず整理します。そして、その際の日本企業の立ち位置に関しても考察を試みます。

確かに世界中の人間が混在する米国西海岸企業では、一般的には広く欧米のグローバル企業にも言えそうですが、取り立てて海外展開という概念はない、薄い気がします。殊にシリコンバレーの場合、外国市場に乗り込んでいくという発想ではなく、無意識のうちに、そもそも事業とはグローバルに展開するものという感覚です。世界が我らの市場というほど気負ったものでもなく、ほぼ世界中で通じる英語（米語）、そして何より自分自身そして身近にいる世界各地から来た人々とのつながりによる全く自然な成り行きです。大企業ならまだしも、新興企業段階からその人脈を直接間接生かしながら、コストの安いアジアで調達、開発、そして生産して、アメリカその他世界で売る方向を目指します。しかも、そのグローバル展開志向を実現するツールとして、この二十数年で急速に発達した、自分たちが開発してきたITインフラもフル活用するのは当然です。

その海外人脈を生かした展開の例として、米国とインドそして日本との関係に焦点を当てます。特にリーマンショック以降の経済激変で、確かに状況は大きく変化しつつあるものの、米国からインドへの業務委託（アウトソーシング）はさらに定着し、インドのBPO（Business Process Outsourcing：主に米国そして英国からの業務受託）市場は大変な厚みを帯びています。足元でも、米国のITソフトウェア分野は、モバイル、ラップトップ、さらにはウェアラブル機器関連を中心に再度元気を取り戻し、インドでの優秀なエンジニア調達にも走っています。米国西海岸とインドとのパートナーシップ関係を考える上での論点は以下の2つです。

(1) 米国、とくに西海岸との関係で、このインドのアウトソーシング受託はどう位置付けできるか。また、最近の「知識集約型」受託はどうか。

(2) 日本は、そんなインドとどう対峙し、どんな国際的なプロダクション・ネットワーク体制、そして立ち位置を目指せるか。

1. インドのアウトソーシング受託の位置付け

まず、米国とインドの関係を整理する上で図表4-17をご覧ください。いわゆる「スマイルカーブ」です。縦軸にIT・ソフトウェア開発、サービス各段階で見た利益率レベル、横軸にその製品開発・事業段階をとっています。ＩＴ系企業の収益性実体を踏まえ、一般的な傾向として、始めのデザイン構想段階の付加価値が高いことをまず想定して、通常のカーブより左上位に考えます。もちろん、この点についてはさらなる利益率レベルの精査は必要です。その上で以下の段階分けをしました。

フェーズＡ：ソフトウェア製品・システムのデザイン構想段階で、汎用性も大きく、将来的には大きく育つ可能性を秘めている。またＩＴシステム・サービス構成全体を掌握する位置にあり、ハイリターンが見込める。ただ、具体的なヒット製品・プロダクツに持ち込めない、育てられないリスクも抱える製品企画と試作品開発過程。

フェーズＢ：実際に汎用品やモジュール、アプリケーション開発を行う段階。米国ＩＴ系企業のこの過程のかなりを、インドをはじめイスラエル、東欧、最近は東アジア諸国も担っている。国際的なプロダクション・ネッ

図表4-17　IT・ソフトウェア産業のスマイルカーブ

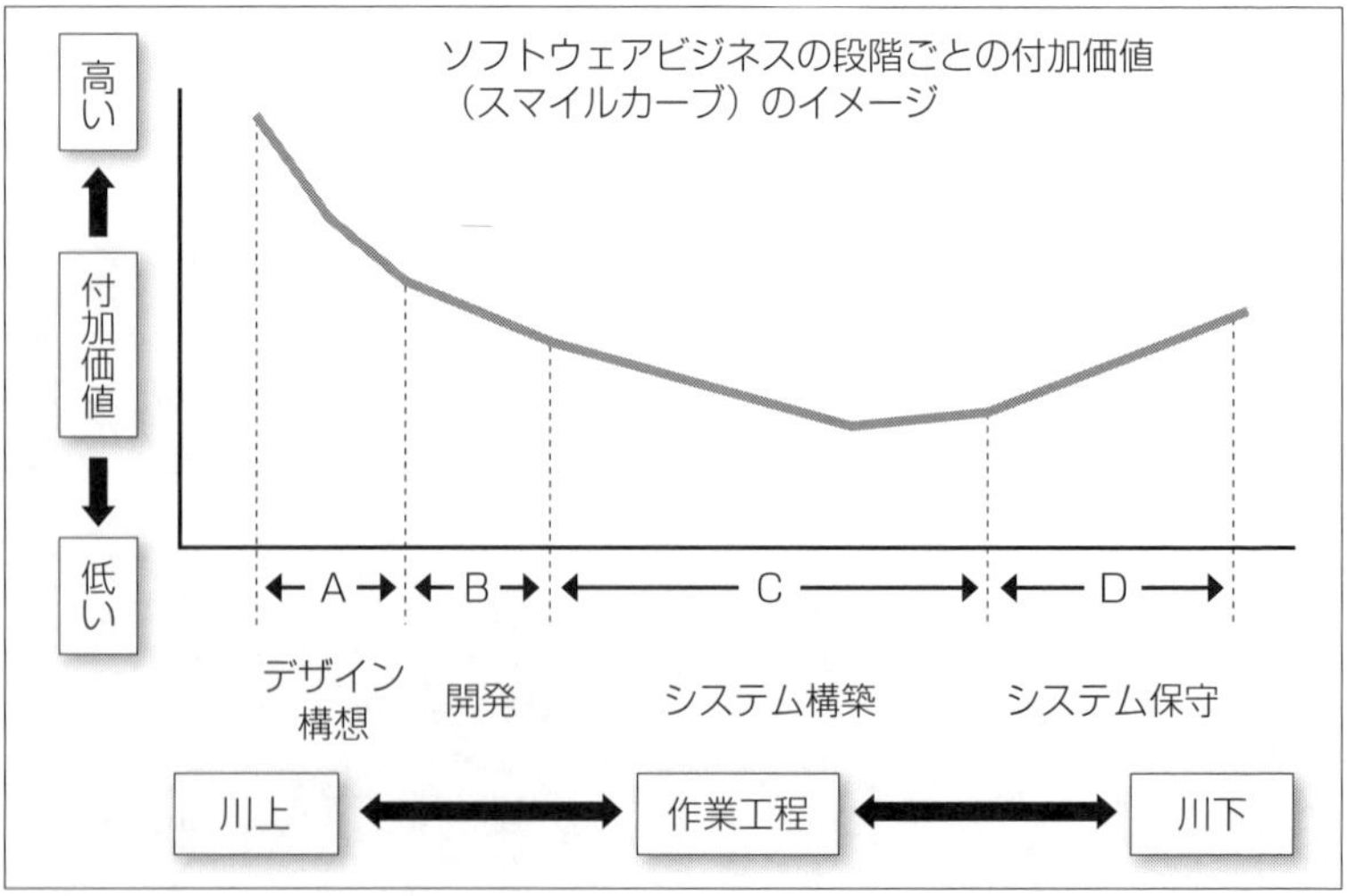

トワーキング戦略で少しでも良質低コストを狙う。米国との関係でインドを考える上で一つの中核工程。

フェーズC：個別顧客向け開発（カスタマイズド）ソフトウェアと、各種ハードウェアを集約させる実装過程であり、製造業でいう加工組み立て段階。米国企業とインド間では、ここを開発仕様の標準化・共有化でカバーするが、基本的には労働集約的で利益率が低め。ただ、最近はインドもこの過程での対応力をつけている。

フェーズD：実装後の保守運用ほかの各種ITサービス領域。元々ここは市場も大きく、やり方次第で比較的レベルの高いかつ安定した収益源に位置付けされている。特に大手企業にとってはコンサルティング機能を駆使できる成長分野でもある。インドのBPO業界が担う最大の工程。

インドへのアウトソーシングは、米国にとっては依然として不可欠なパートナー関係です。要因・背景を整理すると、A段階、つまり米国のソフトウェアコンセプト・企画デザイン段階にいる大小IT系企業が、B段階、つまりパッケージ完成品ないしアプリケーション開発過程で、ますます人手を食う段階に入り、人件費もなお安く技術的なレベルも高いインドに出していく。そしてC、D段階で、米国はインドとの開発コスト、サービスコスト格差を収益源にしてきました。

これが、開発本体をインドのみならず他のアジアに置く米国IT系企業の共通の国際戦略であり、定着して久しい背景です。カリフォルニア州のソフトウェア開発会社の6割は経営トップがインド人という話がありますが、経営陣がアジア系の場合、全く自然な流れとして、コストの安い母国側に人材・労働集約的な開発拠点を置いていく。もともと母国側に開発本体があって、事業・製品デザイン、ブランディング・プロモーション、そして資金調達をやるためにシリコンバレーに本社を据えている、こんな新興企業は多いです。

ところで、最近はこのインドへのアウトソーシングが、米国本国に戻っている例が増えてきました。例えば、ITサービスの延長でIT技術を駆使したカスタマー・サポート業務は従来、顧客のフォロー窓口として、コスト部門にみなされ、コスト削減のために海外に出したのが、最近はますます見込み客ないしハイレベル顧客とのコンタクトセンターとして収益源化され、米国でも本国側の、ターゲット企業の近くに拠点を持つ、それが高じて全体的な本国回帰が起こってきました。日本でも、インドに出すとかえってコストが嵩み、ベトナムなどの他の東アジア諸国に移してきたのは周知のとおりです。そのような動きにも対応すべく、インド企業では、日本IT企業のニーズに応えて、より機動的な開発対応力も備えてきて、他方で、最近ますます知識集約的な内容のアウトソーシング受注、そのための人材開発にも動いてきました。図表4-17の開発段階BそしてAそのものへの食い込みです。

2．日本のITベンダーの立ち位置・対応―顧客価値追求―

では、日本のIT、SIベンダー企業はどんな戦略が描けるか。前述のとおり、Cは加工組み立て段階であり、労働集約的で、かつ責任は重い。おまけに、やり方によっては付加価値も生み利益率を上げられるD段階（保守運用等のITサービス）を業界大手が占める結果、中堅、中小SIベンダーは、ほっておくといつの間にか、実質的にC段階にのみ追いやられ、利益率も成長性も乏しい産業になってしまいます。

インドは、労働集約的なD、そしてBを中心にこれまで担ってきて、今後はますますBそしてできればAを担っていきたいところでしょう。ただそれには、最終顧客ニーズ、市場の後ろ盾が必要になります。顧客ニーズに密着する、ニーズを先取りし超えるためです。今後、人口、市場ともにますます拡大するインドには、将来的にはこの部分も大いにチャンスはありましょうが、米国と英国という遠隔市場からの下請けビジネス構造は基本的には続きましょう。

一方、Aポジションという意味では、日本のIT企業は、最終顧客との経験を生かして、今後もますます、この製品開発における企画・デザイン段階を目指し強化すべきでしょう。大手・中堅IT企業は、事業展開力の大きさを武器に、当然この段階に本格参入する潜在力を備えています。

つまり、インドとの関係でいえば、日本がシリコンバレー的な位置に立つということです。顧客ベース（市場）と潜在的技術・開発経験が後ろ盾です。その際のポイントは、同じデザイン構想段階を担うにしても、日本のIT、SIベンダー企業の強味をより生かすとしたら、米国企業が強くマーケットを席巻するOSや基本的なシステム開発基盤（プラットフォーム）、汎用性ある業務アプリケーション（汎用ソフト）領域よりは、医療や製造、プラント、金融、小売りといった、事業アプリケーション領域であり、社会課題解決型のテーマ領域でしょう。それこそが、これまで相対《あいたい》開発で培ってきた部分であり、第3章で述べた顧客価値領域です。

さらに、その個別企業向けごとにやってきたアプリケーション開発内容の標準化です。つまり、この開発内容をさらに汎用基盤部分と、個別対応カスタマイズ部分に分けて、前者を標準化する。この場合、「国際」標準化というよりは、まずは協働開発しようとする相手国業者と開発分担できる程度に、この汎用基盤部分の開発仕様を統一・共有するという意味です。しかも特定の事業・サービステーマ領域ごとです。地域の高齢者ケア向けとか、防災監視とか。本章の「6.先進IT・エレクトロニクス事業領域」の特に「産業センター」項目がそのテーマの宝庫です。分野特化型ですから個別企業段階でも十分推し進めうると考えます。その部分でのデファクト狙いです。

そして、できれば産業政策的にも、それを国際的（アジア向け）に発信しプロモーションして頂く。それによって、例えばインド、最近ではベトナムなどで、この標準化されたテーマ領域、特定産業サービスアプリ基盤部分を分担開発しやすくしてもらう。そんな過程で、これまでのシリコンバレーとアジアとのIT開発連携を、日本とアジアの間でもますます盛んにできましょう。そうすれば、この特定テーマ向けの社会インフラIT開発という領域で、日本企業が世界をリードする。そして、ここでいう標準化展開では、共通IT基盤としてのクラウド型プラットフォームやデータ処理面での分散処理（エッジ・フォグコンピューティング）などの上に乗る各論フェーズですから、これらの米系ベンダーとの相性も良い、そういうポジション取りでもあります。そこでのポイントは、どこまでも切実な問題意識に根差したITプラットフォームを担う各論の創出と、その世界への発信につきます。*27

＊注

1　データバリューチェーンは、第2章CVC投資モデル中のインテル事例にも対応します。

2　これら各段階の用語は、ＩＢＭの論文に則っています。なお、Data Scienceという言葉は60年代初めに使われだし、この各フェーズ概念は、学術的には90年代の後半に定着したとされています。何より、少し考えれば、現場感覚で納得がいく、常識にも適った整理です。

3　企業内そして外部との知識共有にこそイノベーションの原動力があるとするのがJim Botkin, *Smart business.* ／ジム・ボトキン『ナレッジ・イノベーション―知的資本が競争優位を生む』です。野中幾次郎氏の理論引用もあります。確かに、情報・データを残し、それらを共有することに意義を見出せなければ、真のＩＴ化、ネットワーク化の必要性はありません。

4　https://practicalanalytics.wordpress.com/predictive-analytics-101/

5　構造化データとは、日常生活や経済活動、自然現象などを記録／測定した数値のうち、意味（タグ）付け整理ができていて、コンピュータにもそのまま落とし込める形になっているデータです。他方で、非構造化データは、同じく世の中の文書、画像、音声、動画など、そのままでは意味付け整理も不十分、ないし全くできていないデータです。世の中のデータの8割は依然後者とされ、最近の〝ビッグデータ〟トレンドも、主にこのようなデータの膨張によるものです。この非構造化データの構造化、さらには非構造のままでのコンピュータへの取り込みこそが、最近のデータＩＴ領域の中心テーマです。

6　第5章の図表5‐6「米国のデータ処理・管理系ソフトウェア企業の売上伸び率（最近3年）」のリストは、基本的にそのような領域のリーディング企業群です。

7　特定非営利活動法人 ウェアラブル環境情報ネット推進機構（ＷＩＮ）資料「生体情報センシングが切り拓くヘルスケア・イノベーション」より作成。http://m31.co.jp/jspf_2010_446_BioSensor.pdf

8 『Nextcom 特集 医療とＩＣＴⅡ』（ＫＤＤＩ総研）は、この領域における日本の現状を詳しく解説しています。

9 医療機関ごと、医療ＩＴ、医療機器プロバーダー、保険会社、健保組合等の利害、特にその医療情報の所在が錯綜するということであれば、健康医療モニタリングデータの個人帰属・管理という基本コンセプトも確かに有効でしょう。東京大学橋田浩一教授（大学院情報理工学系研究科ソーシャルＩＣＴ研究センター：新融合サービスＩＣＴ分野）の、例えば「分散ＰＤＳによる個人データの自己管理」などを参照。http://www.japio.or.jp/00yearbook/files/2013book/13_1_11.pdf。図表4-10「どこでもＭＹ病院」にも通じます。

10 日本の皆保険制度、医療点数を基盤とする治療インフラ・体制に対する、米国のＨＭＯに代表される医療保険機構による病院経営体制。限られた予算内での医療対応という後者の方が、〝予防〟への基本的なモチベーションが高いのは確かです。

11 久道茂・鴨池治編『今を生きる―東日本大震災から明日へ！復興と再生への提言―4　医療と福祉』（２０１３）東北大学出版会。

12 報道には出ませんでしたが、この定期通院して薬をもらっていた特に高齢者に対する適切な薬配布・ケア不足で、宮城県の内陸地域で、被災後、相当の方々が続々と逝かれたのを記憶しています。

13 ＧＥヘルスケア・ジャパン資料です。

14 Carmine Gallo, *The Innovation: Secrets of Steve Jobs.*『スティーブ・ジョブズ 驚異のイノベーション』の第5章「ビジョンをシンク・ディファレント」冒頭に、「小さくまとまった計画など立てるな。そんなものでは人の血は騒がない」というダニエル・ハドソン・バーナム（建築家）の言葉。

15 https://ja.wikipedia.org/wiki/%E8%A4%87%E9%9B%91%E7%B3%BB

16 第1章の図表1-6「イノベーション・マトリクスⅡ（＝製品・サービスの高度化過程）」の、「単体機器・システム開発」段階での応用・拡散型にも対応します。

17　グロービス「MBA用語集」。バリューチェーン的経営に注力して実績を積み上げつつある企業として、例えばコニカミノルタ株式会社があります。
18　国内で超高速データ処理ベンチャー企業を立ち上げ、現在も開発を続ける古庄晋二氏による「汎用超高速データベース処理技術」があります。
19　ＩｏＴセンサーの半導体デバイス側の基礎知識習得には、泉谷渉氏『これが半導体の全貌だ！』が最適です。
20　ＩｏＴ関連書籍では、例えば村井純氏『ＩｏＴという新たな産業革命』があります。
21　東京大学医学・工学・薬学系公開講座『医療ヘルスケア産業ビジネスモデル』は、日本の大手事業会社における医療領域への取り組みに関する事例講演集です。
22　例えば、伊藤剛氏『進化する電力システム』は、米国における多電源電力システムを前提にした、最新技術そしてサービスモデルを詳細に解説しています。
23　宮城県において、東北大学未来科学技術共同研究センター（ＮＩＣＨｅ）、トヨタ自動車グループが技術研究・開発母体となって、自動壮行機能付きの電気自動車（ＥＶ）の実証実験が進められています。
24　尾木蔵人氏『決定版　インダストリー４・０』ほかを参照。
25　経済産業省製造産業局化学課機能性化学品室「機能性素材産業政策の方向性」資料（平成２７年６月）。
26　MarkLogic.com-MarkLogic & Hadoop 参照。もっとも、この90％という数字は、ここ2～3年でのコンピュータ例データ処理能（保存、解析処理）の裏返しという面はありましょう。そのほとんどが非構造、つまり、すぐには使えないデータです。その非構造データの活用技術が目下の最大テーマです。
27　小島眞氏『インドのソフトウェア産業』参照。

第5章 戦略的なエコシステム形成

イノベーション・ドライバーズの最後は、企業主体でなされるエコシステム形成です。それも、ここでは、地域性を越えた、事業ミッションを同じくする技術・事業主体同士のコラボレーション、実連携システムとして捉えます。自社の戦略的な事業領域を確実にし、将来への布石、事業拡大をともに展開するための技術シーズや、開発力ある先進企業などを積極的に組成して、それによって、企業主体での新陳代謝・自律システムの構築を図るものです。そのような、より事業（ビジネス）流に根差した企業主体のイノベーションエンジン、その意味での戦略投資展開は〝ビジネスキャピタル〟とも言えるものです。その積み上げが、産業社会全体のイノベーション・エコシステム形成にもつながると信じます。

1▼オープン展開力の源泉

第2章で、CVC投資の典型的3モデルを紹介しました。BASF、インテル、そしてGEです。これらは、企業にとってのオープンなイノベーション展開向け基盤作りモデルそのものです。それは戦略ポートフォリオの構築です。以下、そのための要から整理します。以下の3つです。

企業のイノベーションシーズ吸引力

第1章の研究開発フェーズ議論は、産業主体間の有機的な関係と、その関係の深化・発展メカニズムの解明でした。自律性がビルトインされたイノベーション・エコシステムです。それは、イノベーションによって産業社会の新陳代謝が促されて、活力を絶やさない自律的経済システムです。そして、例えば産業政策が行うのは、この自律的段階の手前までで、水の出口のない池は澱んでしまいます。逆に出口さえ作れば、新しい水は高いところから自然に流れます。エコシステムたる所以です。実経済の中でその出口は、一つには取引利害の一致、その流れ（商流）となりましょう。つまり、個別企業レベルでの事業展開の集積です。そして、本書の主題でもあるこの個別企業（ないし企業群）によるイノベーション展開の素地を成す企業全体のエコシステム形成の原動力はと言えば、イノベーションシーズに対する「吸引力」です。先に述べたとおりです。[*1]

図表5-1は、2009~2014（2015）年で見た、米国の大手代表企業の直近での利益率（Operating

図表5-1　米国主要企業の利益率比較

（Operating Margin：営業利益率ベース）

	AMAT	Apple	Cisco	Google	HP	Oracle	Intel	Microsoft
2009	16.5	29.1	22.9	35.9	22.2	34.8	33.7	39.5
2014 (15)*	16.8	28.7	25.6	**25.0**	6.4	36.3	27.2	19.4

	IBM	GE	AT&T	Xerox
2009	21.5	12.3	10.5	6.2
2014 (15)*	19.8	8.5	9.3	**7.9**

* 各社の最新データ（%）
（Cisco, Oracle, Microsoftは2015年，他は2014年）

Margin：営業利益率ベース）を集計比較したものです。上段が米国西海岸の有力企業、下段が東海岸の大手老舗企業です。前者グループは、設立から一番長いのでＨＰ（ヒューレッド・パッカード社：70年余り）で、他は設立から20〜40年程度のいまだに比較的若い会社です。*2

一方、全米でのＶＣ投資資金集計データでは、シェアの大きい順にシリコンバレーが50％前後、ＬＡ（ロサンゼルス）地域が10％強、ボストン地域が８％等です。シアトル地域も数％ありますから、西海岸合計では、60〜70％になります。全米のざっと3分の2です。そして、図表5-1ではその西海岸（シリコンバレー、シアトル）企業の利益率の高さが目立ちます。各社ごとに技術・事業領域が違い外部リソースとの組み方は様々なわけですが、こう軒並み利益率が高いと、これら企業のオープン展開を考えれば、この潤沢な資金を背景に層が厚くなっている新興企業をしっかり引き付けて、いっそうのイノベーション展開ができていることが、一つ、その高い利益率の大きな背景であるとみなすのは、無理ではないと考えます。

内外からの人材吸引力—受け入れる国際化—

そして人の面です。企業自身が国際展開するにしろ、パートナー先の国際色を強めるにしろ、それを仕切る人材次第です。例えばカリフォルニア企業が今のような発展過程に本格的に入れた背景には、アジアとの有機的な結合があります。もともと、コストが安く良質な労働力を得る相手として、そして最近はより高いレベルの業務内容にも至っています。半導体・エレクトロニクス分野では台湾と、ソフトウェアならインド企業との連携が典型です。そして最近10年は製造組み立て過程一般での中国や他の東南アジアです。

では、カリフォルニア企業は、どうやってそのような関係をアジア諸国と築いてきたか。それは深い人的なつながりです。世界中から人を受け入れてきた米国流の世界展開過程とも言えますが、当州は、特にUCシステム（カリフォルニア大学）がアジアからの優秀な人材の大きな受け皿になってきました。その彼らが、しっかり米国側に根付き、母国とのインターフェース役に育っていく。そして、この人材受け入れ先はアジアに限らず、さらに世界からも広く受け入れている。いや集まってきます。決して、企業が、自前で、海外諸国言語教育を社員に施して、海外研修もさせて、国際展開人材を育てていったわけではありません。完全に逆です。

〝受け入れる国際化、グローバル化〟、その競争です。つまり、そのようにして米国側に根付いた人材の吸収力という点が最後に残ります。

図表5-2　オープンイノベーションの傾向と対策

	具体的な連携内容	実行上の課題	それに対する解決策
技術シーズ，リソースの補充・補完	●大学や研究機関との連携 ●他社との連携	●自社の既存技術（技術者）との競合	●ビックビジョン ●トップダウンの戦略的判断
技術製品・事業コンセプトつくりの円滑化	●他社，専門コンサル会社等との連携	●自社主導コンセプト作りが追いつかない	●コンセプトに充ちたパートナー企業の収集・選定

オープンイノベーションの2ステップ

では、オープン展開力の源泉の3つ目として、企業が、よりイノベーティブに事業展開する、コーポレート・ベンチャリングを成功させる基本は何か。それは、極単純に、以下の2つの要素に分解できます。①研究開発をより強固にする、②その事業化の成功度を高める、です。そして、その各々に対応する事前の処方箋・対策をこれまでの議論も踏まえて、以下の2つと想定しました。「技術シーズ、リソースの補充・補完」と「技術製品・事業コンセプトつくりの円滑化」です。図表5-2にまとめました。

研究開発をより強固にする（＝技術シーズ、リソースの補充・補完）

まず、研究開発をより強固にするためには、オープン展開では、当然、外部との技術シーズ、リソースの補充・補完を図ります。その際、一番問題となるのが自社技術との競合です。もちろん、技術領域はニーズを満たし、技術レベル的にも要求度を充たした上での話です。技術の競合ということは、つまりは自社技術者の処遇という問題でもあります。そして、社内リソースとの何らかの軋轢も乗り越えて、社外リソースも取り込むからには、納得性のある大義が必要になる。「それだけの目標のためなら、誰とでも組んで一緒にやろう」という具体的なテーマ設定・ビックビジョンです。そしてこのビジョンを伴った実行力です。そこには、トップ自身がそれをリードして戦略的判断を下す体制が不可欠になります。ここでのトップは、事案に応じて経営トップ、開発トップ、チームトップ等々各レベルになりますが、まずは経営トップです。

例えば、経営トップによる実質的、本格的な関与、リードがない産学連携は、所詮は目標、結論がはっきりしないまま、技術者同士の形式的なキャッチボールに終わってしまうリスクを常にはらんでいます。また企業間の連携交渉・検討過程で、相互の技術者同士のみのやりとりでは、構造的にどうしても技術コンフリクトが起こって、連携交渉はまとまらない。オープンなイノベーション展開にもかなり開明的な考え方を持っているはずの人でさえそうです。

その事業化の成功度を高める（＝技術製品・事業コンセプトつくり）

他方、事業化の成功確率を上げるためにはどうするか。これも答えは用意済みで、「外部からの知見・コンセプトも取り込む」です。米国の場合、買収で採りにいくのはむしろメインはここかもしれません。それは事業センス・経験豊富な人材を採りにいくということです。

そしてこのコンセプト形成、つまりは具体的な事業化戦略に向けたシナリオつくりも、大きく分けて2つのルートがあります。一つは、マーケットのトレンド分析から入って、大きな戦略構築から積み上げる演繹的なやり方。もう一つはその段階は飛ばして、ないしは軽く済ませて、具体的な外部相手からの提案を集積し取捨選択する中で、より現実性あるシナリオ構築を目指す帰納法的なやり方です。前者が、大手コンサルティング業務も発達している東海岸的であり、後者は新興企業の集積が多い西海岸的です。

もっとも、この2つは本質的にそれほど変わりません。西海岸に多い新興企業は、すでに市場トレンドを踏まえて示現化して（事業として走り出して）いる存在ともとれるし、実際そうです。この場合、新興・中小企業は、例えば自分たちの新製品の最初の有力客になってもらうために、完成度を高める相手として大手企業に日々提案していく。つまり、そこでは受け手側の研究開発の中核業務は、そのような提案の取捨選択です。

そして、受け手企業側がそもそも行うべきことは、彼らが目指すビックビジョンの説得性をより高めてマーケットに大きく訴えることです。それは、将来起こるかもしれない社内外での技術競合を超える大義・目標の設定作業ともなります。さらに、そこに外部リソースの取り込みのための投資資金も確保されれば効果はさらに高まる。ポイントは、いかに有力な提案の選択肢を増やすかです。そのために対象先を国内のみならず海外にも広めるのは有効になります。[*3]

2▼ 戦略的企業投資のチェックポイント

では、具体的にどんな形で事業パートナー関係を築くか。その端的かつ実質的な関係作りである外部企業への投資上のポイントを整理します。以下、この企業主体のエコシステム形成の要にフォーカスしていきます。

事業化・産業化スピード

パートナー企業先の技術事業化・産業化のスピード感の重要性はこれまで述べてきたとおりです。その件を改めて検証するに先立ち、まずもって、大学、新興企業、大手企業、そして投資家という、技術研究、製品開発に関わる各プレイヤーのポジションを整理してみます。改めて確認ですが、以下では中堅企業も、新興企業との比較では、より発展段階の進んだ企業として大手企業に含めます。大学はもちろんこのイノベーション連鎖の一番上流にいます。新興企業は技術とコンセプト、そして先進分野での事業展開力を持っている存在です。大手企業はそんな大学や、新興企業からの提案を見極める位置にいます。またベンチャーキャピタルは、投資先ベンチャーの事業展開をサポートし大手企業にもつなぐ触媒になっています。

ところで、その大手企業と新興企業の関係については、特に彼らの補完、連携展開の実態に基づいて説明したのが、第2章の「現場における連携戦略」です。そこでの連携先の開発段階タイミングは、基本的に、試作品段階、完成品共同開発工程、そして販売開始まであることを述べました。複数の日本企業に対する日米でのヒアリングから見えてきた共通項です。実際は企業により、そしてその部門によって、さらに細かく相手方新興企業の状況を見極めて、これらの中で選択的に取り組みます。米国大手企業事例とも重なります。

以上を図示してみます（図表5-3）。上流から大学、新興企業、そして大手企業各々の研究開発の中核展開フェーズを示しています。色が濃いほどより中核です。大手企業の開発部門は上流から下流に広くポジションを持っていますが、社内ベンチャー、事業開発本部、事業本部となるにつれて、〝重心〟がより産業化・量産

図表5-3 イノベーション・プレイヤーポジション

（色が濃い部分ほど中核ポジション）

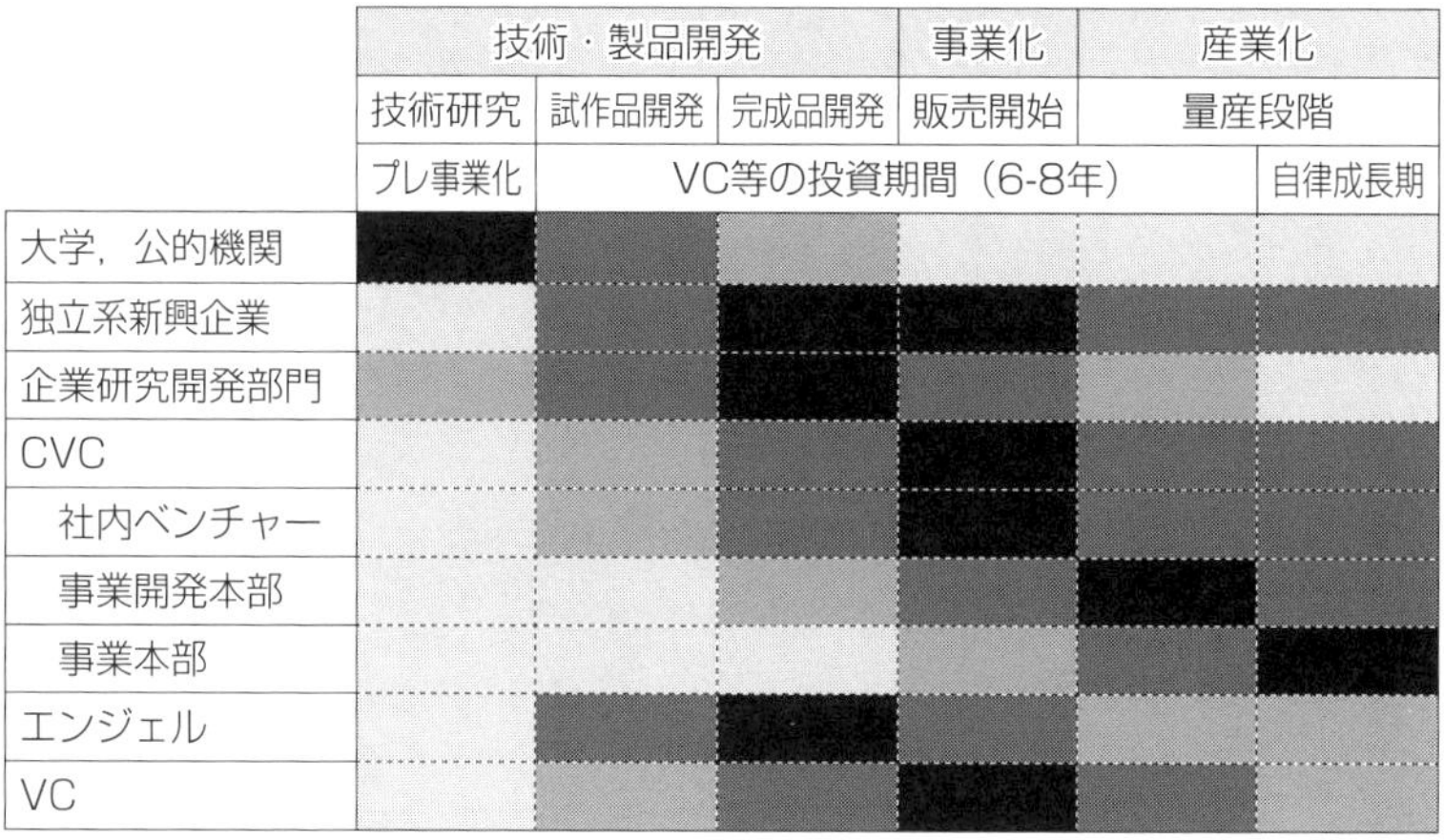

販売フェーズに移っていきます。一方、新興企業はその定義からしても比較的上流領域が多い、そんな全体の関係を表しています。

大手企業は、本来は取り組むべきだった大切な開発段階での開発・事業化に後手を踏むリスクを背負っています。正確には、そのためのリソースもあり、実際開発もしますが、事業規模見込みを伴わない開発シーズは切り捨てざるをえないという例のジレンマを抱えています。その部分を補完するのが新興企業です。マーケットが大きくなくてもある程度の機動性をもって技術・製品開発に取り組む、一番難しい事業立ち上げ、その軌道乗せ作業をＶＣから資金を得ながらこなしている。そんな存在です。また、今後のその有望度に関しては、外部企業との展開に大きく依存しますから、大手企業側がある程度の裁量、影響力さえ持っている。ただ、良い新興企業では競争倍率が高まります。

図表５-３は、これらの各プレイヤー間の相互関係が一覧できるものです。[*4] これは、イノベーション・エコシステムの

模式図にもなっています。新興企業の上流（左側）ポジションと、大手企業の構造的な下流（右側）寄りの重心の間で、イノベーション展開への温度差が生じます。これが、両者間での自律的で継続的な連携関係の源泉です。

これは米国西海岸企業の場合は、同東海岸や日本の大手企業との間にも当てはまり、この温度差によって資金が還流して、特にシリコンバレー企業のイノベーション・シーズ力をさらに強めます。それがそこでのイノベーション・エコシステムです。

研究開発フェーズは、このように大手企業と新興企業とのイノベーション開発・事業化での補完関係で成り立っている一方で、さらに段階が進んだ事業化、産業化（開発、量産）フェーズは、シリコンバレーの場合、先述のとおり、特にアジアと組んでいます。そこに歴然とあるのはコスト格差です。つまり、新興企業は、試作品開発段階は大手企業と組んで、例えば「インテルと組んで完成品開発をやっています」とVCや初期的な取引先を説得し、その後の本格的な開発、量産段階は、人脈でつながったアジアのパートナー企業との展開、つまり価格格差を背景にした事業展開力を示してさらにVCを説得します。パートナー相手方も手広く事業をやっていて、こちらもまだ若い会社で対等な関係で組みます。そこで大手企業と新興企業そしてVCは、国内外全体でエコシステムを形成しています。

そこでの背景にあるもの、真骨頂は、事業化・産業化フェーズにこそあります。市場で認められている高い技術レベルは大前提にして、それを踏まえた事業化、本格的な量産量販段階により速く持っていく。技術を軽視するわけではもちろんなく、技術自体は練れている、信頼性優先のものにして、そこから先は事業モデルの洗練・強化を図る。最先端狙いよりは、標準をとっているないし取れそうな技術が優先されます。

つまり、そこでの新興企業の一番本領とするところは、事業化スピードであり、投資ポイントもそこにあります。従って、温度差を成すイノベーションシーズ力の内実は、「技術力＋事業化・産業化スピード力」となります。大手企業が、本腰を入れるべきか否かで逡巡しているような先進領域にも、新興企業なら一か八かやるしかない。いろいろ幅を広げる経営資源がないからです。

その結果、同地に限りませんが、世の中で取り上げられる「成功しているベンチャー」について見れば、「動きが速い」となります。VCなどからの選別は厳しく、成功への道はやはり厳しいわけですが、母集団を多いと、図表5-3のような有力新興企業のゾーンもみえてくることになります。つまり、この母集団を多めにとる、選択肢の幅を広めにとることが、ここでの大手企業側のリスクヘッジと成功確率アップのポイントになります。

新事業領域の旬度合いの見極め—投資タイミング—

戦略投資上のポイントの2つ目は、相手企業の製品・サービスの旬度合いの見極めです。そこでまず、個々の企業の事業展開視点から整理します。目前の顧客ニーズに沿うべく、また競争相手企業との差別化のため、通常、ゼロから研究開発を始めていたのでは時間的、コスト的、人材的に間に合わない。また、研究成果が事業に結び付かないというリスクも大きい。そのような自前での基礎からの研究開発はもうやめよう、との判断に至った80年代の米国東海岸、IBMに代表される歴史的事例は有名です（中央研究所の終焉）。米国大手企業も、

図表5-4　Innovation Adoption Lifecycle

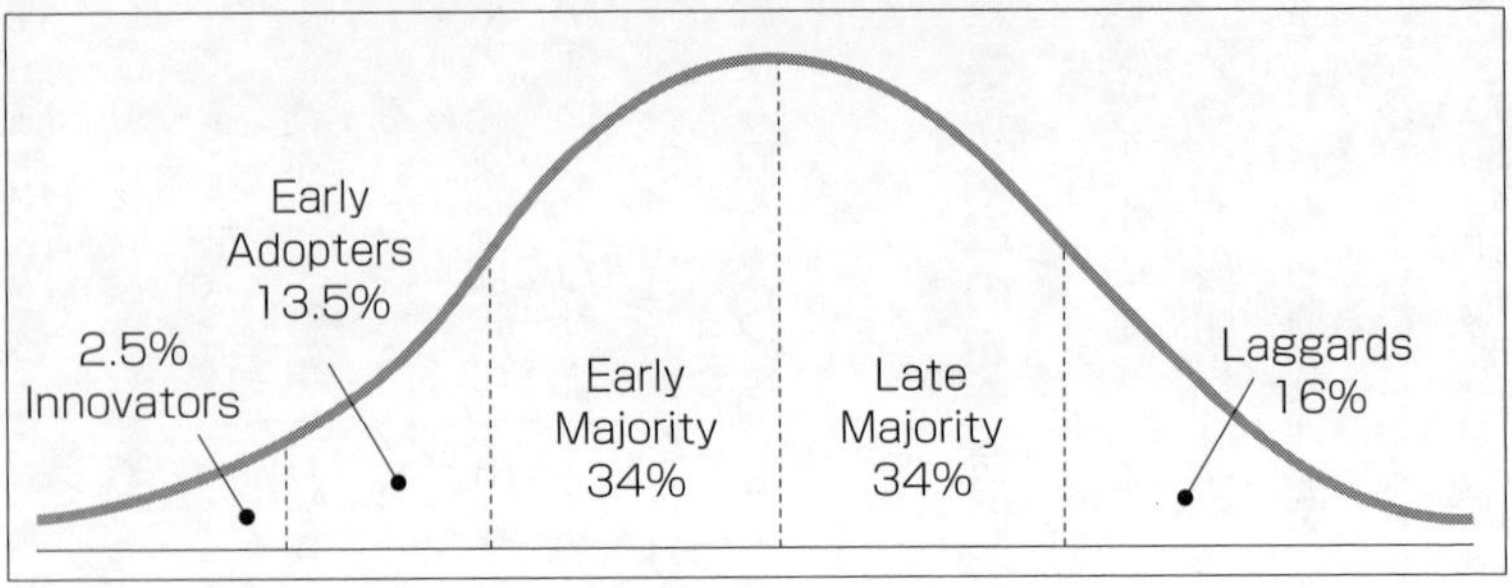

それ以来徐々に、それまでの自前主義を変質させて、パートナーシップ（企業連携）という形を推し進めます。そして今は先進技術・製品の事業化は、新興企業にも大きく依存し、それらの選定、インテグレーションを行い、より競争力ある製品開発やサービス創りを目指す。そのための戦略投資もする……これが、外から良いものを入れること主体の、一般的なオープンイノベーションの流れです。

そして、新しい領域に進出する成功確率を高めるために、より業界標準的な技術の上に、ユニークな製品企画と説得力ある事業モデルを検討する。つまり目指すところは2つです。①自分たちの技術を業界標準、世界標準に持っていく（デジュール・スタンダード）、そして②自分たちの製品とそれに伴う事業サービスを業界メジャー（デファクト・スタンダード）に持っていく。ただこれらは、よほどブランド力あるメジャー企業でもない限り、しかも一社のみでは難しい。そこで実際は、技術面ではすでにマーケットで定評ある有力技術をまず取り込み、その上で、事業展開面で、「トレンドに乗る」ということを優先します。大学による学術面からの示唆、導きもありましょうし、政策当局からのメッセージ、業界その他様々なメディアで取り上げられている分野に乗る。ブームとは違う（始めはそうかもしれません）もっと大きな社会のうねりです。そして通常は、トレンドに乗る、先取りする、できればリードすることこそ事業展開の最優先課題になっていきます。

この部分に関係する有名なイノベーションの普及曲線が図表5-4です。米国の社会学者エベレット・M・ロジャーズ（Everett M. Rogers）が提唱しました。[*5] ロジャーズは、イノベーション（まだ普及していない新しいモノやコト）がどのように社会や組織に伝播・普及するのかの実証的研究を行い、採用時期によって採用者を5つのカテゴリーに分類。新しい技術、イノベーションを、そのライフサイクルの中のどのタイミングで取り込むか、取り入れるかを図式化しています。個々人側の新しく世の中に出てきたものへの受容性向を示しています。まずInnovator（革新者）は、社会に先駆けて革新的に新しいものに飛びつく人。Early Adopters（初期受容者）は、新しいものが出てくると情報収集し判断して、結構早い段階で取り込む人。この層が動き出すか否かがポイントです。Early Majority（初期多数受容者）は、先行組と比べれば若干慎重で、追随的に新しいものを取り込む人。Late Majority（後期多数受容者）は、新しいものにはかなり慎重で、世の中で随分騒がれてからやっと取り入れる人、Laggards（遅滞者）は、辞書には「のろま、ぐずぐずする人、出遅れる人」とあります。数字は、各々フェーズでの取り込み比率です。

ここが、企業において、新製品の投入、増産減産、撤退の時期判断に関わる部分です。つまり、当該製品が世の中でどの段階に今あるか、今後差し掛かりそうかです。国内のみで考えるのと、海外市場を始めから視野に入れるとでも全く違います。国ごとの査定も違ってくる。ともあれ、対象市場について、ピーク判断は難しくとも、例えばInnovators（新し物好き人）からEarly Adoptersにも触手が伸びてきたころは、製品投入時期としては重要な節目です。そして、この節目の見極めこそが、事業会社内でのイノベーション展開の最重要テーマです。一般論は通用せず、各社の既存事業リソース（技術・製品・サービス及び顧客層両面でのポートフォリオ）とのシナジー性にも関わります。*6

他方、自社製品の販売初期から本格的拡販・増産フェーズに持っていくための方策に関して、有名なキャズム理論（「Early AdoptersからEarly Majorityへの移行期に大きな溝がある」）で、以下のように述べています。「両者間では、要求が異なっており、この溝を超えてメインストリーム市場に移行するためには、自社製品の普及段階に応じて、営業体制・アプローチを変えていくことが必要だ」。*7

ともかく、ＩＴシステム・ソフトウェア系や、製造業でもファブレスに代表されるような身軽な経営体質になっていれば、以上のようなシフトも比較的しやすいわけです。ところが抱えているものが大きい場合、つまり開発、製品、製造工場、営業ライン（組織体制も含めて）を度外視して、新しいうねりに機動的に、大がかりに乗ることは構造的に難しくなります。そのタイミングで、技術や事業実績もある程度備わっていて、自社との親和性も良い製品・ソリューション、サービスモデルの提案があれば、当然検討対象になります。こちらから積極的に求めてもいきましょう。事業化段階も意味あるレベル（つまりはある程度の売上）までこの部分を推し進めてくれていれば、技術・製品に加えて顧客を取りにM&Aを含む投資に及ぶ可能性も高まります。将来競合する関係に立たれないためにもです。相手方は新興企業、中小企業、中堅・大手企業、国の内外で、あらゆる可能性があります。もちろん、大学・研究機関となれば、産学連携です。

そしてポイントは、パートナー企業側の技術の位置付けです。いわゆる最先端というよりは、自分たちが進出したい事業分野でいかに製品開発し事業化しているか、今後もそこが有望かです。ここでも事業化へのスピード感です。この点は、M&Aにおける投資金額で見ると分かりやすいです。技術・製品を取りにいく買収のための金額を1とすれば、事業トレンドに即して事業化・産業化する、つまりはその分野での顧客・市場も取りにいくための買収金額は数倍、それ以上になります。費用対効果という意味では当然の資金投入です。投資決裁も、例えば前者が開発部長・本部長（CTO）レベルでなされ、後者は経営陣そしてトップ（CEO）が行う。その意味で、あるレベルの技術力を前提に、それをいかに事業化させ大きく展開するか、経営としての意味が増してきます。

結局、個別の技術や製品（個別要因）での差別化、勝負できる部分は全体の2、3で、残りの7、8はマーケットトレンド力に乗じて（マーケット要因）事業を組み立てていく、そんな形が見えてきます。個々の技術や製品とは別に、さらに大きな金額が動きうるマーケット要因部分を考慮しない経営資源配分は問題、という結論にここでも到達します。

それは、まるで株価形成で、一株当たり利益や資産といったファンダメンタル要因に対する、PER、つまりマーケット人気要因（これこそトレンド合致指標です）の関係に似ています。株価分析の教科書にはこう書かれています。株価＝EPS（一株当たり利益）×PER（Price Earnings Ratio：株価収益率）。通常は、PER要因がESP要因の数倍、数十倍あり、投資家から見た〝人気〟が個別株価変動の主要因です。その人気の部分で、ほとんど無意識のうちにチェックされている中核ファクターがビジネストレンド、その時誰もが合点してくれそうなテーマ領域との合致性です。トレンド合致性とは、もちろん今後のその技術・プロダクツの市場普及可能性です。株価次第でM&A効果もすべて左右されるわけで、その形成要因を無視した経営は、いかに最先端のイノベーション領域と主張しても株主からの納得を得られない。そういう資本の論理がここで顔を出します。以上を踏まえると、株価形成式になぞらえ、事業価値は以下のように考えると納得が行きます。

事業価値＝［プロダクツ（技術・製品・サービス）の質］×［トレンド合致性（市場普及可能性）］

そして構成要因の2つ目「トレンド合致性（市場普及可能性）」は、結局、それを経済社会にどう訴えるか、という説得性の問題でもあります。製品サービス・コンセプトの発信力競争という面がここにも出てきます。*8

3▼ビジョンは大学に聴こう

大学によるビジョン形成・発信

図表5-5はクリステンセン教授が「破壊的な技術」として掲げているものの抜粋です。彼は「破壊的な技術」の定義付けをいろいろしています（結構判りにくく）が、その破壊的な技術として挙げている項目を見て、本当に彼が言いたいかもしれないこと、ないし我々が本来理解すべきことが分かります。つまり、ほとんどは画期的、飛躍的な技術発展の上に優れた製品・システム、サービス提供アイディア、コンセプトが加わったもの

だ、という点です。[*9] その意味の不連続で画期的な技術です。

そして実際、大学・研究所等の技術を企業に紹介する場合、「技術が良いのは分かっていても、それをどう自社の既存製品開発・サービスラインに取り込むかが見えない。だから良い技術と認め切れない。従って却下」、というケースがよくあります。そこに「アイディア」、つまり、「相手企業側と当方技術でこんなレベルまで達する、具体的に創れる、という提案があればよかった」という反省も生じます。日本である新興企業の技術を大手企業に紹介した際、そもそも最終的に何を創るかに関する議論にまで達しないで、材料技術議論に終始したという典型的な苦い経験も幾度かありました。最終目的部分は企業秘密という制約はあるとしてもです。

企業から大学・研究所側に期待するのも、この技術研究開発における技術プラスの部分です。それはまず、①製品・サービス提供のコンセプト、そしてさらに広げて②社会システムデザイン立案部分です。特に大学の場合はこの②の方です。これを、大学の産業界に対する機能の大きな柱として、大学・研究所と企業側双方がしっかり位置付けること。そしてポイントは、しっかりした対価も授受する環境を整え

図表5-5　破壊的な技術

従来技術	破壊的な技術
ハロゲン化銀写真フィルム	デジタル写真
固定電話	携帯電話
ノート・パソコン	携帯デジタル端末
証券取引所取引	オンライン証券取引
従来型の電力会社による発電	分散発電
経営大学院	企業内大学，社内研修プログラム
オフセット印刷	デジタル印刷
総合病院	外来診療所，在宅介護
外科的手術	内視鏡手術
心臓バイパス手術	血管形成術

ることです。「米国大学とは組みやすい」とは、ある日本の大手IT企業の開発部長の言葉でした。米国の著名大学は、この領域の経験ベースが豊富です。ここをサポートする外部のビジネス弁護士・会計士、専門コンサルタント等（プロフェッショナル・サービス）層が厚いのも大きく影響しています。

この領域を、大学が、どんな態勢でどの程度やるかは、大学の立ち位置によってバリエーションがありましょう。ともかく、以上で述べた製品・サービス開発や社会システムに向けたコンセプト形成提案機能を踏まえて、以下のような産業社会のリード役を期待します。

産学でのテーマ共有

従来から、先進領域への米欧大手企業の進出は、当該領域で頭角を現している新興企業、一部大学との連携から始まるのが当たり前になっています。最近確認した例では、ライフサイエンス系、医療と関連IT、人工知能分野などです。それは、大手企業から見て、相手と組まざるをえない理由があったからです。相手が持つ技術、製品・サービス、顧客・市場そして人材や知的財産などです。

この大手企業から見て組まざるをえない存在になるためのシーズ側の要件としては、一部、先述したとおり、2つでした。①完成品開発力：製品開発フェーズを大手企業側のニーズレベルに近付ける、さらに、②企画・事業展開力：技術に加えて製品事業企画力、事業化スピードを備える。一言でいえば、その意味での「即戦力」です。そしてこの即戦力をつけるには、③開発そして人材調達向けの資金調達力が欠かせません。つまり、要件はこれらの3つです。

そして、これらの関係は、イノベーションシーズが大学内にある場合、つまり産学連携においても、基本的には共通します。たださすがに具体的な研究開発フェーズ、そしてそもそもの社会的ミッションが違います。上記の①完成品開発力に相当するのは、大学では技術の「応用開発研究」となりましょう。技術の「応用研究開発」となると民間企業の仕事です。ともかく、この両者で注意を要するのが「応用」の認識ギャップです。大学の研究者にとって応用に見えるものが、企業から見れば依然全くの基礎研究レベルである場合が多い、というギャップです。そして②企画力・事業展開力に相当するのが、社会ビジョン、製品・システムコンセプトの立案・発信です。産学連携活動における大学の主要ミッション、立ち位置もこれら2つは中核です。産業界側の期待です。

特にここでは、後者のビジョン発信・コンセプトつくり機能についてさらに述べます。世界のリーディング大学で、財源の基本部分がドネーション（寄付）という話を聞くと、何やらうらやましく、全く違う社会での話に思えてきますが、寄付金への優遇税制は別にしても、最近、寄付をするそれなりの理由があると思えてきました。つまり例えば、自社がキャンペーンを張ろうとしている事業キーワードを、有力大学も代わってやってくれるとしたらどうでしょう。足元の例では米国で盛んに言われている「ビッグデータ」（大量の通信データ）に絡むＩＴ系事業領域です。

カリフォルニア大学バークレー校（ＵＣバークレー）内に本部があるコンソーシアム、例のCITRISの最新研究キーワードに、最近「Connected Communities」という項目が筆頭に加わりました。上記のビッグデータ領域、さらには人間同士がITインフラを介してまた新しい次元で繋がっていく、そんなこれからの社会を想定し、先導する趣旨のようです。IoT（Internet of Things）に代表されるセンサーで集積したデータの解析基礎技術とその応用展開領域がその中核です。つまり、もともと同大学で大切に研究を重ねてきた得意領域を、産業界で受け入れられやすいキーワードでプロモーションしています。そしてこのキーワードは定期的に更新・改訂しています。そして結果的に大学が、この言葉を今後の社会システムコンセプトの中核としてオーソライズしリードしている形です。ちなみに、CITRISの最新のイニシアティブ（研究対象）項目の全体は以下のとおりです。

IT・データコミュニケーション（Connected Communities）：相互につながった人・社会、機器、オープンデータ、クラウドソーシング、セキュリティー

健康・医療（Health）：健康医療データ解析、遠隔医療、センシング、モバイル・ウェアラブル医療、予知医療、慢性疾患、感染症

人工知能・次世代ロボット（People and Robots）：クラウドロボット、ディープラーニング、人間中心オートメーション、バイオロボット、統計解析

環境エネルギー（Sustainable Infrastructures）：省エネ、スマートグリッド、水、交通、電気自動車、IoT、センサーネット、モバイル

その他社会インフラ（Legacy Initiatives）：公共情報アクセス、安心安全社会、クラウドセンシング、農業IT、

ウェブサービス、水力

そして、この基礎研究の牙城大学もこれらのキーワードを掲げることで、これらに関連しそうな技術・ソリューション領域企業へのプロモーション効果は絶大になります。図表5-6は、2011年度から2014年度にかけての、米国のデータ処理系ソフトウェア企業（2014年度時点での売上が1000M$つまり、10億ドル以上すべて）の売上伸び率を集計したものです。ほぼすべて、この3年間平均で2桁増収、それ以上です。この間の平均的伸び率データはありませんが、明らかに驚異的です。もちろん、この好業績が大学によるメッセージのみによるわけで

図表5-6　米国のデータ処理・管理系ソフトウェア企業の売上伸び率

（最近3年）

社名	売上高 M$		売上伸び率%	ソフトウェアの内容
	2011	2014	2111-2014	
Oracle	26,820	38,230	42.5	Database／Data Management
EMC	17,015	24,440	43.6	Information Management
SAP	16,539	21,344	29.1	Enterprise Application／Data Integration
Vmware	2,857	6,035	111.2	Storage Appliance, Virtualization
SAS	2,430	5,157	112.2	Business Intelligence／Analytics
Convergys	2,203	2,856	29.6	Business Intelligence／Analytics
Teradata	1,936	2,732	41.1	Database／Data Management
Citrix Systems	1,875	3,143	67.6	Enterprise Application／Data Integration
Open Text	912	1,624	78.1	Content, Documents Management
TIBCO	748	1,070	43.0	Enterprise Application／Data Integration
Informatica	650	1,050	61.5	Enterprise Application／Data Integration

はありませんが、少なくとも、大学を含むオピニオン・リーダーと産業界の問題意識の共有、プロモーション上での相乗効果を感じます。ちなみにこれらデータ処理・管理領域は2000~2005年くらいまで米国VC投資の主流でした。それらの新興企業が十数年を経て、自身が成長し、他社に買収もなされ主力企業にしっかり浸透して、産業社会を今けん引しています。今後、IoT絡みのデータがさらに加わり、このうねりはさらに続きそうです。[*10]

事業会社の多くが抱える最大のテーマは、次にどう出るかです。これから何を作れば良いか、そしてソフトウェアを駆使して、どんなシステム、サービスを提供していくか。その点、例えばCITRISが掲げる前記のジャンル分け、具体的なキーワード群は改めて参考になります。[*11]このように大学が、技術事業領域について産業社会ビジョン・方向性、ある程度の具体的な機器・システムイメージを提示することで、結果的に大学がそれらの問題意識とソリューション提示の旗頭になり、同じ方向にある企業群から使途を問わない寄付金を得て、大学側はそれをしっかり本来の基礎研究、汎用研究領域での研究費として回す。これは、大学と産業界の一つの大きなコラボレーションモデルです。お互いを本当に必要とするエコシステム関係でもあります。

「ビジョンリーダー」としての大学への期待

大学と産業界のより自然体での、かつ強力な連携に向けて、大学側に期待する項目を以下に書き出しました。イノベーション展開を図る事業会社についてのこれまでの本書の議論がベースです。大きく2つに括りました。

①大学と産業界での研究開発フェーズの距離を近付ける（融合）、②大学でのビジョン形成機能の強化。大学によって、すでに取り組み済みもありましょうし、目指すミッションに合わない項目もありましょう。その意味で一つのチェックリストです。

最初の「大学と産業界の研究開発フェーズ融合」では、通常の研究段階テーマに加えて、事業企画・開発的な領域にも大学としてさらに迫れないか、その辺も込めました。特に製造業系であれば、生産販売両面でのアジア市場対応、医療機器・システムであれば巨大市場である北米や欧州などの国際展開の有り様《あ よう》などです。MOTやMBAでの基本教育カリキュラムに、より具体性・実践性を持たせるようなイメージでもあります。各項目の意味合いについては、これまで触れている、またはその延長線上にあるもののみです。以下では項目のみ簡潔に書きます。[*12]

〈大学と産業界の研究開発フェーズ融合〉

1　技術の応用・製品開発、社会が求めるアプリケーション開発研究の拡充。技術発とニーズ発の視点を切り分け、「応用」の認識部分で、大学と産業界との次元のずれの解消も図る。

2　企業での技術・製品開発、事業戦略構築に向けた方法論研究。開発・事業テーマの設定、外部との連携アプローチ、さらにそもそもの技術発開発手法の有効性、限界など。

3　企業のイノベーション展開、中でも国際的な技術・製品開発（海外企業との開発連携、海外での現地向け開発、プロモーションなど）についての研究。その方法論、実践論など。

4　以上の実現に向けて、産業界側人材の幅広い、多面的な登用。その際、研究開発系人材に加えて、企画・事業開発系、商社・投資銀行等の法人営業、国際系人材なども含めて。

〈大学の産業社会ビジョン研究・発信〉

5　人文科学系（特に社会心理学、人類学、哲学、言語学、教育学等）や経済・経営学系等での社会ビジョン・コンセプト研究。社会の潜在的ニーズ発掘、将来課題設定の方法論、各論研究の本格化。

6　工学的見地からの社会システム研究の拡充。具体的なテーマにおける構成モジュール、その全体システム立案の方法論。それを産業界との共同研究の中核領域にする。

7　文理融合研究の促進。前記の人文・社会科学系と理工系（機械・電気・電子、情報工学等）共同での融合、横断的な研究。テーマはもちろん製品開発、事業企画、社会ビジョン領域全般。*13

8　この社会システム検討と、そこへのIT活用、その医療や環境農業等向けへの応用を主課題とした情報システム開発研究の充実。パッケージ型ソフトウェア・システム開発、サービスモデル構築研究等。

4▼テーマ性によるエコシステム形成──大学発ベンチャー──

では、いよいよ、どんな形で企業主体にエコシステム形成、つまりは戦略的投資も伴って、潜在・顕在の事業パートナー企業群の形成を行うか。最近は、従来の業種の垣根がますます低くなって、業態変貌や新陳代謝に向けて、何に具体的に取り組むかが主体になってきました。このトレンドを受けて、まず取り組みのテーマ性に基づくアプローチから入ります。前章の最後で示した最新の注目テーマ群が例です。また遡って、第２章のＣＶＣ投資戦略モデルでは、ＧＥグループの手法もそうでした。いわゆる、社会課題解決型であり、顧客に対する事業コンサルティング的立ち位置で、提案営業を展開するやり方です。

他方で、先ほど述べた、大学によるその社会課題、問題意識の提言機能・トレンドも受けて、そこから生まれてきた最近の大学発ベンチャー企業群は、従来の新興企業以上に、この社会テーマ性も反映したラインナップになっています。以下で、この大学発ベンチャー企業について述べます。

日本の大学発ベンチャー企業

日本の産学官連携の象徴の一つが大学発ベンチャーです。最近は、おおよそのトレンディーな社会的課題、テーマトピックスは行き渡るのも速いです。問題は各論です。しかも、自社にとっての意味ある各論。そこを提供してくれるのが新興企業です。トレンディーかつ誰もが納得する大きなテーマ領域で、しかも様々展開して模索中の当事者がそこにいます。ここで翻って、日本政府が取り組んできた大学発ベンチャー企業について、特にそのテーマ性に着目して、現状の分野別企業数の構成を示したのが図表5-7です。*14

これによると、企業数の多い順にバイオ・ヘルスケア（医療）・医療機器、次がＩＴ・ソフトウェア領域、サービス全般、そしてIT以外のものづくり（エレクトロニクス・機械装置系主体）と続きます。なお、IT領域のハードウェアをこのIT・ソフトウェア領域と合算すれば、IT領域がトップにきます。また、比率的には大きくないですが、その後に続く、化学・素材系、環境エネルギー系もレベルが高い企業がたくさんあります。事業展開力の大きい企業とのシナジー形成、役割分担に成功すれば、多大なる潜在力を発揮しましょう。

なお、これらの大学発ベンチャーの場合、どうしても、技術・事業ニーズ発想の出発点が自身の研究施設や学術領域にある場合が多いのは当然です。また、これは多くの実例ですが、元々が研究開発主体ですから、特定の先端的開発と営業とのバランスは苦

図表5-7　日本の大学発ベンチャー企業・そのテーマ分野構成

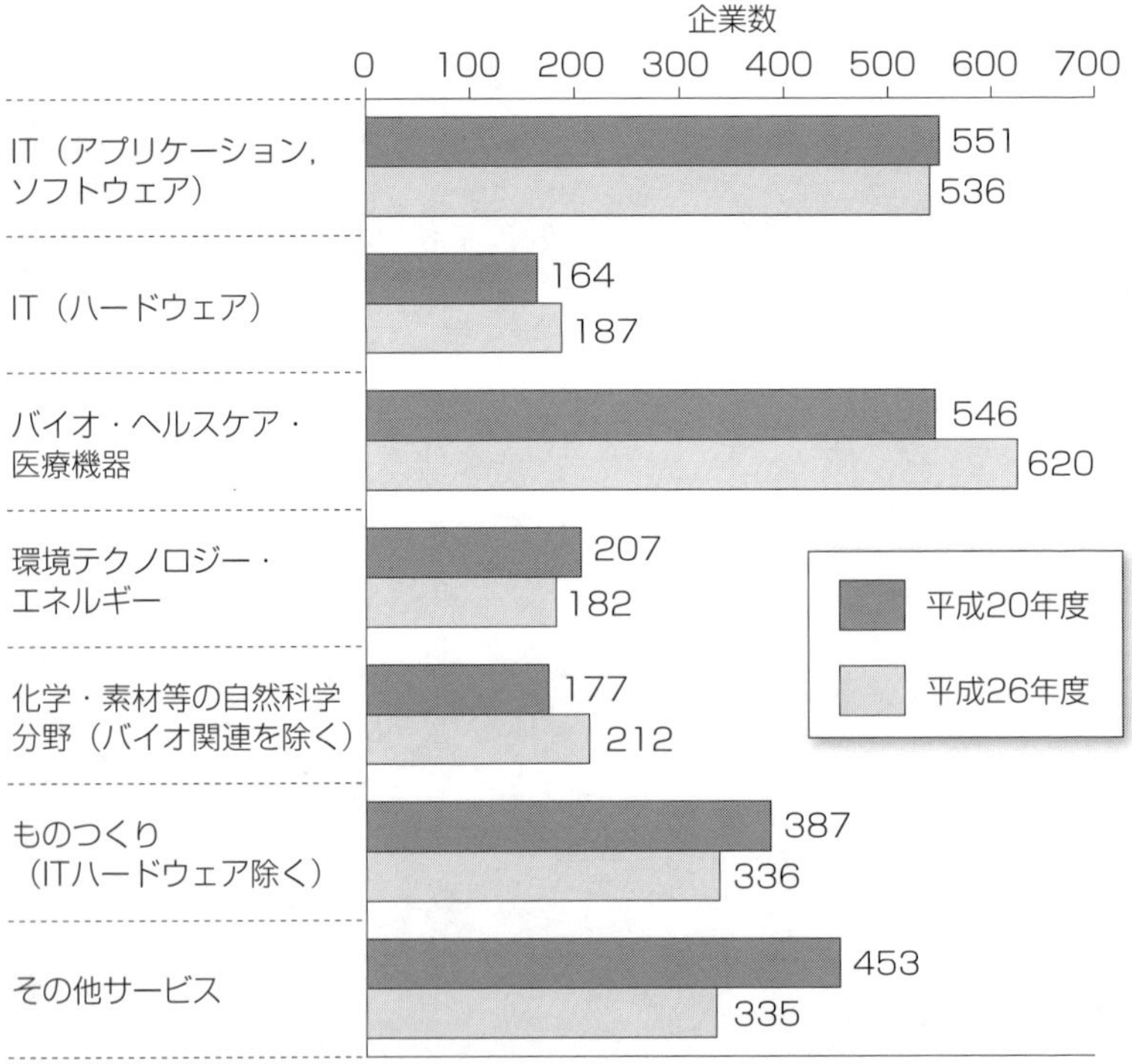

労も多く、販売展開の方がお留守になる場合も多い。その結果、外見、きれいな右肩上がり売上実績が描けず、企業価値として過小評価され、技術的な真価や事業潜在力が見落とされがちです。

従って、このような領域の新興企業と対峙する企業側に、それらの大学発ベンチャーが持つ技術の、より具体的なアプリケーション段階の開発や、もっと立ち返って、そこにある基盤技術そのものの横展開（違った分野への装置開発応用等）を視野に置く用意が不可欠です。そうでないと、大学発ベンチャー自身の技術的ポテンシャルが無駄になります。

これらの新興企業設立件数グラフでは、10年強前をピークにした山型をなしていますが、まさにそれは〝原石の山〟とも言えましょう。そして今後、これまでにも増して、企業、特に大手企業がリーダーシップを発揮する形でエコシステム形成を進めれば、大手企業側のリソース・人材を巻き込んだ、また継続的な大学発ベンチャーの創発も促されましょう。

ここで、この日本の大学発ベンチャー企業の取り組みテーマ内容の一部を紹介します。図表5-8です。実際ある企業群を、取り組みテーマ領域ごとにグループ分けしました。あえて言えば、第2章で見たCVC展開モデルの3つ目、社会課題解決型の発想にも立っています。〝課題先進国日本〟としては、この括り方をさらに強調すべきとも考えています。

これらの項目ごとに、複数企業が取り組み、また同一企業が複数項目領域で展開中の場合もあります。各分野の先端テーマ、技術を事業化に漕ぎつけたものです。ハイテク基盤技術とそのシステム志向も含まれる、かなり具体的な事業展開を想起させるキーワードが並んでいます。序章で紹介した海外技術者アンケートで、今

図表5-8　日本の大学発ベンチャー企業の取り組み技術テーマ（一部）

バイオ・製薬	分子イメージングシステムの開発・設計
	細胞内の代謝物質（メタボローム）測定・分析技術とその応用
	オリゴDNA，RNA合成
	ゲノム情報解析技術とソフトウェア
	機能を保持させた臓器・組織の細胞株（不死化細胞株）樹立
	糖分解代謝物の正確測定による細胞傷害の原因・誘因物質の探索
	糖鎖の構造解析，糖鎖科学関連の医薬・検査薬，ソフトウェア
	がん治療，C型肝炎治療用のペプチドワクチンやC型肝炎用診断薬
	無機塩を用いたナノカプセル化物質の医薬品
	リポソーム技術を応用したDDSシステムによる新薬開発
医療	病院向け電子カルテシステム，医療事故防止支援システム
	遠隔医療，画像解析・診断技術，関連製品
	遠隔講義システム及びPET画像によるがん自動診断システム
	医療測定機器に関する画像処理フュージョンソフト
	MEMS技術の医療機器応用
	遺伝子治療，視覚再生技術
	がん放射線治療装置，及び高エネルギーX線非破壊装置
	がん領域，抗体医薬，分子標的医薬，機能性食品
	疾病関連バイオマーカーのデータ集約，権利関係の調整等
	がんのオーダーメイド医療と分子標的医薬
IT・ソフトウェア	世界最先端レベルの科学技術計算向け解析ソフトウェア・システム
	各種エンジニアリング向けの大規模解析システム
	自動並列化コンパイラによる自動車，医療等のアプリ速度向上技術
	大規模データの超高速処理エンジンおよびシステム，AI応用
	デジタルコンテンツ制作に関わる映像制作システム，周辺機器
	トラフィック監視・死活監視対応のネットワーク監視システム
	バイオメトリクスを用いたセキュリティーシステム
	次世代生産管理支援，需要予測システム
	画像処理技術を応用したソフトウェア開発，デジカメ手ぶれ防止
	車載センシング，テレマティクスによる自動運転システム

ハイテク・エレクトロニクス・化学・材料	磁気クロマトグラフセンサー・白色レーザー分光計測装置
	コンビナトリアルケミストリー技術化合物，自動合成装置
	圧電デバイスほかの有機エレクトロニクスデバイスとその応用
	イオン注入技術を用いた光学素子，電気・電子素子，ガラス材料
	高速大容量の光配線実装基板
	全方位センサー及び各種センサーを用いたシステムとソフトウェア
	高感度磁気センサー技術を活用したウェアラブルデバイス
	TSV技術をコアとした三次元半導体ソリューション
	世界で初めての2次元多共焦点ラマン顕微鏡
	金属ガラス

環境エネルギー・産業用計測等	工場・プラント向け空気清浄装置の受託開発・研究
	微生物活性化剤の開発・販売，ろ過砂の分析・評価
	有機薄膜太陽電池ほかの太陽光発電システム
	電子機器部品及びその製造装置の開発，太陽電池パネル等への適用
	水素発生材料及び燃料電池，周辺機器開発
	新しいワイピング機能を備えたUV殺菌装置，汚水用浄化機器
	二次電池正極材料
	バイオマスを用いた製品の開発・製造
	工業用内視鏡や産業用特殊カメラ
	分光計測技術による地質調査，各種物性の非破壊検査

後の世界のイノベーションセンターとして日本（東京）を挙げた技術者が一番多かったですが，これらの技術シーズへの期待も含まれていたかもしれません。起業から10年余り経って，技術製品開発の段階は一通り終えて，かなりの即戦力を備えた新興企業群です。

では，これらのシーズ企業群は，先に見たデータバリューチェーン視点で眺めた場合，どのような位置付けになるでしょう。図表5-9は，第4章図表4-1「データバリューチェーン」を簡略化したものです。このデータ処理プロセスの中で，業務カテゴリー（サービスプロバイダー属性）で見ると，データ処理・組み合わせまでがIT領域，それ以降が専門サービス領域であることに気が付きます。

図表5-9　データ処理プロセスと業務カテゴリー

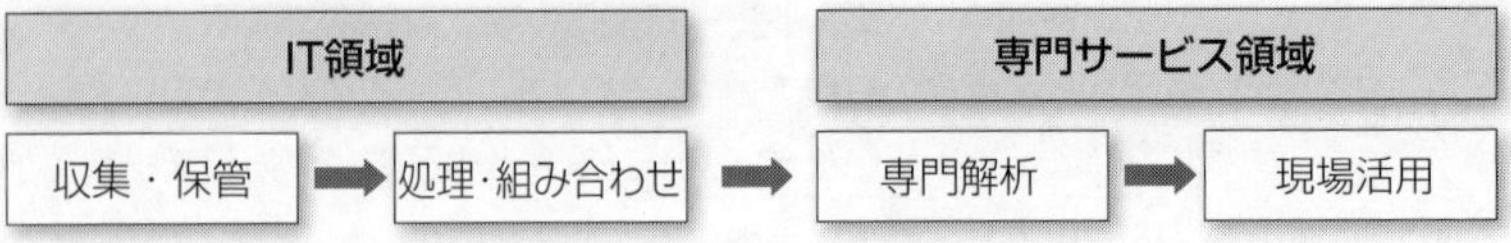

つまり、医療で言えば、(a)診断段階、術前術後や日常での症状モニタリングにおける患者の生データ等を収集・保管し、医療現場で使いやすいものに前処理・管理を受け持つ医療IT業者と、(b)治療方法検討や病理診断に資するための専門データ解析と、それ以降の医療行為そのものを受け持つ医療その他関連機関、これら2つは明確に分かれます。その際、医療現場が専門データ解析段階を必要とするのはもちろん、医療IT業者も、実はその提供内容が医療見知を伴わないIT業務の範囲に留まっていると、差別化が難しくなります。医療情報システム系（患者ケア管理、発展して病院経営につながる情報全般）に留まらず、診断系情報（個々人患者の診断・治療内容データ）とつなぐ部分がますます重要になっているということでもあります。ましてや、最近の人工知能の大量データ・迅速処理技術のお陰で、疾患・症状の予防や予知（つまりは早め早めの対応）という部分が、関心の中心になってくる中ではなおさらのことです。つまりそこでは、少しでも専門性を持った解析段階に立ち入れて初めて、医療機関に説得力を持てるという関係です。他のライフサイエンス基礎研究領域や医薬品開発における薬効確認や安全性確認などでも同様です。

最近ではIoT（Internet of Things）に象徴される、プラントや工場でのデータ処理をもとにした業務プロセス管理などの場合も同様です。センサーによって温度や湿度、濃度などの刻々データを収集し、それを業務管理ITツールで収集して現状を確認する。それに応じて対応をその都度行うという意味での管理体制であれば、すでに完備されています。

そこには、人間の経験知の部分も大きいと言われます。ところで、いま最も注目されているデータ処理の先進領域は、医療同様、事故や必要修理の予知という面です。開発段階ではありますがここでも、専門家知見を備えたデータ解析段階が要になってきます。

つまり、図表5-9でいう「専門解析」ポジションを、ITベンダー側も、最終のデータ活用現場側もいかに引き付けるかが、本格的にビッグデータも含めた、データITサービス、専門サービス双方の最大のテーマになっています。

翻って、図表5-8の項目群を再度ご覧ください。技術のみならず社会課題的なテーマごとに括ってあるだけあって、当然ながら、各々、上記でいう専門知見を備えた、専門解析を可能ならしめるポジションにあります。技術・製品そしてサービス内容に応じて、また〝事業化〟の過程の中で、狭い意味での「専門データ解析」との距離感は様々でしょうが、ここで言いたいのは、そのデータバリューチェーン全体で見た位置付けです。潜在性の問題です。さらに言えば、大学発ベンチャーの真価は、VCが通常の新興企業を査定するのとは別次元の、その技術・課題分野が抱える当面テーマや長期的なビジョンへの深くて広い知見を前提にしている、秘めた存在であることです。それはもちろん、大学のミッションから来ましょう。しかも、その価値を企業側の実事業展開に近いレベル・内容に落とし込んでいます。

その意味で、社会課題の解決志向、ITの世界で言うソリューション志向が世界的に強まっている中で、今後、これら日本の大学発ベンチャーと、国内そして海外企業とのコラボレーションも本格段階に入り、加速化することが期待され、見込まれます。それはあたかも、技術シーズ側が、〝ダーウィンの海〟を手漕ぎボートで渡る代わりに、対岸の先輩企業が船舶モーターを提供し、さらに橋を架けるようなプロセスです。[*15] しかもそれは、先輩企業からみた「ベンチャー支援」としてではなく、事業戦略としてです。

なお、技術シーズ側（大手企業保有も含む）視点で、その特に国際展開について触れます。第2章の製品コモディティー化防止策でも述べましたが、競争が激しい日本国内で何らかの実績を挙げてから海外展開へというケースは一般的です。これら大学発ベンチャー技術に象徴される、日本の奥座敷的シーズ技術自体、そしてその専門性知見ポジションに大きな価値があるとしたら、半製品開発の早い段階から、海外の潜在顧客・市場側の問題意識とのすり合わせを図っていく方が、開発内容面でも、協業意識のシェア（モチベーション）面でも、その後の拡張性は大きいと考えます。

5▼ 開発フェーズを意識したフォーメーション

企業によるエコシステム形成の視点としてもう一つの形を提案します。第1章でも見た技術製品の開発フェーズにこだわった視点です。

イノベーション連鎖型の技術移転

大学や公的研究機関（国研ほか）の技術研究成果を企業側に取り込むルートとして、大学等から直接に大手企業に入れるのではなく、製品開発力ある中小企業を間に入れる、それも組織的にそのようなルート・態勢を組めないか、という点について考えます。

そもそも大学と産業界が研究開発面で連携する背景は、大学側から見た場合、大学発ベンチャー設立と共通します。つまり、①その研究成果の社会・地域還元の一環として、そして②外部産業界からの組織的継続的な資金導入策としてです。この内、とくに②に関しては、相手となる産業界の事情と深く関わってきます。そして、相手方が大手企業と中小企業では状況が違います。現に技術移転という意味では、件数的に全体で見ても後者の中小企業向けが主体（8～9割）と言われています。

社内・グループ内にそのような研究開発機能・人材をより抱えている大手企業では、相対的に外部リソースに依存する（しようとする）程度は下がります。二重投資もできません。また、先進的な技術でも、社内技術、特に既存の主力製品を支えてきたコア技術とバッティングする可能性は、技術シーズを多く抱える大手企業ほど大きくなります。クレイトン・クリステンセン教授の「イノベーションのジレンマ」ということで、そもそも社内で生まれた先進技術自体について、事業性との見合いで取り上げるか否か散々議論検討しているわけで、相手が大学のような外部の、しかも上流技術ならなおさらです。社内での意思決定に時間もかかり、立ち消えの可能性も大きくなります。その点、大学のＴＬＯや発ベンチャーにとって、「相手が製品開発力ある中小企業ならば、むしろ組みやすい」という声も聞きます。技術的なバッティングの可能性は、相手が大手企業の場合と比べて当然下がり、企業側にとっての技術開発力の補完必要性とも合致します。

図表5-10　イノベーション連鎖的なフロー

ただ、産業連携の場合、(a)大学側の技術はまだ基礎・汎用であって、そこから先にさらなる開発時間・コストを要する。さらに(b)そもそも「技術発」ですので、ニーズ側と合致する確率が下がる、という構造的なテーマが残ります。大学側が考える技術をベースにしたアプリケーションと、企業側が顧客のニーズを反映して期待するアプリケーションは、そもそも次元を異にする場合も多いです。大学の技術研究内容はもちろん優れていても、今現在、企業側の事業展開を主力で支える製品や事業モデルに合致するかは別問題です。企業側の目指す技術研究の内容が、基礎・汎用レベルの高い、時に破壊的・不連続にも映るレベルなのか、もっと即戦力あるものなのかにもよります。事業部、つまりは最終顧客のニーズとの調整が大きく立ちはだかってくるのは当然です。

やはり、企業、特にその事業部から見れば、その大学側技術シーズで当面見込める、見える事業可能性の鮮明さ、そして特にその規模です。事業売上見込みとして、例えば、100億円、場合によっては1000億円レベルが企画段階からある程度見えている必要があるのが大企業です。その点、常識的に、大学発シーズ段階でそのような規模感の事業が具体性をもって見込める場合は、ことの性格上多くはないわけです。少なくとも件数的にです。その点、確かに中小規模企業向けの提案は意味が大きそうです。つまり、大学発ベンチャーまで行かない、研究段階の大学発シーズの受け皿として、そのような中小規模企業にいったん担って頂く形です。ここでは、話を単純化している点をご了解ください。

以下では、そのような意味での中小規模企業群を大手企業が戦略的に組成するモデルを考えます。その目的は、第1章で述べた、縦横軸、特に横軸モメンタム力の拡充です。[*16] 図表5-10は、いま述べた、イノベーションシーズの伝達モデル図です。大学のTLOに象徴されるイノベーションシーズと大手企業が直接やり取りする部分と、もっと件数で大きなウェイトを占める、大学系知財・技術↓製品開発力ある中小規模企業群↓大手企業、という連鎖的な流れの2つを示しています。

大学・国研等のイノベーションシーズ側と大手企業の間で、このように中間的な開発段階を組織的に担う製品開発力ある企業群を以下、「付加価値開発企業」と位置付けます。つまり、大学・国研発等の知財、基礎的技術・部材（イノベーションシーズ）を、いったん、付加価値開発企業に渡して、そこで開発フェーズと事業規模を上げてもらって、大手企業に渡す流れです（製品販売、事業譲渡、企業譲渡……）。[*17] 大学発ほかのイノベーションシーズと大企業の間の、製品開発段階そして事業化・産業化の規模感のギャップを埋める狙いです。すでに十分展開されている場合も多いでしょう。そこにあえてフォーカスします。ここでの開発には、製造系もIT系も含みます。海外でのフォーメーション形成も意識したモデル検討です。

3つの推進エンジン

まず、想定シーン、登場プレイヤーを確認します。基盤となる技術・製品領域としては、材料・電子電機・バイオそしてIT等の基礎研究の積み上げを踏まえた、各種機器・装置つまりコンシュマー向け法人向け双方を含む単体機器（スタンドアロンデバイス）から、そのデジタル化・ソフトウェア分野、周辺機器・システム、専門・補助的な周辺サービスまでです。そして応用領域として、医療や医薬品開発ほか広く製造業、自動車、プラント管理などの周辺サービスも想定しています。ハードウェア系とＩＴ系は混然一体のものとして捉えます。

このような技術・事業領域、開発段階で、自社にとっての何らかの絞り込まれた事業テーマ（ポートフォリオ）を掲げて、エコシステムとして戦略ポートフォリオを形成していく形を想定します。対象地域も、将来の本格事業展開を念頭に、特定地域にとらわれないで探索します。これらの相手企業群が、さきほどの付加価値開発（以下、ＡＶＤ：Added Value Development）企業です。[*18]

その上で、この企業群を中核に、その周辺を固める機能概念をまとめました。今ある大手企業側の組織と対応させて、以下の３つです。各機能のネーミングは概念整理のための仮称です。

〈競争力プラットフォーム：Competitive Platform（CP）〉

企業側の推進主体で言えば、事業・営業本部、事業企画、事業投資（ＣＶＣ）、オープンイノベーション推進、戦略コンサルティング等の各部門です。①市場トレンド・顧客ニーズを反映した外部イノベーションシーズ及び中間開発先進企業群の継続的な探索、技術事業分野、開発段階ごとでの組成。②それらシーズ群、ＡＶＤ企業群そして最終顧客との継続的インターフェース。③当エコシステムの外部への発信・ブランディング、良いシーズ・先進的な開発企業の引き付け、自社製品・サービスの標準化（デファクト、デジュール）推進の旗頭にもなる。イノベーション展開のハブ機能です。

〈先進的ＡＶＤ企業ポートフォリオ：Advanced Portfolio（ＡＰ）〉

同じく推進主体は、技術製品開発、機器製造、ＩＴシステム製品開発の各オープン展開、グループ企業統括等の各部門が対応します。①上記の競争力プラットフォームと共に、市場・顧客ニーズを直接反映した技術・製品開発・サービス開発を推し進めるために、シーズ群と中間的開発企業群との間での付加価値開発（製品開発、中間製造、システム化）プロセスを主導する。②これら外部パートナーからの成果をもとに、かつ自社側の開発・製造リソースと合わせて、双方の特に製品作り込み段階、事業展開面のギャップ、ミスマッチングを埋める。③以上からの成果物を市場・顧客にプロモート、販売推進を前記のＣＰと共に展開し、そこから得たフィードバックを開発過程に落とし込む。付加価値開発プロセスの中身は、図表5-11のとおりの三層を想定します。

図表5-11　付加価値開発（AVD）三層プロセス

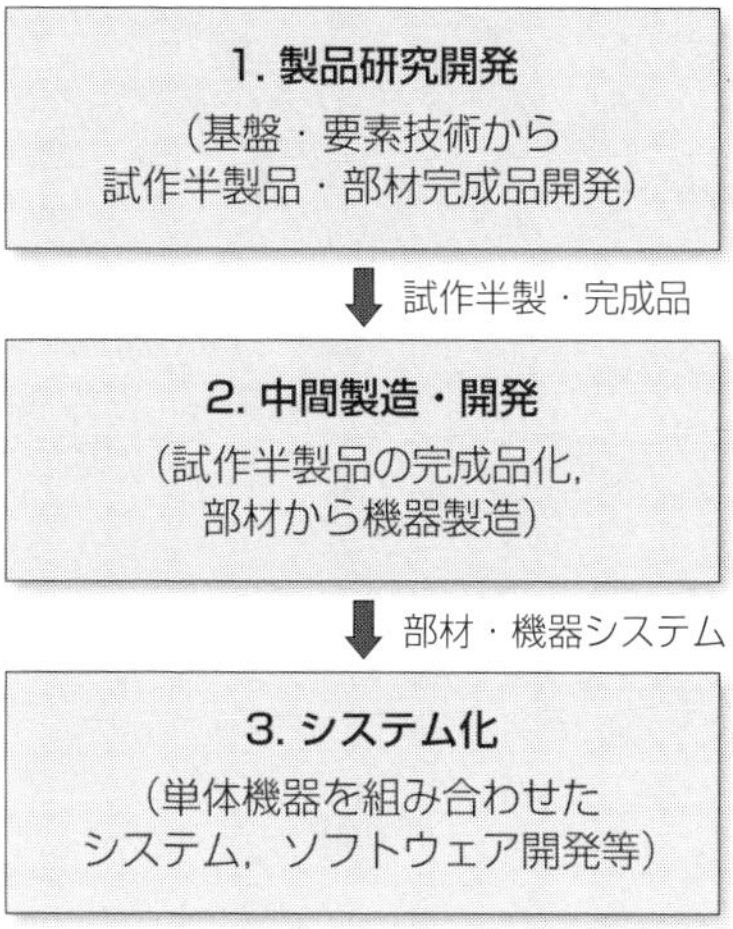

さらに、ここでの「自社側の開発・製造リソース」には、社内で事業化を模索してきた技術リソース、そして走り出している社内ベンチャー、スピンオフ、スピンアウトベンチャー[*19]等も含めます。そうすることで、全体での母体会社との連携展開も、元々人でつながっている分、格段に違ってきます。実は、これは西海岸では多いパターンです。大学と企業、各々から発した

ベンチャーチーム、そこにVCも当然絡んで、混然一体となって、共通の技術・事業ミッションを追いかける形です。つまり、ここでの中間開発機能は、自社発のベンチャー企業も自在に含めて、自社技術の流動化という大きな機能も担うものにします。

〈オープン型CVCフォーメーション：Open Capital（OC）〉

推進主体は、共同開発資金や社内の新規事業プロジェクト推進資金、同様のCVC（企業内戦略投資：Corporate VC）部門です。①以上のシーズ側、中間開発企業群の、特に特定事案に即した開発初動段階での資金供給。現状の社内での戦略投資やCVC業務。②前記の競争力プラットフォーム機能と連携し、これら展開の外部へのテーマ・プロモーションを通じて、外部からの資金流入も促し、〝テーマファンド〟の組成運営も行う。CVC機能のオープン版。[*20] ③その外部パートナー（シーズ、AVD企業）各々独自の開発、事業展開発展を主体的に推進する。それにより、当エコシステム全体のレベルアップを図る。

IT企業・各種の業務専門サービスセンターの場合

なお、以上はハードウェア製造とITを一体的に念頭に置いていますが、ソフトウェアIT開発・関連サービスのみを事業とするいわゆるIT企業一般に対しては、どのように関わってくるかです。結論は同様に当てはまります。図表5-11に従って、まず、ソフトウェア・ITシステム開発の場合ですが、前章図表4-12のソフトウェア体系でもみたとおり、汎用基盤ソフトウェアやモジュール・パッケージ・ソフトウェア開発がまずあって（製品開発）、そこから汎用・業務アプリケーション開発や必要な業種アプリケーションに仕上げていく（中間製造）。最後に、構成がさらに大掛かりになって、システム・インテグレーションとして、これらのソフトウェア・ITシステムを顧客の要求仕様に応じて組み合わせ、カスタマイズしていきます（システム化）。これらの開発段階に合わせたシーズの取り込み、大手企業へのつなぎという流れです。

また、ソフトウェアITの中でも、第4章で述べたデータ処理・解析領域（データIT）では、右記の一般概念とも照らして、データ収集及び集計基盤エンジン領域、その開発段階が「製品開発」、ユーザー向けのデータ加工、組み合わせさらに意味ある保管・データベース等が「中間製造開発」、そして、エンドユーザー・現場向けの専門知見も伴ったデータ分析・解析、カスタマイズ等が「システム化」に相当すると考えられます。[*21]

ところで、この中間開発先進企業群の開発フェーズごとの把握は、最近の新たな国際動向とも関わってきます。ドイツ発の「インダストリー4・0」です。国家として日本のものつくり企業に関心を寄せ、政府主導で海外展開を図ろうとする中で、開発フェーズの摺合せは重要度を増します。日独ともにハードウェアに強みを持つ中で同じ開発フェーズの会社が相《あい》まみえては、バッティングします。少しずつずらして、開発そして事業ストリーム（資金）がスムーズに流れるようにセットする必要があります。日本側の個々の中小企業では対応が難しく、大手企業単体でも大変です。日本企業側でセンサー段階、それを組み合わせた機器、システム・ネットワーク等の段階で組織化できていれば、少なくとも、開発フェーズ意識をこの領域でもしっかり持っていれば、対応力も違ってきましょう。もちろん、大手企業によるパートナー形成のベースにもなります。

図表5-12　開発フェーズによるエコシステム組成全体モデル

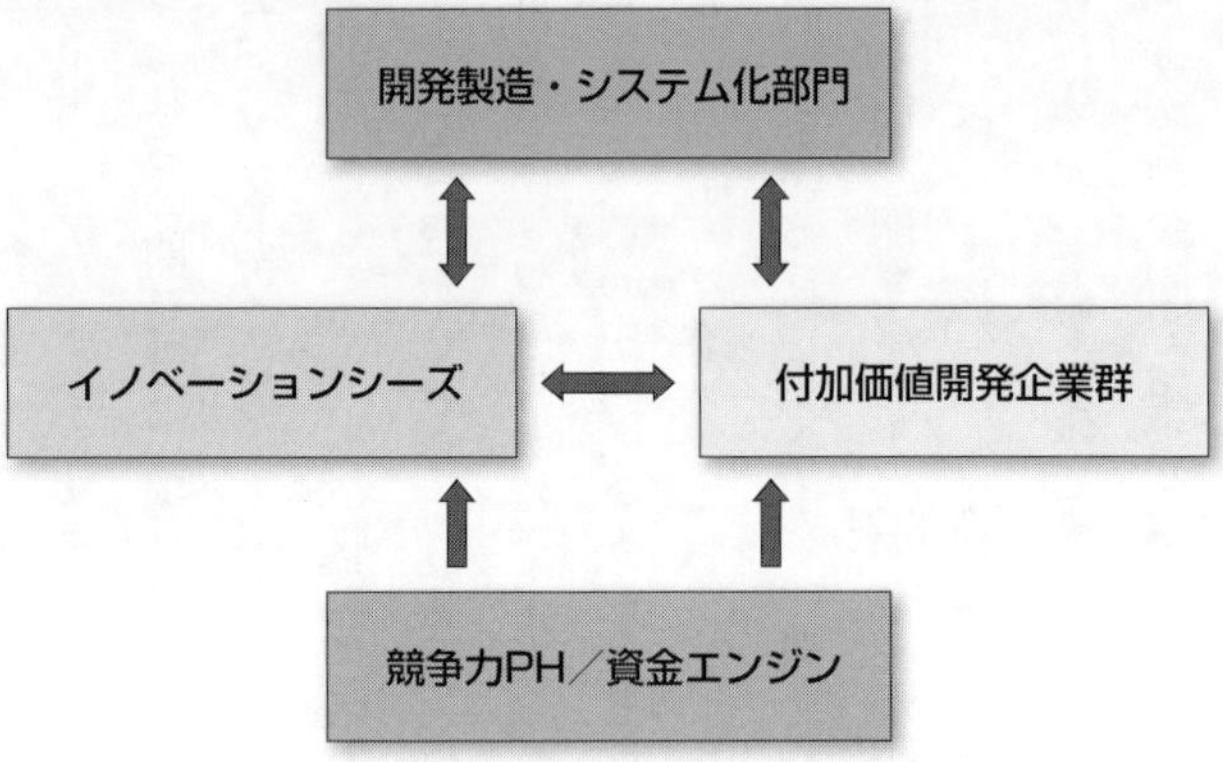

全体モデル、その具体的な構成企業像

ここまで、イノベーションシーズと中間開発先進企業群を戦略的に組成し、潜在ポートフォリオとして、大手企業が主体的にエコシステムを形成するフォーメーションを概説しました。図表5-12に、その全体を簡潔に描きました。イノベーションシーズそのものを、今までどおり、大学や新興企業他から直接受け取る部分と、より製品開発段階が進んだ付加価値開発（AVD）企業群から受け取る部分、この2つになっています。競争力プラットフォーム（競争力PH）とオープン型CVCフォーメーション（資金エンジン）で、外部リソースを組成しサポートして、自社リソース（開発・製造・システム化部門）を強力に支えます。イノベーションシーズとAVD企業群ともに、相手先の所在地は、事業展開をしたい地域に依存します。

基本パターンとしては、自社オリジナル技術または技術シーズパートナー（例えば大学や特定新興企業）と組んで、基盤技術は自社保有のものとして固めた上で、または固まっている基盤技術・製品を前提に、内外の本格事業展開したい地域企業と組みます。それも当方の基盤技術・製品を理解し、現地顧客向けアプリケーション開発力、サービス開発提供力がある、かつ既存・見込み顧客・市場をしっかり現地で持っている先を選んでいく。初期的なやり取り・取引過程を経て、資本関係やM&A（買収）にも踏み込む。つまり、上記のイノベーションシーズやAVD企業群は、そういう相手候補の母集団でもあります。

なお、この図表5-12のフォーメーションで、イノベーションシーズ、そして特にAVD企業群部分は、エコシステム形成主体の企業の事業内容によって、以上のようなハードウェア・IT開発製造の場合に加えて、ITシステム・ソフトウェア開発そのもの、サービス提供の場合にも当てはまります。モジュール的な基本ソフトウェアや個々サービスがまずあって、それらを集積・インテグレーションを高めたITソリューションやサービスパッケージに仕上げる流れです。そして、これらを受け取った大手企業側で、最終顧客に対する、より顧客に直《ちょく》のカスタマイズド・システムや個々向けのサービス提供となります。そこでのパートナー候補先との関係も既述の内容と全く同じです。

さらに、一つの新興企業でも、基盤技術部分はイノベーションシーズになり、特定企業群・業種向けに作り込んだ部分・その能力は付加価値開発段階に入ります。また、さらに発展段階の進んだAVD企業群側自身でも同様で、順に①継続的な基盤技術、ソフトウェア開発段階、②機器装置開発、アプリケーションソフト開発段階、そして③装置系であればシステム化、IT系であればインテグレーション段階、という対応関係です。

具体的なモデルとして、先に述べたCVC投資モデルのうち、インテルに代表されたデータバリューチェーン型の場合のイメージ図（仮にA社）は図表5-13のとおりです。

図表5-13　データバリューチェーン型エコシステム形成のイメージ図

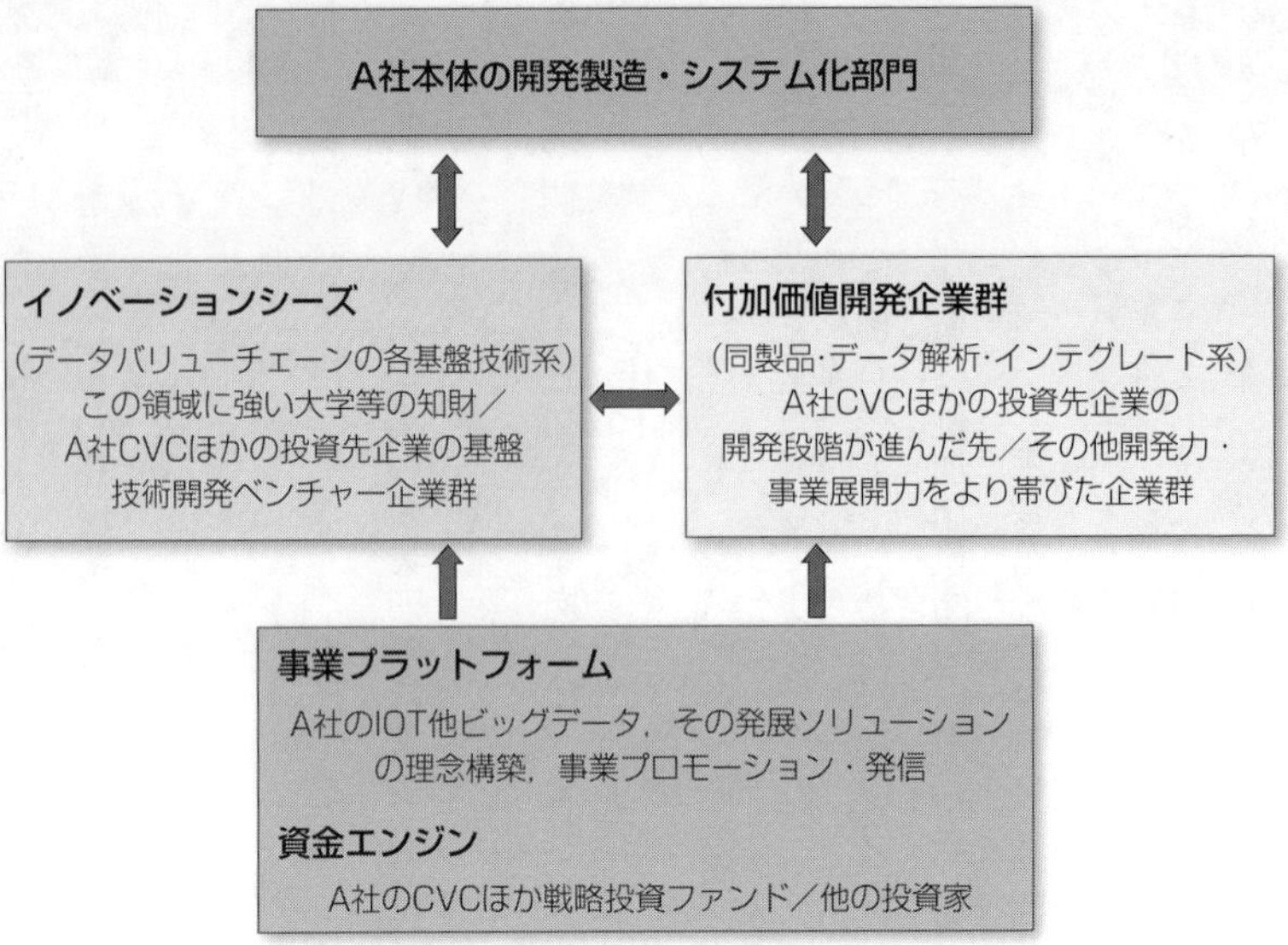

異業種他社のイノベーションシーズと組む

大切なことを一つ付け加えます。オープンイノベーションの大きな柱に、自社に眠る、くすぶるイノベーションシーズの流動化があります。これは他社にとっても同様です。とは言え、事業部・営業部門がガチンコ勝負している、本業での競合他社とはどんな形でも組みにくい。その点、異業種、それも新陳代謝、業態転換を模索中の他社とであれば、この当方で事業化を模索中のシーズとの連携は大分取り組みやすいでしょう。お互い、産業化つまり初期の事業化段階の後での事業拡張・発展段階には自信があるもの同士なら、なおさらです。つまり、図表5-10の「イノベーションシーズ」には、そのような異業種他社のシーズもしっかり加えたいところです。それが、主力事業領域での展開にも波及すれば、事業部・営業部門との連携もうまくいきましょう。

6 ▼ 〝ビジネスキャピタル〟の推進体制

投資後の事業プロモーション展開―ビジネスキャピタル―

まず、事業会社戦略を含めて、少しだけ広めに眺めてみます。

元々、産業クラスター的な視点から、生態系としての意味で使われている〝イノベーション・エコシステム〟を、本書では、より事業会社が主導すべき戦略モデルとして位置付けし直しています。そして、そこで最も大切な点は、事業の流れ、ビジネス流として、自然体で、さらに強力に流れるイノベーションのうねり形成です。CVC（Corporate VC：企業投資ファンド）や他の内部体制としての戦略投資資金は、そのための新陳代謝エンジンマネーです。そのような、より事業流主体の、事業（ビジネス）に根差したイノベーション推進機能全体を、ベンチャーキャピタル：Venture Capital（＝VC）という言葉になぞらえて、広い意味で〝ビジネスキャピタル：Business Capital（＝BC）〟と呼ぶのが相応しいと考えます。

2000年代初頭、シリコンバレーそして全米でも代表的なリーダー的VCの一つであるクライナー・パーキンス（KPCB：クライナー・パーキンス・コーフィールド・アンド・バイヤーズ）のウェブサイトには、トップページに大きく〝Keirestu〈系列〉〟と漢字付きで書いてありました。それを見た時、すでに盛んにCVCを展開中だったシスコシステムズや、それを始めたばかりのインテルの展開は、日本の70～80年代隆盛期の企業系列体制も学んでのことだったか、と実感しました。[*22]

かたや、日本経済側では、その系列化、さらに一般的に、大企業と中小新興企業間の縦的関係、意識が固定化して、自由自在なイノベーション展開を阻害してきた面は、我々自身が自覚して久しいわけです。ここでの作業は、元々日本企業・経済にあったビジネス流主体の自在なエコシステムを再度浮き彫りにしアップデートして、その理念や方法論を社会のイノベーションインフラ・機能の中核として位置付けし直すことです。

そもそも、年金資金の新興企業等へのリスクマネー（リスクテイクも許容する資金）供給体制、高齢者への富の偏在、現役世代の米欧と比べれば依然大きくない富の格差、金融取引より実物取引（ファンダメンタル、技術）志向、人材の大手企業偏在など、思いつく範囲でも、起業・新興企業への資金供給インフラ、社会基盤が米欧とは違う日本の場合、経済社会全体的に見ても、特に、自律性永続性あるエコシステムという視点に立てばなおさら、イノベーションマネー供給の重心は中堅企業を含む大手企業のイノベーション展開資金であるとする方が理にかない、説得力もあり、現状にも即し、未来に向かった展望もいっそう描きやすい、私はそう考えています。VCともちろん密に連携するエコシステムリーダーです。そこには、形通りのCVCも入れば、そこまでの体制にしていない共同開発用資金、社内ベンチャー、スピンオフ企業への支援資金等も含まれます。そこでのポイントは、基本理念としてのフラット化であり、硬直的な意識の解消です。

そして、社内そして社外の、ここでのビジネス流を促し確固たるものにする展開・活動がビジネスキャピタル（以下、BC）のコア領域です。つまり、通常VCモデルでは、投資資金をまず集め、投資にふさわしい企業群を発掘・厳選して、株式持ち分や企業発展モデル（資本政策）をすり合わせて投資実行する。投資後は、主に出口を見据える時期での事業会社とのつなぎ、そして順調に行けば株式公開サポートという流れです。

他方、BCでの活動重心はむしろ投資した後の、投資先企業の事業展開そのものに入り込んだ展開でありサポートです。広い意味で、BCの典型であるCVCであれば、いかに自社（投資元企業）の事業ミッション・目的に引き付け、かつその投資先パートナー企業と共栄し、それによって、自社のオープンイノベーション基盤を強化していくか。外部からのサポート部分の中心もそこに集中します。以上のことをより鮮明にするために、ここでこのBC概念の定義をします。広義では以下のとおりです。

①新興企業ほかへの投資、そことの資本提携・M＆A等において、研究開発や事業企画・連携の促進など、より事業の本流で、その流れをより強力に推し進める、そういうイノベーション推進機能一般。さらに狭義では、以下を想定します。

②通常の企業団体（研究機関や投資家等も含む）に対し、その取り組む技術の事業化や新規事業の促進振興に関わる実ビジネス労役に特化して提供する機能。

〝ビジネスキャピタル〞という言葉は、米国にあるわけでもない真新しい言い方ですが、ビジネス流主体の強力なエコシステム形成を促すための一つの概念提示です。実態を踏まえて、具体的にどのような範疇を念頭にしているか整理します。

まず上記①の広義には以下が含まれます。現状、事業会社が資金投入を伴って展開している内容に直接的・間接的に関わる領域です。

・企業自身の戦略投資マネーやCVC、それに伴う新機軸的な諸イノベーション展開。開発部門にも事業推進・営業部門にも広く関わります。

・VC投資における、投資先企業や対峙する大手系事業会社の技術製品開発、実展開推進に大きく入り込んだキャピタリスト展開。

・技術製品開発や知財・財務戦略、事業企画等に関わる大学研究所、法律・会計事務所、事業コンサルティングそして公的機関等における、同様の実事業段階向けのサポート展開。

そして、②の狭義側は、より具体的に言い換えれば以下です。

・事業推進サポートサービスを提供投入して、その成果の一部を分有するビジネスサポート業務。技術ライセンシングや他の販売促進、ビジネス・マッチング、資金調達・導入の促進支援、その他事業の遂行発展に資するサポート。

そして、「業」として捉えれば、このビジネスサポート業務が、専業体にもなりえます。多方面で豊富なビジネス経験・人脈等がものをいう重要な役割を担います。大手企業（バイサイド）から見れば、例えば投資先企業との共同事業を促す部分が最も関わってきましょう。

事業投資・推進体制

そして事業会社における各論ですが、これまでの議論を踏まえて、あるべき機能、フォーメーション実現のために、大きく3つの取り組み体制、段取りで臨みます。

〈ファンド事業プロモーション〉

そのCVCないし戦略投資展開の事業戦略つくりとその発信。特に事業連携の理念と方針を国内外の企業にプロモーションする。より良い企業と組む吸引力の要とします。その際、インテルのように、通常のVCモデルと併用する形もありえます。自社の事業領域より広めの分野に、かつ自社事業との直接的なコラボレーションも大前提とはしない形です。しかもそれが、全く新しいアプリケーション開発や事業発想の源泉になり、もっと根本的に、例えば標準化展開における仲間企業形成の母体にもなりえます。そういう形も可能です。

〈企業集積・ポートフォリオ形成〉

具体的な投資先の選定・ポートフォリオ形成。ただ、投資の前の、共同開発・事業立ち上げ等の連携関係を経てから、資本関係も結ぶという方が実態に適っていましょう。その際のポートフォリオ形成スタイルには、第2章の3つ事例モデルが参考になります。

(a)技術革新・業態変貌型：現在技術・製品、事業領域との見合いで、技術・製品開発面、事業領域そして地理的な面での横展開、各々での新規領域への展開。技術開発面でのフロンティア展開、そして業態変貌自身に優先度を置いている場合に適っています。イノベーション展開の一つの典型であり、イノベーション戦略つくりと一体になっています。

(b)データバリューチェーン型：データIT系企業自身、そして最近の医療や環境、工場管理等でITの応用展開する企業向けです。①半導体チップ・センシングによるデータ収集、②ITシステムを絡めたデータ・

インテグレート、③専門知見を加味した解析・意思決定補助、④診断治療現場のようなそれらデータの利活用という、データITの各フェーズを担う、最近の新興企業がパートナー候補になっていきます。

(c)課題解決・社会システム型：データIT、医療健康、環境・資源エネルギー、工場現場での新デジタル化、新交通システム等、社会トレンド、抱える課題に対して、顧客企業と共に取り組む形です。第1章の〝横軸モメンタム〟を担う大企業、そして連携企業グループでの取り組み型です。大学・研究所系の不連続な技術革新、新陳体射狙いのフロンティア展開にも適う。

〈投資先企業との連携事業推進〉

上記3つの中で、(c)は、(a)(b)での相手先企業群を実事業展開面で括る上でも有効です。投資・連携ポテンシャル先を技術・事業テーマセクターごとに括り、それら相手先企業を事業パートナーとした事業展開を行います(共同開発、付加価値販売……)。つまり以下のとおり。

(a)イノベーション・パートナー：それによって、相手先企業の技術シーズの自社向けの展開、逆に自社の社内技術の相手先企業(この場合、より発展段階の進んだ企業)向けの流動化促進、それらの横展開。

(b)開発パートナー：国内そしてアジアの相手先が主体になります。先述の〝中間付加価値開発企業ポートフォリオ：Advanced Portfolio(AP)〟機能そのものです。

7 ▼ 事業推進主体型の企業投資スキーム

投資実行のためのチェック項目

ここでの投資実行の条件は例えば次の3つです。①自社と連携対象になる具体的な技術・製品プロダクツがすでに明確にあって、②それらを持ち込むべき顧客企業・市場（出口）も見えていて、③社会に対して説得力をもってプロモーションできるミッションも確固としてある。その他一般的な付帯条件も合わせると、以下のとおりです。

・開発段階：製品開発は終えて共同プロモーション対象がある
・ターゲット顧客：国内外のターゲット大手系企業が明確にある、見えている
・ミッション性：社会に訴えブランディング形成につながるテーマ性を備えている

図表5-14　投資に向けたチェックリスト

1．開発発展フェーズ	3．今後の成長シナリオ
技術・製品の内容 売上の現状，経緯（成否の要因も） 主な顧客・市場ターゲット 取引形態（売切り，継続フォロー型） 経営陣の陣容，開発，営業 大手企業ほか，外部との連携	規模より開発型ベンチャーを貫 独立型企業は貫き，成長したい 基盤技術の横展開可能性・方針 海外展開の可能性，形態 資本関係構築には柔軟かなど
2．保有プロダクツ，可能性	**4．求める人材，外部リソース**
技術ライセンシング 技術・製品の共同開発 製品販売（OEMでも） 共同事業展開	経営陣の補充 営業統括人材，営業要員 開発人材 国際展開人材等

・技術・事業革新性：その内容が産業社会にとって意味ある革新性を持つ
・事業展開力：製品・事業の企画力、そして具体的な展開力がある
・市場成長性：海外展開を含むスケーラビリティー（拡張性）を持つ
・企業成長潜在力：新しい製品等をさらに生み出す潜在力が大きい

通常VC投資ファンドの典型モデル

では、企業投資スキーム・機能について検討します。以下の二段階で説明します。①日本国内での現状制度を踏まえた通常VC投資スキーム、そして②ここでのオープン型CVCモデル、です。

後述するオープン型のCVCを説明する下準備として、まず通常のVC（ベンチャーキャピタル）のスキームを説明します。図表5-15です。つまり、無限責任組合員[*23]で構成されるベンチャーキャピタル（VC）が投資ファンド（投資事業有限責任組合）を組成し、ここで金融機関（銀行・生損保等）や事業会社、イノベーション・地域振興等目的の公的基金、さらに他のVCほかの投資家から資金を募ります。それら資金（投資事業組合資金とVCプロパー資金）を大学発も含む新興企業や成長型の中小企業に投資。そして、大企業発ベンチャーです。VCのキャピタリストによる投資先企業への事業展開・成長サポート、そしてその株式公開（上場、店頭登録等）や、事業会社からの戦略投資（企業内投資ファンドであるCVCやM&A含む）を仰ぐ形で投下資金の回収を図ります。

図表5-15　通常のVC投資ファンドモデル

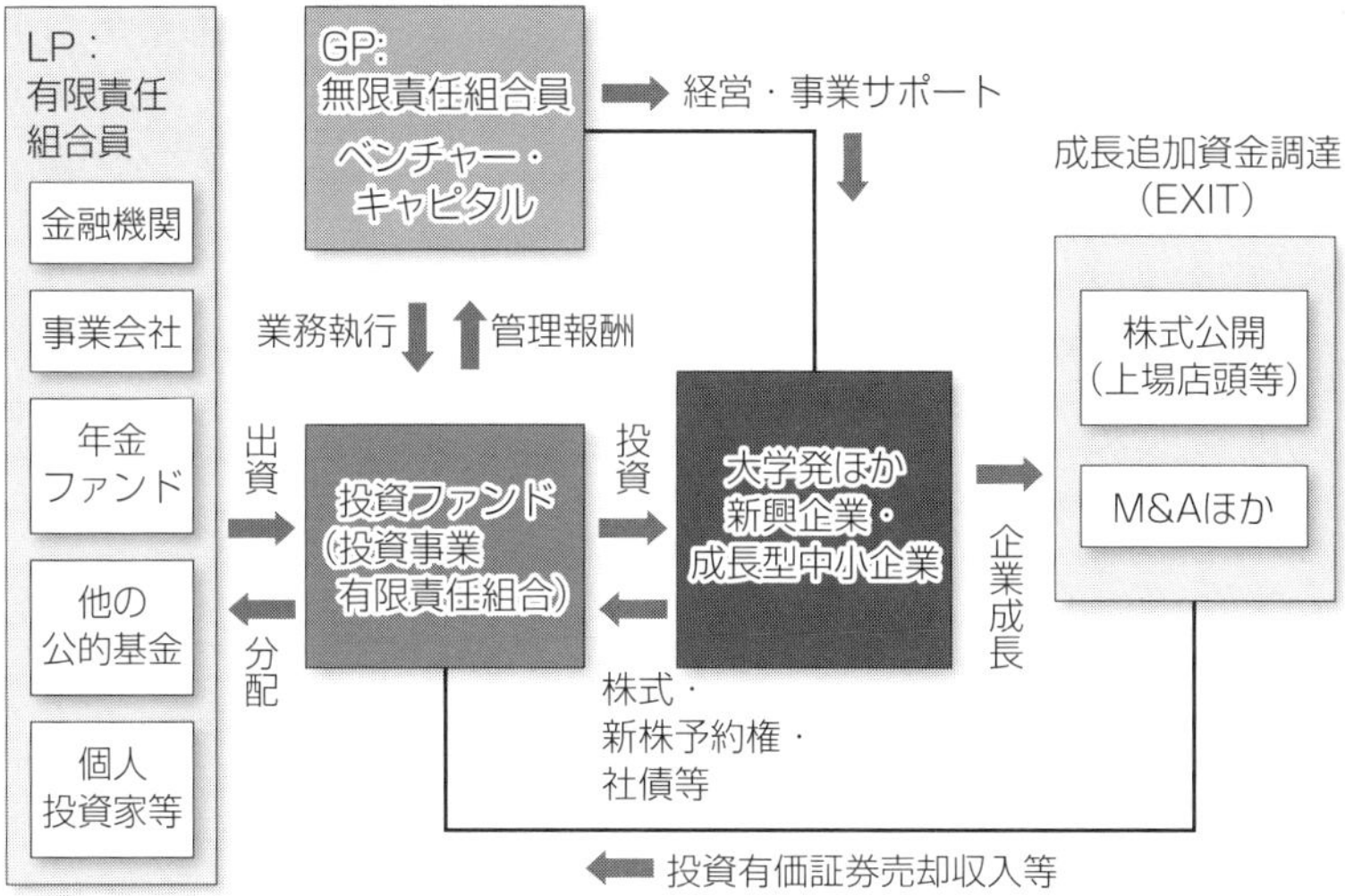

このＣＶＣやＭ＆Ａ（この場合、他企業との企業合併やそこへの企業売却）により資金を受け入れる際の典型的な形・考え方は、技術開発主体の新興企業の場合によく見られるものです。確かに、それまでの独立独歩の経営ではなくなりますが、自力での事業拡張ではなく、自身たちはそれまでの研究開発に徹して事業拡張は投資主企業に委ねる、という形です。

オープン型ＣＶＣモデル

では、これまで説明した企業によるエコシステム形成・企業集積に向けた、具体的なＣＶＣ（Corporate VC）による投資スキーム、そして全体のワークフローを整理します。イノベーションシーズや開発パートナー企業の組成において、取り組みテーマさらに開発フェーズ双方を加味したスキーム図が図表５-16です。外部資金が絡む部分は、図表５-15と制度的な枠組みは同じです。違うのは、資金

図表5-16　オープン型CVCの全体モデル

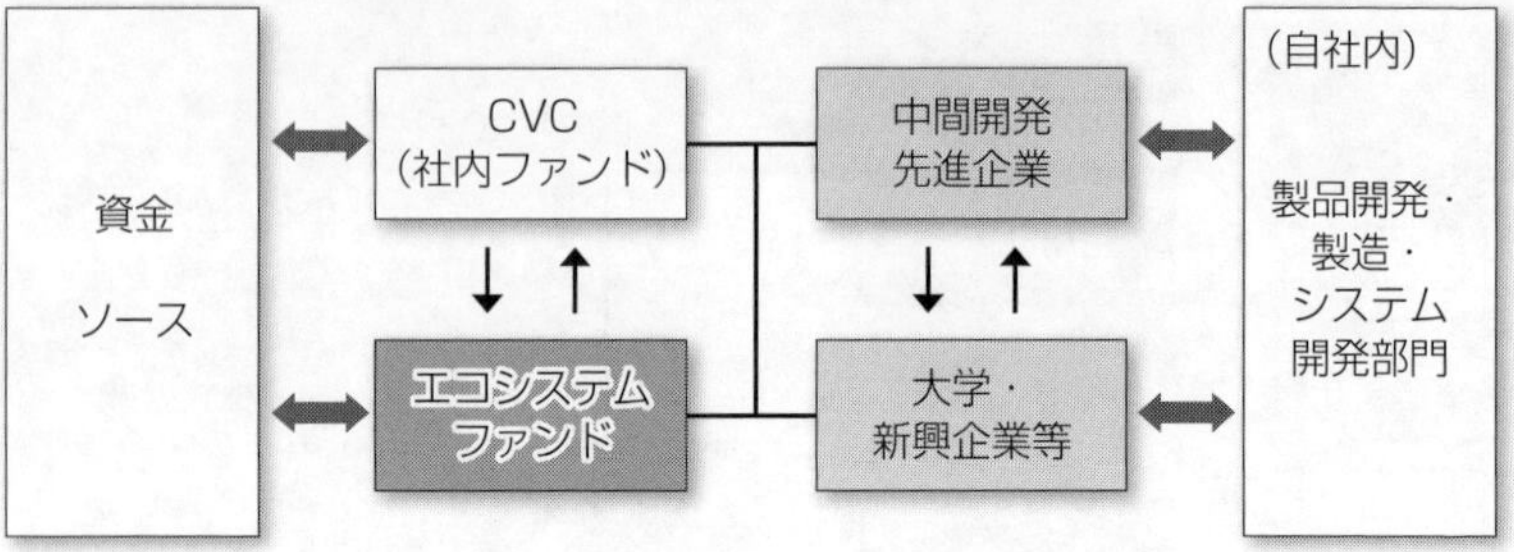

ソースが、当然ながら、ベースは事業主体企業の戦略投資資金になります。自社の事業展開との関わりを明確にするために、細かな資金移動、取引内容表示、株式公開市場との関わり部分は省略してありますが、基本的には同じです。技術・事業テーマつながりで世界に相手先を求めるグローバル型もあれば、地元の強み・特色を生かした超地域集約型もありうる、伸縮自在モデルです。

〈自社CVC資金の範囲での展開〉

CVC（Corporate VC：企業の戦略投資社内ファンド）自体は、社内及び特に社外にある、自社事業の新陳代謝、成長発展に貢献しそうな大学・研究機関や一般市場の技術・新興企業ほかイノベーションシーズ、パートナー企業に投資します。技術導入、そして自社技術の流動化も見据えます。

ここでは、投資先は技術シーズ系企業に加えて、中間開発を担ってくれる先進企業群（開発力ある内外の先進的な中小企業をまず想定）も加えます。自社事業とのシナジー性が最優先です。シーズ側及び中間開発企業群への①開発プロジェクトごとの初期的開発資金、②相手に応じた成長発展資金の戦略的投入を行います。それらによって、これらパートナー企業の底上げ（開発力のいっそうのアップ）、自社との関係強化を図ります。

〈外部資金も導入する場合＝エコシステムファンド〉

自社のＣＶＣが拡張する形で、外部の、ターゲット事業テーマ領域を同じくする企業や、賛同する公的機関その他のイノベーション志向投資マネーを募ります。この部分は、制度的な枠組みは従来からあるＶＣファンドモデルと同じです。ＣＶＣはよりオープンになります。より通常ＶＣに近いスキームを自社に持つ形です。もちろん、この部分も加えるか否かは選択・裁量の範囲でありオプションです。

このオープンＣＶＣの形で、同様に、シード対象と中間開発企業群に投資します。投資対象先も、自社にとって、より先を見据えた、さらに若干迂回した領域も含めて、広角的にカバーします。投資後の相手先との取引・事業育成も、他社との連携型、オープン性をさらに強めます。

ここでは、単に投資・事業育成のみならず、当該テーマ領域での取り組みの社会へのメッセージ、連携・賛同企業の組成等にも目的の主眼を置きます。テーマ領域でのプロモーション、ブランディング、標準化も見据えた下地作り等も大きなミッションになってきます。

以上が、事業推進主体型の企業投資モデルです。それは、より市場・社会ニーズを広く吸い上げて社会システム形成を担う事業展開を念頭においたイノベーション・エコシステム形成における資金の流れ構成です。そして図表５-16は、シーズ側に立つ大学（その基盤開発機能部分）や新興企業、さらに中間開発企業側のポジション図でもあります。彼ら同士の直接的な関係も既に述べたとおりです。

＊注

1　第3章「〝引力〟勝負―発信力・ブランド力の大競争時代―」参照。

2　伊丹敬之氏『日米企業の利益率格差』参照。

3　Donald L. Laurie, *Venture Catalyst.* ／ドナルド・ローリー『企業を成長させるコーポレート・ベンチャー戦略』参照。欧米企業での本テーマへの取り組み姿勢が伝わってきます。

4　第2章の「3 現場における連携戦略」にある、日本企業の、米国での投資を含む戦略的R＆Dに関するインタビュー内容や、別途、シリコンバーの大手企業展開、VC投資姿勢やその事例集積などを踏まえて作成したものです。

5　イノベーションの普及曲線：1962年に米・スタンフォード大学の社会学者エベレット・M・ロジャース教授（Everett M. Rogers）が、*Diffusion of Innovations*（1962年初版）で提唱。

6　この事業会社内での「技術・製品・サービス及び顧客層両面でのポートフォリオ」からの検討プロセスに関しては、第3章図表3-13「シーズ・ニーズ取り込み型の開発過程」参照。

7　ジェフリー・ムーア「キャズム」川又政治訳　翔泳社（2009）参照。「ダーウィンの海」にも通じます。

8　第3章「〝引力〟勝負―発信力ブランド力の大競争の時代―」参照。

9　Clayton M. Christensen, *The Innovator's Dilemma: When New Technologies Cause Great Firms to Fail*, Harvard Business Press, 1997. ／クレイトン・クリステンセン『イノベーションのジレンマ ―技術革新が巨大企業を滅ぼすとき』参照。

10　ここでいう〝データ〟は、まだ厳密な意味でのビッグデータ、つまり大量、膨大データではありません。通常の業務で流れる、IoT的な発想や技術・ツールが出てくる以前から元々あったデータ処理・解析領域です。

11　CITRIS：The Center for Information Technology Research in the Interest of Society。2001年設立。

UCシステム（カリフォルニア大学）のカリフォルニア州北部数校で構成されるＩＴ関連基礎研究の学術コンソーシアム。コンセプトは、「ＩＴで世界を変える」。http://citris-uc.org/

12　相澤益男氏『大学進化論』参照。氏は、東京工業大学学長当時を振り返り、「『創造性』を重んじ、『志を高く、世界を視野に、弛まず進化する』ことを常に心掛け、大学を進化・改革し続けてきた」と述べています。

13　原山優子氏『あなたは理系女子（リケジョ）？』（２０１４）には「新領域、融合領域が台頭しつつある今日、（理系・文系の）明確な線引きは不可能に近い状況になっています」と述べています（第1部、2節「理系文系」の呪縛を解く発想法・思考法）。

14　経済産業省の平成26年度産業技術調査事業「大学発ベンチャーの成長要因を分析するための調査」（野村総合研究所）。なお、大学発ベンチャーの総数は、２０１４（平成26）年度は１７６３社。最近改めて、文部科学省、経済産業省主導で、大阪大学、京都大学、東北大学、東京大学の順にＶＣを創設し、これら発ベンチャーのいっそうの活性化・発展、新たな創発へのテコ入れを図りつつあります。

15　ダーウィンの海：技術の事業化にはある程度成功した後、本格的な事業拡大・産業化に移行するまでに越えねばならない段階。米国のＮＩＳＴ（National Institute of Standards and Technology：米国の政府機関の一つで、科学技術標準について主管する）が初めて示した概念。

16　縦軸モメンタム（プロセスイノベーション）：『製造効率、作り込みの追求』。横軸モメンタム（プロダクトイノベーション）：『社会ニーズ創造・企画力』。

17　付加価値開発企業：技術開発段階は過ぎ、製品作り込み力、システム開発力のある、中規模企業を想定しています。

18　第1章図表1-6の縦軸、横軸のある特定範囲の企業群を、事業テーマ性を統一して組成していく作業。

19　スピンオフベンチャー：企業が経営資源の一部を分離させる手法で、企業に眠っている技術開発テーマあるいは人材を既存の組織から独立分離させ、親企業と共に発展を試みるスキーム。親企業から一部だけ支援を受ける場合をスピンオフ、支援を受けない完全独立型をスピンアウトと一般的には言われます。

20 特定の技術・事業テーマに絞って、外部の企業、VCほかの投資資金を募って、通常のVCとしての機能も担う。Intel Capitalがモデル。

21 第4章の図表4-1「データバリューチェーン」参照。

22 米国経済が特に80年代、台頭する日本経済に大きく痛手を受け、逆に日本企業、経済の手法を徹底的に学んで競争力を回復し、再度世界をリードしていった経緯と重なります。

23 無限責任組合員：投資事業有限責任組合（投資事業のみを目的とし、投資事業有限責任組合契約に関する法律に基づく契約によって成立する、無限責任組合員及び有限責任組合員から成る組合）における業務執行組合員。無限責任組合員は、組合の債務について、出資額にとどまらず（無限責任）、弁済の義務を負う。GP（General Partner）ともいいます。

おわりに

筆者は元々、日本での資本市場・投資銀行業務系が長く、新興企業、アントレプレナー領域に深く関わっていました。シリコンバレー事情にも自然に接し、その前職最後の数年、実際、西海岸の代表企業数社の日本法人も担当しました。また、日本企業による米国の特に新興ベンチャー企業系情報へのニーズにも多く接しました。90年代です。そこで、日本企業の技術製品・事業開発向けの、日米に跨った、より直接的なサポートを志し、99年春、会社を辞して家族で渡米。即、この会社ＳＢＦ（Siliconvalley Business Forum, Inc.）を立ち上げました。当時、カリフォルニア州政府の方やＩＰＯ関連では全米トップを誇るＷＳＧ＆Ｒ法律事務所には大変お世話になりました。Forumという言葉には、我々チーム自身、相手顧客企業、そして第三のパートナー企業・個人など、立場を超え、日米ほかの立地も超えて一つの技術・事業テーマに向き合い、入り乱れて議論しあうシーンをイメージしたものです。ちなみに、今は、この主旨は持ちつつ、より〝Focus〟という意味を込めています。

場所は、パロアルトという、スタンフォード大学のあるシリコンバレーの発祥の地かつ中核都市です。その後さらに進化し、今は、本書でも取り上げたデータＩＴ、ビッグデータ解析系新興企業の一大拠点にもなりつつあります。当地発祥にもゆかりが深いＨＰ（ヒューレッドパッカード）社の本社周辺です。

私には、日本で資本市場・投資銀行系の業務をやりながら、気になっていたことがありました。「日本における技術・製品開発は、顧客の発する言葉依存が強過ぎて、もっと基盤の汎用技術の開発、そこに根差した、オリジナルな製品開発があっていいのではないか」と。そのことが強烈に頭にありました。「シリコンバレーはそういう場所に違いない」という仮説を抱いて乗り込んで行ったものです。結論を言えば、その仮説は100％正解でした。そして、もう一つ100％正解の答えも見えてきました。本文を参照ください。

私が同地に来て丸6年ほど経った頃、霧が晴れるように、シリコンバレー、米国の西と東、日本企業、日本経済等の関係がよく見えてきました。そして、その内容、特に同地のイノベーション・エコシステムについて、前共著『産業革新の源泉』でまとめました。この本では、この現地での体験や思考過程を再現するために、予見を持たずに帰納法的に事例から出発して書きました。その方法論が、その後の我々チーム自身の基本的なアプローチにもなっています。

また、「こういう条件、背景があるからこんな展開になっているんだ」、というカラクリ（メカニズム）探求型でもあります。違う条件、前提になれば、全く違う結論になるわけです。固定観念、先入観の排除ということでもあります。米国側の実態を比較対象にして、日本企業にとっての実践編を練り上げる糧、起爆剤ともしていくわけですが、その際、「この点は前提・土壌が違う」、逆に、「この部分は共通するからやるしかない、いや先取りできないか」、といった頭の整理、柔軟さが肝心です。

ところで、日本企業の技術へのこだわり、その根幹にある強みは〝積み上げ力〟であろうと思います。そして、本書の主題である企業の競争力源泉の探求において、日本企業に当てはめれば、それは明らかに、この技術力、積み上げ力に何を加えていくかです。本書は、その問いへの、今時点での回答書でもあります。

序章でも述べたとおり、本書はまた、日本の大学発ベンチャー振興に関する私の連載が発端です。そこでは、技術シーズをいかにして事業化し産業化していくか、ということをメインテーマにしました。かつ、そのために、その技術・イノベーションシーズ（大学・研究所、新興企業等）側の起業論、アントレプレナーシップ視点からではなく、あえて、彼らを取り巻く事業主体、中でも先輩企業に当たる大企業・中堅企業（合わせて「大手企業」）との関わりからカラクリを整理していきました。本書では、さらに踏み込んで、その技術シーズの相手側、特にこの大手企業側の事業戦略として全体を捉え直しました。一般的な持続的・自律的なイノベーション・エコシステム社会を考えるとき、構成するプレイヤーを集約して、より大きな社会ニーズを充たしていく機能をより備えていると考えるからです。

大手企業自身、イノベーションに向けたリソースを持ち、実際、高いレベルでの技術製品開発を行って、その事業化を何より大きな命題にしています。そして、そのような大手企業と、外部のイノベーションシーズとの動態的な現状解析から話を起こしたのが第1章です。現状把握であり、As Is分析です。シーズ側から見ても、技術の事業化・市場浸透にとっては、B to B（法人間）取引では直接大手企業が相手になり、B to C（個人向け）市場でも大手企業を介した提供が基本です。その意味で、開発段階を過ぎれば、大手企業といかに取引できるかこそがビジネスの出口です。そして全体で〝イノベーション・マトリクス〟が見えてきました。

第2章では、実際、その大手企業による、最近の攻めの戦略実態、能動的な展開を確認しました。第3章の〈ブレイク〉（「言葉」から迫る有望コンセプト探し）的に言えば、他動詞（…する）的です〈ちなみに第1章は自動詞的（…である、…となっている）〉。その過程で、例えば、BASF社の事業革新や業態変貌型、インテル社のデータバリュチェーン的なパートナリング形成、そしてGEグループの社会的課題への取り組み・新陳体射型といった典型的なイノベーション展開モデルも浮かび上がってきました。全体で、ハードウェアとITの融合トレンドが明確にみえてきました。

そして第3章以降で、以上から見えてきた、現代の企業競争力をけん引する原動力、基本戦略を3つに整理、ブレイクダウンしました。つまりこれらが、先ほど述べた意味での、技術力、積み上げ力に加えるべき内容です。順に、①製品事業の企画・発信力（第3章）、②データIT展開力（第4章）、そして実際のオープンな事業展開において、これら2つの執行基盤ともなる③戦略的なエコシステム形成（事業連携・投資展開）（第5章）です。そして、これら3つでそのまま、オープンイノベーションの具体的な執行戦略・戦術論でもあります。

そして本書では、この3つをイノベーション・〝ドライバー〟（運転者、駆動輪、打ち込み器、入出力プログラム等）と位置付けました。特に日本企業は、そのハードウェア系（素材・単体機器、部分最適系）を主体としたの技術開発力に、これら3つが加わって初めて、その技術力を収益力、全体的な事業展開力に結び付け、グローバル市場をリードできるものと考えます。そして、そこでの様々なオープン展開は、イノベーションのシーズとニーズ双方にとって相乗効果をもたらし、産業社会全体の競争力を強固にするものともなります。

最後に、本書執筆に向けて、これまでご指導、ご助力、激励を頂いた方々に対して、厚く御礼申し上げます。本書理解のためも含めて、その皆さんから頂いた一言ずつをご紹介しながら、謝意に代えさせて頂きます。

まず、前共著『産業革新の源泉』でご一緒させて頂いた原山優子氏（総合科学イノベーション会議常勤議員）

と出川通氏（(株）テクノインテグレーション代表取締役社長）です。原山氏の言葉は「それ、面白そうね」です。さりげない一言に、新しい対象に遭遇した時の「ワクワク感」の大切さをいつも想起させて頂きます。出川氏の一言は「『源泉』垂れ流しがいいね」です。温泉通でもいらして、いつも物事の源泉を追及されています！

ますますご多忙の相澤益男氏（JST顧問。元東京工業大学総長）の言葉は、「やり抜く」です。お会いする度に背筋がシャキッと致します。本書で科学技術領域にも言及させて頂けたのは、勝手ながら、師の叱咤激励ご教唆があってのことです。母校恩師の鴨池治先生（金融・マクロ経済理論）の「最適ポートフォリオですねー」は、懐かしいゼミ体験です。考えてみれば、私の〝ポートフォリオ発想〟の原点です。田辺孝二東京工業大学教授とは、これまで機会あるごとに議論させて頂きました。今回の執筆の終わりにも貴重なアドバイス、そして「高い理想が第一だよ」との喝を頂きました。本書の出発点にもなったコラム〝大学発ベンチャーの底力〟執筆の機会を下さったのはDNDi代表の出口俊一氏です。大学発シーズの情報発信、ますますよろしくお願い致します。

「大切なのは〝技術者の意思〟だよ」とは、かつて日本の代表的エレクトロニクス企業の半導体開発を担われた横浜ITクラスター交流会の中村忠彦会長の言葉です。本書において技術者視点で何がしか書き進められたのは、特にこの言葉のお陰です。さらに、日米において、仕事上そして個人的にも、熱い議論を重ねさせて頂いてます、第一線の技術製品開発、事業企画部門の皆さんも同様です。

そして、本書出版に当たり、「日本の企業を元気にする一冊に」のお言葉を頂いた白桃書房の大矢栄一郎社長には、ご多忙中、自ら出版過程もご面倒頂きました。なお最後に、日頃の仕事仲間でもあり、この20年近く、世界視野でものごとを考えさせてくれていますシリコンバレーほかの弊チームメンバー、そして、妻の氏家（小沢）佐江子、いつも激励をくれる娘の氏家愛（めぐみ）の名前も、感謝を込めて添えさせて頂きます。

本書は全体的に、言葉足らずの部分、さらなる検証を要する部分も多いと思います。経済そして企業はゴーイング・コンサーンですから、本書も今時点での経過報告、私自身にとっても中間報告です。そんな中にも、読者の皆様にとって、基本的な視点や方法論、手法の手掛かりになるものを見出して頂ければ幸いです。本書内容をいかにご自身の展開に引き付けるかは、読者の皆さん次第です。

２０１６年５月吉日

氏家　豊

参考文献

さらなる学術的な研究や関連論調・資料の確認向けに、各章内容に関連する主な文献をリストアップしました。ご参照ください。敬称略。

序章　競争力戦略の新時代

・Jim Botkin, *Smart Business.*／ジム・ボトキン『ナレッジ・イノベーション―知的資本が競争優位を生む』米倉誠一郎監訳／三田昌弘訳　ダイヤモンド社（2001）
・黒川清『イノベーション思考法』PHP新書（2008）
・原山優子・氏家豊・出川通『産業革新の源泉―ベンチャー企業が駆動するイノベーション・エコシステム―』白桃書房（2009）
・清成忠男『事業構想力の研究』事業構想大学院大学出版（2013）

第1章　イノベーション・マトリクス

・シュンペーター『経済発展の理論』（原書第2版）塩野谷祐一・中山伊知郎・東畑精一訳　岩波文庫（1977）
・David Packard, *The HP Way : How Bill Hewlett and I Built Our Company.* Harper Collins, 1995.
・勝田公雄・錦織浩治『人類を救うバイオ革命』（株）グローバルネット（1998）
・Heidi Mason and Tim Rohner, *The Venture Imperative : A New Model for Corporate Innovation,* "Harvard Business School Press, 2002.

・Donald L. Laurie. *Venture Catalyst.* ／ドナルド・ローリー『企業を成長させるコーポレート・ベンチャー戦略』出版文化社（２００３）
・出川通『新事業創出のすすめ』オプトロニクス社（２００６）
・Robert C. Wolcott and Michael J. Lippitz, *Grow from Within: Mastering Corporate Entrepreneurship and Innovation.* McGraw-Hill, 2009.／ロバート・ウォルコット、ミッシェル・リピッツ『社内起業成長戦略』鳥山正博監訳・西宮久雄訳　日本経済新聞出版社（２０１０）
・北澤宏一『科学技術は日本を救うのか』ディスカヴァー・トゥエンティワン（２０１０）
・北尾吉孝編著『起業の教科書―次世代リーダーに求められる資質とスキル―』東洋経済新報社（２０１０）
・長谷川博和『ベンチャーマネジメント「事業創造」入門』日本経済新聞出版社（２０１０）
・小沢佐江子・氏家豊『コーポレート・ベンチャリング―米国大企業にみる課題とその解決策』研究技術計画学会（２０１１）
・樺澤哲『エレクトロニクス分野における技術ベンチャリング―コーポレート・ベンチャーキャピタルによる開発加速とR＆Dアウトソーシング―』研究技術計画学会（２０１１）
・ヘンリー・フォード、サミュエル・クラウザー『自動車王フォードが語る エジソン成功の法則』鈴木雄一 訳・監修 言視舎（２０１２）
・明豊『ひと目でわかる 図解日立製作所―社会イノベーション事業をグローバルに展開―』日刊工業新聞社（２０１２）
・久道茂・鴨池治編『今を生きる―東日本大震災から明日へ！ 復興と再生への提言―4 医療と福祉』東北大学出版会（２０１３）
・中村裕一郎『アライアンス・イノベーション：大企業とベンチャー企業の提携：理論と実際』白桃書房（２０１３）
・湯川抗『コーポレートベンチャリング新時代：本格化するベンチャーの時代と大手ＩＣＴ企業の成長戦略』白桃書房

（2013）
・曽我弘・能登左知『シリコンバレー流起業入門』同友館（2013）
・出川通『実践MOT入門―技術を新規事業・新商品につなげる方法―』言視舎（2014）

第2章　オープン型、IT型の競争力戦略

・遠藤誉『中国がシリコンバレーとつながるとき』日経BP（2001）
・稲垣公夫『EMS戦略　―企業価値を高める製造アウトソーシング―』ダイヤモンド社（2001）
・Louis V. Gerstner, Jr., *Who Says Elephants Can't Dance?*／ルイス・ガースナー『巨象も踊る』日本経済新聞社（2002）
・木村福成・丸屋豊二郎・石川幸一編著『東アジア国際分業と中国』ジェトロ（2002）
・藤本隆宏『日本のもの造り哲学』日本経済新聞社（2004）
・Henry Chesbrough, *Open Innovation*.／ヘンリー・チェスブロウ『OPEN INNOVATION ―ハーバード流イノベーション戦略のすべて―』大前恵一朗訳　産業能率大学出版部（2004）
・榊原清則『イノベーションの収益化』有斐閣（2005）
・松井繁朋・西村直史・西尾好司『特許流通ハンドブック』中央経済社（2006）
・野口悠紀雄『モノづくり幻想が日本経済をダメにする』ダイヤモンド社（2007）
・ジェトロ『中国企業の国際化戦略』ジェトロ（2007）
・藤本隆宏『ものづくり経営学』光文社新書（2008）
・妹尾堅一郎『技術力で勝る日本が、なぜ事業で負けるのか』ダイヤモンド社（2009）
・小川紘一『国際標準化と事業戦略―日本型イノベーションとしての標準化ビジネスモデル―』白桃書房（2009）

・宮崎智彦『ガラパゴス化する日本の製造業』東洋経済新報社（２００９）
・江刺正喜『検証東北大学江刺研究室最強の秘密』彩流社（２００９）
・『一橋ビジネスレビュー　特集 価値づくりの技術経営「ＭＯＴ」』東洋経済新報社（２０１０ Spring.）
・安田洋史『アライアンス戦略論』ＮＴＴ出版（２０１０）
・Carmine Gallo, *The Innovation：Secrets of Steve Jobs.*／カーマイン・ガロ『スティーブ・ジョブズ 驚異のイノベーション』日経ＢＰ（２０１１）
・日刊工業新聞特別取材班『旭化成の研究―昨日まで世界になかったものを。』日刊工業新聞社（２０１２）
・岸宣仁『「電池」で負ければ日本は終わる―新エネルギー革命の時代』早川書房（２０１２）
・竹内宏「中国経済の膨張と向き合う日本」『Best Value』価値総研（２０１４ Spring）
・小川紘一『オープン&クローズ戦略―日本企業再興の条件―』翔泳社（２０１４）
・尾木蔵人『決定版 インダストリー４・０―第４次産業革命の全貌』東洋経済新報社（２０１５）

第3章　製品事業企画力、発信力

・国領二郎『オープン・アーキテクチャー戦略』ダイヤモンド社（１９９９）
・大阪ガス実践的ＭＯＴ研究会著・永田秀明監修『技術者発想を捨てろ！』ダイヤモンド社（２００４）
・川島隆太『5分間活脳法』大和書房（２００４）
・W. Chan Kim and Renée Mauborgne, *Blue Ocean Strategy.*／W・チャン・キム、レネ・モボルニュ『ブルー・オーシャン戦略―競争のない世界を創造する―』ランダムハウス講談社（２００５）
・Neil Taylor, *The Branding 03 Google*／ニール・テイラー『Google最強のブランド戦略』石原薫訳　Softbank Creative（２００６）

・John Moore, *Tribal Knowledge.*／ジョン・ムーア『スターバックスに学べ！』（株）ディスカヴァー・トゥエンティワン（２００７）
・若林直樹・松山一紀 編『企業変革の人材マネジメント』ナカニシヤ出版（２００８）
・日本経済新聞社編『されど成長』（『優雅な衰退』なんて無責任だ！）日本経済新聞出版社（２００８）
・出川通『ＭＯＴ（技術経営）の基本と実践がよーくわかる本』秀和システム（２００９）
・若林直樹『ネットワーク組織―社会ネットワーク論からの新たな組織像―』有斐閣（２００９）
・ＮＨＫスペシャル取材班『グーグル革命の衝撃』新潮社（２００９）
・Henry Chesbrough, *Open Innovation.*／ヘンリー・チェスブロー『オープン・イノベーション―ハーバード流イノベーション戦略のすべて』産業能率大学出版部（２０１０）
・楠木建『ストーリーとしての競争戦略』東洋経済新報社（２０１０）
・許斐義信『競争力強化の戦略 ―日本企業の生き残りを賭けた闘いが始まる！―』ＰＨＰ研究所（２０１０）
・氏家豊『事業企画・コンセプト力の時代 ―「技術＋コンセプト」で日本企業はフル稼働する―』（社）企業研究会（２０１０）
・Carmine Gallo, *The Innovation: Secrets of Steve Jobs.*／『スティーブ・ジョブズ 驚異のイノベーション』井口耕二訳・外村仁解説 日経ＢＰ社（２０１１）
・Donald F. Kuratko, Michael H. Morris, and Jeffrey G. Covin, *Corporate Entrepreneurship & Innovation.* '3rd edition. South-Western, 2011.
・渡辺俊也『イノベーターの知財マネジメント―「技術の生まれる瞬間」から「オープンイノベーションの収益化」まで―』白桃書房（２０１２）
・ジョアン・マグレッタ「エッセンシャル版 マイケルポーターの競争戦略」櫻井祐子（翻訳）早川書房（２０１２）

・清成忠男『事業構想力の研究』事業構想大学院大学出版（2013）
・小林雅一『クラウドからAIへ』朝日新書（2013）
・青木茂樹「最近の研究開発投資の動向」『Best Value』価値総合研究所（2013 Summer）
・フィリップ・コトラー、ミルトン・コトラー『コトラーの8つの成長戦略』碩学社・中央経済社（2013）
・『週刊東洋経済 特集 本業消失—勝ち残りの法則』東洋経済新報社（2014.4.19）
・米倉誠一郎・清水洋編『オープン・イノベーションのマネジメント— 高い経営成果を生む仕組みづくり』有斐閣（2015）
・松尾豊・塩野誠『人工知能って、そんなことまでできるんですか？』中経出版（2015）
・弁護士法人 内田・鮫島法律事務所／鮫島正洋編集代表『技術法務のススメ』（事業戦略から考える知財・契約プラクティス）日本加除出版（2015）
・水島温夫『新事業開発が「つまらん！」』言視舎（2015）
・出井伸之『変わり続ける』ダイヤモンド社（2015）

第4章 データーITシステム基盤

・小島眞『インドのソフトウェア産業』東洋経済新報社（2004）
・泉谷渉『これが半導体の全貌だ！』かんき出版（2004）
・古庄晋二『汎用超高速データベース処理技術』東大総研（2005）
・税所哲郎『現代企業の情報戦略と企業変容』白桃書房（2009）
・浜口友一『ニッポンのITその未来』日本経済新聞出版社（2010）
・城戸隆『ぼくはどんなふうに生きるのだろうか— ゲノムが解き明かす自分さがし—』星の環会（2011）

・柏木孝夫監修『スマートコミュニティー』時評社（２０１２）
・伊藤剛『進化する電力システム』東洋経済新報社（２０１２）
・東京大学医学・工学・薬学系公開講座『医療ヘルスケア産業ビジネスモデル』かんき出版（２０１２）
・『Nextcom 特集 医療とＩＣＴⅡ』ＫＤＤＩ総研（２０１３）
・日経Big Data『特集 一歩進んだ機械学習―ＩｏＴで激増するデータの活用現場に浸透』日経ＢＰ社（２０１４）
・高木英明『サービスサイエンスことはじめ―数理モデルとデータ分析によるイノベーション』筑波大学出版会（２０１４）
・岸田伸幸『イノベーション・エコシステムのための社会システム設計法の研究―医療情報オープンソースソフトウェア事例研究を中心として』早稲田大学モノグラフ（２０１４）
・野村総合研究所『ＩＴロードマップ２０１４版』東洋経済新報社（２０１４）
・喜連川優編著『ストレージ技術 クラウドとビッグデータの時代』Ohmsha（２０１５）
・秋山美紀・村井純『価値創造の健康情報プラットフォーム：医療データの活用と未来』慶應義塾大学出版会（２０１５）
・John Shade, *Data Analysis in Business and Industry* (*Statistics in Practice*). John Wiley & Sons, 2015.
・『情報処理 特集 ビッグデータがもたらす超情報社会』情報処理学会（２０１５．１０）

第5章　戦略的なエコシステム形成

・Annalee Saxenian, *Regional Advantage.*／アナリー・サクセニアン『現代の二都物語―なぜシリコンバレーは復活し、ボストン・ルート１２８は沈んだか』日経ＢＰ社（１９９５）
・秦信行・上條正夫編著『ベンチャーファイナンスの多様化』日本経済新聞社（１９９６）
・Clayton M. Christensen, *The Innovator's Dilemma: When New Technologies Cause Great Firms to Fail*, Harvard Business Press, 1997.／クレイトン・クリステンセン『イノベーションのジレンマ―技術革新が巨大企業を滅ぼすと

き』翔泳社：増補改訂版（２００１）
・Michael E Porter, *Can Japan Compete?.* ／マイケル・Ｅ・ポーター『日本の競争戦略』ダイヤモンド社（２０００）
・斎藤篤『産業としてのベンチャーキャピタル』白桃書房（２００１）
・渡部俊也・隅藏康一『ＴＬＯとライセンス・アソシエイト』（株）ビーケイシー（２００２）
・長平彰夫・西尾好司編著『動き出した産学官連携』中央経済社（２００４）
・神座保彦『概論 日本のベンチャーキャピタル』ファーストプレス（２００５）
・伊丹敬之『日米企業の利益率格差』有斐閣（２００６）
・E. M. Rogers, *Diffusion of innovations*. 5th ed., Free Press, 2003.／エベレット・Ｍ・ロジャーズ『イノベーションの普及』三藤利雄訳 翔泳社（２００７年）
・西沢昭夫・福嶋路編著『大学発ベンチャー企業とクラスター戦略』学文社（２００７）
・相澤益男『大学進化論』日経ＢＰ企画（２００８）
・野村総合研究所（谷山智彦・福田隆之・古賀千尋）『政府系ファンド入門』日経ＢＰ（２００８）
・Geoffrey Moore "Crossing the Chasm: Marketing and Selling High-Tech Products to Mainstream Customers"／ジェフリー・ムーア「キャズム」川又政治訳 翔泳社（２００９）
・原山優子・氏家豊・出川通『産業革新の源泉―ベンチャー企業が駆動するイノベーション・エコシステム―』白桃書房（２００９）
・出川通『ＭＯＴ（技術経営）の基本と実践がよーくわかる本』秀和システム（２００９）
・丸山正明『産学官連携 大学がつくる近未来』日経ＢＰ（２００９）
・Langdon Morris, *Permanent Innovation.* ／ランドン・モリス『イノベーションを生み続ける組織』宮正義訳 日本経済新聞出版社（２００９）

・田辺孝二『東工大・田辺研究室「他人実現」の発想から』彩流社（2010）
・氏家豊「イノベーション・エコシステム形成をめざして」（財）川崎産業振興財団（2011）
・浦木史子「CVCは企業の持続可能性を促進するツールになりえるか?」研究技術計画学会（2011）
・Ron Adner, *The Wide Lens.*／ロン・アドナー『ワイドレンズ』東洋経済新報社（2013）
・原山優子『あなたは理系女子（リケジョ）?』言視舎（2014）
・福嶋路『ハイテク・クラスターの形成とローカル・イニシアティブ』東北大学出版会（2015）
・野中郁次郎・勝見明『全員経営―自律分散イノベーション企業 成功の本質』日本経済新聞出版社（2015）

著者紹介

氏家　豊（うじいえ　ゆたか）

SBF, Inc. President & CEO（兼 同日本法人SBFコンサルティング 代表）
東北大学経済学部卒業（マクロ経済・金融理論）。その後，20年近く投資銀行業務に従事。事業企画，資本市場・企業分析，投資ファンド運用，株式公開・M&A，新興企業投資関連業務等に携わる。
1999年渡米し，シリコンバレーにSBF, Inc. を設立。以来，国際混成チームで，日米において，主に日本企業の技術製品・事業開発サポート業務を展開し現在に至る。その間，日本経済新聞社ネット版（ITトレンド）ライター，東北大学大学院工学研究科（技術社会システム専攻）非常勤講師，大阪府海外ビジネス顧問等を歴任。宮城県ビジネスアドバイザーは現任。その他，大学・自治体等公的機関での講演多数。情報処理学会，日本医療情報学会，産学連携学会等の会員。

著書：『産業革新の源泉：ベンチャー企業が駆動するイノベーション・エコシステム』（共著）2009年，白桃書房

論文：「事業企画・コンセプト力の時代」㈳企業研究会『Business Research』（特集：グループ経営戦略とマネジメント）
「イノベーション・エコシステム形成をめざして」㈶川崎市産業振興財団『新産業政策研究かわさき』2011年第9号
「シリコンバレークラスターのイノベーションメカニズム」『産学官連携ジャーナル』2006年4月号　ほか

■ イノベーション・ドライバーズ
―IoT時代《じだい》をリードする競争力構築《きょうそうりょくこうちく》の方法《ほうほう》―

■ 発行日――2016年6月16日　初版発行　〈検印省略〉

■ 著　者――氏家《うじいえ》 豊《ゆたか》

■ 発行者――大矢栄一郎

■ 発行所――株式会社 白桃書房《はくとうしょぼう》

〒101-0021　東京都千代田区外神田5-1-15
☎03-3836-4781　Ⓕ 03-3836-9370　振替00100-4-20192
http://www.hakutou.co.jp/

■ 印刷・製本――藤原印刷

©Yutaka Ujiie 2016 Printed in Japan

ISBN 978-4-561-22679-6C3034

本書のコピー、スキャン、デジタル化等の無断複製は著作権法上での例外を除き禁じられています。本書を代行業者等の第三者に依頼してスキャンやデジタル化することは、たとえ個人や家庭内の利用であっても著作権法上認められておりません。

JCOPY 〈㈳出版者著作権管理機構 委託出版物〉
本書の無断複写は著作権法上の例外を除き禁じられています。複写される場合は、そのつど事前に、㈳出版者著作権管理機構（電話03-3513-6969、FAX 03-3513-6979、e-mail：info@jcopy.or.jp）の許諾を得てください。
落丁本・乱丁本はおとりかえいたします。

好 評 書

原山優子・氏家　豊・出川　通【著】
産業革新の源泉　本体 3,000 円
―ベンチャー企業が駆動するイノベーション・エコシステム

中村　裕一郎【著】
アライアンス・イノベーション　本体 3,500 円

湯川　抗【著】
コーポレートベンチャリング新時代　本体 2,800 円
―本格化するベンチャーの時代と大手 ICT 企業の成長戦略

元橋一之【著】
アライアンスマネジメント　本体 2,800 円
―米国の実践論と日本企業への適用

平井孝志【著】
日本企業の収益不全　本体 3,000 円

藤原綾乃【著】
技術流出の構図　本体 3,500 円

坂下昭宣【著】
経営学への招待［第 3 版］　本体 2,600 円

沼上　幹【著】
行為の経営学　本体 3,300 円
―経営学における意図せざる結果の探究

田村正紀【著】
リサーチ・デザイン　本体 2,381 円
―経営知識創造の基本技術

東京　**白桃書房**　神田

本広告の価格は本体価格です。別途消費税が加算されます。